SPANISH

The Easy Way

THIRD EDITION

Ruth J. Silverstein
Allen Pomerantz, Ph.D.
Heywood Wald, Ph.D.

General Editor
Nathan Quiñones

BARRON'S

All inquiries should be addressed to:
Barron's Educational Series, Inc.
250 Wireless Boulevard
Hauppauge, New York 11788

Library of Congress Catalog Card No. 95-83948

International Standard Book No. 0-8120-9412-3

PRINTED IN THE UNITED STATES OF AMERICA
19 18 17 16 15 14 13 12

Table of Contents

Part One: Structures and Verbs

Part Two: Idioms and Dialogues

About the Authors

Ruth J. Silverstein is the former Chairperson of the Department of Foreign Languages at the Richmond Hill High School, New York City, and an early vigorous proponent of a foreign language study requirement for the high school diploma, which is today embodied in the New York City diploma. A specialist in Spanish and its teaching, she has been Assistant Professor of Applied Linguistics, NDEA; Assistant Professor of Spanish (Adjunct), New York University; and Lecturer of Foreign Language Methodology at Hunter College and of Spanish at Queens College, City University of New York. She has also taught secondary-school students of Spanish from beginners to Advanced Placement in both the Junior High School and Senior High School Divisions. Her postgraduate course work was taken at Teachers College, Columbia University, and at the University of Mexico, Mexico. She has lived and traveled in Mexico, Puerto Rico, and Spain; and has participated in innovative programs for teaching Spanish, and in writing foreign language syllabi for the New York City Board of Education.

Prof. Allen Pomerantz, Ph.D., is Professor Emeritus of the Modern Language Department at the Bronx Community College (CUNY). Dr. Pomerantz teaches basic Spanish, Advanced Spanish Conversation, and Peninsular and Latin-American Civilization and Literature. Committee activities and grant proposals involve him in computer-aided, independent, and interdisciplinary instruction, curriculum development, and multimedia learning. Professor Pomerantz completed graduate studies at New York University, and while teaching at the University of Wisconsin and working for the U.S. Armed Forces Institute. He studied at the Universidad de Valladolid, Spain, as a Fulbright-Hayes recipient, taught several years in local high schools, and served as translator-recorder for Region II, H.E.W. He is a Special Examiner in Spanish for the New York City Department of Personnel.

Heywood Wald, Ph.D., is the former Chairman of the Department of Foreign Languages and Bilingual Programs at the Martin Van Buren High School, New York City. He has served as center director of the Intensive Spanish Language Development Program of the New York City Board of Education to teach members of the teaching and administrative staff basic, functional Spanish. A foreign language specialist, Dr. Wald has taught Spanish, French, and Italian in both junior and senior high schools and is coauthor of *Aventuras en la ciudad*, an extremely popular supplementary reader currently in use throughout the United States and abroad, and of several other popular foreign language textbooks. Dr. Wald has done graduate work at the National University of Mexico and has studied at the universities of Madrid, Barcelona, and Havana.

General Editor

Nathan Quiñones is the former Chancellor of the New York City Board of Education. He was a member of the Board of Examiners in New York City. He served as Chairman of the Foreign Language Department at Benjamin N. Cardozo High School, New York City. He has also taught Spanish and Puerto Rican Orientation as Adjunct Professor at York College. He has served as consultant for textbooks and materials for secondary schools and college courses in the areas of foreign languages and bilingual education.

Note to the Student

SPANISH THE EASY WAY: BOOK 1 will give you a solid introduction to the basics of the Spanish language in the most interesting way. The preparatory lessons (Lecciones Preparatorias) are followed by 28 Work Units consisting of enjoyable dramatized stories accompanied, of course, by vocabulary and practice material. A specific element of the Spanish language, with model sentences in Spanish and in English to illustrate the point, is presented in each Unit. Practice exercises, each with a sample answer in Spanish and English, are easy, interesting, and plentiful. Oral proficiency is encouraged with special practice material in each Unit for speaking Spanish.

An End-Vocabulary, Spanish-English and English-Spanish, offers a handy word reference. A Verb Reference Chart is offered after the End-Vocabulary. An Answer Key for all exercises in the book adds a very useful touch to SPANISH THE EASY WAY: BOOK 1, and an Index puts the contents of the book at your fingertips. A Pronunciation Guide is provided on pages xiii-xiv.

A Word About Oral Proficiency

"What is oral proficiency?"      **"It's speaking Spanish easily."**

Developing your ability to speak the beautiful Spanish language is easy when properly approached. Here are some suggestions that show you how to take advantage of the many speaking opportunities that SPANISH THE EASY WAY: BOOK 1 offers.

- Begin with your Pronunciation Guide on pages xiii-xiv. Read the Spanish examples aloud. Practice these Spanish sounds daily at first.
- Use your new ability to read Spanish correctly in reading aloud and answering the Lecciones Preparatorias, which begin on page 1.
- Read aloud everything you see in Spanish in this book, including the stories, which you can dramatize alone or with a friend. Read aloud all models, examples, and rules. Say each answer before you write, then write and read it back smoothly.
- Do the composition exercise orally before you write it. Oral composition is learning how to express several ideas in an organized, mature way. You can say it aloud again after you write the composition, for smoother, more confident oral expression.
- Do the Oral Proficiency exercise at the end of each Work Unit to build your speaking power. You may do the Oral Proficiency practice alone, or you may invite a friend to take the minor role while you take the major role. Your friend may also prompt your responses by using the clues or suggestions given in the exercise.
- Read aloud dramatically the idioms and dialogues, which begin on page 291, either alone or with a friend. Memorize several practical, short dialogues for daily use.
- Listen to Spanish being spoken whenever possible—by friends, on the radio, on television, on recordings, and in films.
- Speak Spanish at every opportunity with friends and Spanish-speaking people you meet— and even when alone.

Ruth J. Silverstein
Allen Pomerantz
Heywood Wald

Introduction

¡ Hola !

Hola is a word that is used more than 320 million times a day. Yes, that's right. *Hola* is the Spanish word for *hello*, and millions of Spanish-speaking people use that word to greet their friends and relatives each day. Spanish is the native language for over 320 million people throughout the world. It is, in fact, one of the most widely used languages in the world. Spanish is a principal means of communication in Spain, Mexico, Central and South America, the Caribbean, and parts of Asia and Africa. It is also the first or second language for over 14 million people in the United States.

Do you work for a multinational organization? Are you planning a career in international business? Are you preparing yourself in Spanish for government service here or abroad? Do you wish to travel? Are you interested in communicating with Spanish speakers? Would you like to broaden your knowledge of the world and of mankind?

Learning Spanish is a challenging and exciting experience!

SPANISH THE EASY WAY is a valuable tool to help you achieve that goal. It offers a comprehensive presentation of all the essential elements of the first level of Spanish language study. SPANISH THE EASY WAY is for beginning students who need to learn the fundamental skills of the language. SPANISH THE EASY WAY is for more advanced students who need a refresher course in basic elements of the language. SPANISH THE EASY WAY is for students enrolled in bilingual programs designed to strengthen the native speaker's use of Spanish. SPANISH THE EASY WAY is for the student in the individualized classroom and for students following a program of self-instruction. SPANISH THE EASY WAY is for anyone seeking practice in the essentials of the language.

SPANISH THE EASY WAY gives you a natural and easy way to learn through "discovering and conceptualizing," that is to say, through "getting the idea yourself" from the numerous models in Spanish followed by their meanings in English. The rules need not always be memorized. You will understand almost immediately from the examples given in Spanish and English.

And now a word on how to use the book.

How to Use This Book

Part One

The Story

Step 1: Reading and Understanding

a. Get interested in the topic. Imagine yourself in the same situation as the character(s) in the story, as described in English.
b. Study the Palabras Nuevas or "New Words" a few at a time. Read one word at a time silently, and repeat it aloud. Try to associate its meaning with that of a similar word you know. Copy some of the words as you say them.
c. Test your word memory. Cover the English first, then the Spanish.
d. You are ready to read. Read silently, then aloud. Read as rapidly as you can to understand the main idea. Reread for details and for enjoyment.
e. Consult the Palabras Nuevas and the Spanish-English Vocabulary given at the end of the book when you need to know the meaning of a word.

Step 2: Completing the Exercises (Ejercicios)

a. Read the instructions carefully. Consult the story if you need to do so.
b. Check your answers with the Answer Key provided at the back of the book when you finish each exercise. Write corrections in your exercise. Review the Palabras Nuevas and the story if you need to redo an exercise.
c. Proceed to the next exercise when at least 80 percent of your writing is correct. You have done well!

The Structure of the Language (Estructuras de la Lengua)

Step 1: Studying

a. Get interested in the topic. Read it to appreciate why it is important in order to understand what others communicate to you in Spanish, and in order for you to express your thoughts to them in Spanish.
b. Carefully read each point of grammar, as well as the examples given in Spanish with their English meanings. Try to discover the forms, rules, and relationships as you study the examples.
c. Learn the forms and uses in Section A, before you learn Section B, and learn those in Section B before you study Section C, etc.
d. Now study the rules that follow the examples. Do they match your concepts?
e. Restudy the points of grammar and the new forms. Reading model sentences silently and aloud and copying them are often helpful learning procedures.
f. Review the complete presentation. Now you are ready to begin the exercises.

Step 2: Completing the Exercises

a. Read the instructions. Study the sample sentences that illustrate how to do the exercise.
b. Complete the exercise without referring to the material you have just studied.
c. Consult the Spanish English Vocabulary at the end of the book if a Spanish word used in the exercises interferes with your understanding the sentence.
d. Check your answers with the Answer Key. Note the number of correct responses.

e. Cross out any incorrect answer, and write the correct one. If many of your responses are not correct, restudy the appropriate section of the lesson. Try to understand the reason for the errors, and redo the exercise.

f. Proceed to the next exercise when at least 80 percent of your writing is correct. You have done well!

CAUTION: Consult the Answer Key only when you have finished the exercise. In this way, you will find out whether you have really learned the lesson well.

Part Two

Idioms and Dialogues

Step 1: Studying

a. Enjoy reading the entire running dialogue of the Unit, silently and carefully, then, aloud.

b. Study the smaller sections set off by the thicker black lines, one section at a time. Then, read aloud and learn one section at a time.

c. Learn each section by heart. Copy it. Practice the dialogue with a friend.

d. Record the dialogue section on cassette if one is available. Replay it as often as needed in order to learn it.

e. Use the new expressions in your next conversation!

Step 2: Completing the Exercises

a. Read the instructions. Complete the exercise.

b. Check your answers with the Answer Key when you complete each exercise.

c. Proceed to the next exercise when at least 80 percent of your writing is correct. You have done well!

Pronunciation Guide

Read aloud both the English and Spanish examples, pronouncing them carefuly. The similarity between the English and the Spanish pronunciations is shown in bold type. (NOTE: English examples are the closest approximations possible.)

	English Example	Spanish Example
VOWELS		
a	m**a**ma, y**a**cht	c**a**ma, m**a**sa, **A**na
e	t**e**n, d**e**sk, l**e**t	t**e**le, m**e**te, n**e**ne
i	tr**i**o, ch**i**c, el**i**te	s**í**, m**i**tin, d**i**
o	**o**bey	s**o**lo, m**o**to, **o**s**o**
u	l**u**nar	**u**so, **u**no, p**u**ro
y (alone)	man**y**, penn**y**	**y**
COMMON DIPHTHONGS		
ai, ay	**i**ce	hail**ái**s, ¡**ay**!, car**ay**
ei, ey	v**ei**n	v**ei**nte, l**ey**, r**ey**
oi, oy	**oi**l, j**oy**	**oi**go, s**oy**, d**oy**
au	c**ow**, h**ow**	**au**to, **au**la, **au**conto
CONSONANTS		
b and **v**	**b**at (at the beginning of a breath group, and after *m* and *n*)	**b**amba; **v**amos un **b**eso un **v**als
	vat (between vowels)	e**v**itar, i**b**a, u**v**a
c before *a, o, u*	**c**at (*c* but without a puff of air)	**c**asa, **c**osa, **c**una
c before *e, i*	**c**ent, **c**ity (in most of Spanish America)	**c**elos, **c**inco, **c**esto
	theater, **th**in (in a large part of Spain, especially in central and northern Spain)	**c**elos, **c**inco, **c**esto
ch	**ch**eck	**ch**ico, o**ch**o, lu**ch**a
d	**d**o (at beginning of a breath group and after *l* and *n*—tongue touches back of upper teeth)	**d**onde, al**d**ea, an**d**a
	though (between vowels—with tongue between upper and lower teeth)	i**d**a, o**d**a, pu**d**e
f	**f**ame	**f**ama, **f**e, **f**oto
g before *a, o, u*	**g**as, **g**o, **g**un	**g**ala, **g**oma, **g**ustar
g before *e, i*	**h**ot (heavy aspirant *h*)	**g**esto, **G**il, **g**ime
h	silent as in **h**our, **h**onest, **h**onor	**h**asta, **h**ora, **h**ola
j before all vowels	**h**ot (heavily aspirated *h*)	**j**ota, **j**efe, o**j**o
k	**k**it (not used in words of Spanish origin)	**k**ios**k**o (Russian origin; also, quiosco)
l	simi**l**ar, although not identical to English	**l**ento, a**l**a, o**l**a
ll	mi**ll**ion, bu**ll**ion, or **y**es (Mexico)	**ll**ama, e**ll**a, o**ll**a

	English Example	Spanish Example
CONSONANTS (continued)		
m	similar in most articulations	**m**i, **m**e
n	similar in most articulations	**n**o, **n**i, **n**ota
ñ	on**i**on, un**i**on	u**ñ**a, a**ñ**o, ni**ñ**o
p	similar to English, but without puff of air	
qu used only before *e* or *i*	cli**que** (similar to English **k**, but without puff of air)	**que**, **qui**en, **que**so
r	"th**rr**ee"—trilled **r** (tongue tip flutters against bony ridge behind upper teeth)	a**r**oma, e**r**a, i**r**a
rr and **R** at beginning of a breath group	doubly trilled **r**	a**rr**oz, **R**osa, ho**rr**or
s	similar, although often not identical to English	**s**in, **s**on, e**s**a
t	similar, but more dental than in English	**t**u, **t**e, **t**i, **t**os
w	not used in words of Spanish origin	
x	similar, although not identical to English	e**x**cepto, e**x**celente, e**x**tra
z	**s** sound in most of Spanish America	**z**ona, **z**eta, **z**apato
	th as in **th**in in a large part of Spain, especially in central and northern Spain	**z**ona, **z**eta, **z**apato
COMMON SEMI-CONSONANTS		
i before *e*	**y**es	b**i**en, t**i**enes, h**i**elo
u before *a, e, i*	**w**as, **w**ent, **w**ind	ag**u**a, b**u**eno, h**u**ir
y before *a, e, o*	**y**am (usually, and in most Spanish-speaking areas)	**y**a, **y**o, **y**eso

The Spanish alphabet as you have probably noticed, consists of **a, b, c, ch, d, e, f, g, h, i, j, k, l, ll, m, n, ñ, o, p, q, r, rr, s, t, u, v, w, x, y, z.**

Where to Stress or Emphasize Spanish Words

Rule One: Spanish speakers normally emphasize the last syllable of the word when the word ends in a consonant, provided that it is not an **n** or an **s.** *Examples:* alrede**dor**, pa**pel**, ac**triz**.

Rule Two: When the last syllable ends in **n**, **s**, or a vowel, the *next to the last syllable* receives the stress or emphasis. *Examples:* re**su**men, **ro**sas, **ca**sa.

The Accent Mark: Some Spanish words do not follow Rule One or Rule Two. These words show us where to place the stress or emphasis by using a mark over the vowel in the stressed syllable. That mark is called an accent mark; it look like this ´. *Examples:* **lám**para, **lá**piz, de**trás**, reu**nión.**

The accent mark has other uses. It distinguishes meanings between words that otherwise have the same spelling, for example, **el** (the) and **él** (he). The accent mark also causes **i** and **u** to be pronounced apart from the vowel near them, breaking the diphthong or semi-consonant; for example, pa**ís**, poli**cía**, a**ún**. Finally, the accent mark appears on the stressed vowel of every question word: ¿**dón**de? (where), ¿**có**mo? (how), ¿quí**én**? (who), ¿**qué**? (what), ¿**cuán**do? (when).

LECCIONES PREPARATORIAS

Central America, Mexico, Teotihuacan Culture,
Mask from incense burner depicting the old deity of fire,
ceramic, 450–750 A.D., 36.8 × 33.5 cm, Gift of Joseph Antonow,
1962.1073 overall, front.
Photograph by Robert Hashimoto.

I. La casa The House (Home) [El; la: The]

La sala   The living room

Preguntas

Modelo:

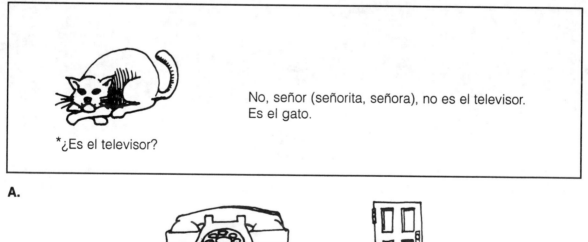

*¿Es el televisor?

No, señor (señorita, señora), no es el televisor.
Es el gato.

A.

1. ¿Es la puerta?   **2.** ¿Es la radio?

1. _No, señor, no es la puerta. Es el teléfono._

2. _No es la radio. Es la puerta_

*¿**Es**. . .? Is it. . .?   **Es**. . . It is. . .   **No es.** It is not. . .

3. ¿Es la lámpara?   **4.** ¿Es el padre?   **5.** ¿Es la madre?   **6.** ¿Es el disco?

3. _Si, señor es la lampara_

4. _Si es el padre?_

5. _Si, es la madre?_

6. _No es el disco. Es la mesa._

7. ¿Es la ventana?   **0.** ¿Es el teléfono?   **9.** ¿Es la cocina?   **10.** ¿Es la sala?

7. _Si, es la ventana._

8. _No es el teléfono. Es el disco._

9. _No es la cocina. Es el televisor._

10. _No es la sala. Es la flor_

B. Draw pictures of as many items and people in your living room as you know how to label in Spanish. Label them in Spanish.

Remember these words in order to answer questions in the lessons that follow:

¿Qúe? What? **¿Quién?** Who? **¿Dónde?** Where? **¿Cómo es . . .?** What is . . . like?

II. Una escuela A School

[Un; una: A; an]

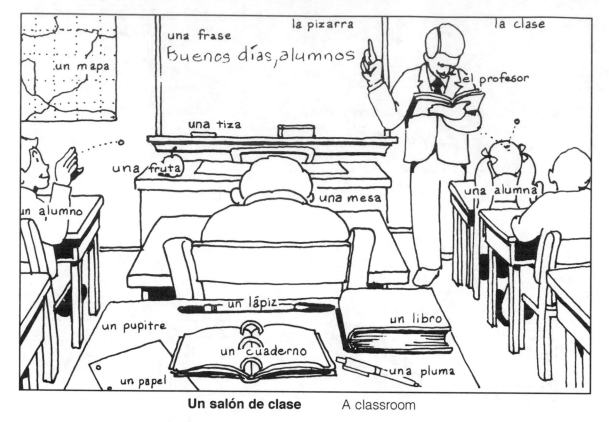

Un salón de clase   A classroom

Preguntas

Modelo:

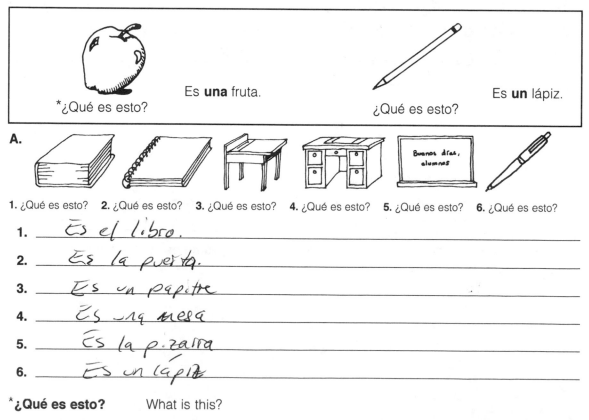

Es **una** fruta.

*¿Qué es esto?

Es **un** lápiz.

¿Qué es esto?

A.

1. ¿Qué es esto?   **2.** ¿Qué es esto?   **3.** ¿Qué es esto?   **4.** ¿Qué es esto?   **5.** ¿Qué es esto?   **6.** ¿Qué es esto?

1. _Es el libro._

2. _Es la puerta._

3. _Es un pupitre_

4. _Es una mesa_

5. _Es la pizarra_

6. _Es un lápiz_

*¿Qué es esto?   What is this?

Modelo:

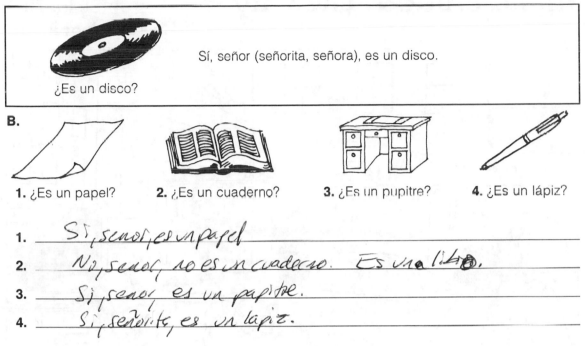

Sí, señor (señorita, señora), es un disco.

¿Es un disco?

B.

1. ¿Es un papel?   2. ¿Es un cuaderno?   3. ¿Es un pupitre?   4. ¿Es un lápiz?

1. _Si, señor, es un papel_
2. _No, señor, no es un cuaderno. Es un libro._
3. _Si, señor, es un pupitre._
4. _Si, señorita, es un lápiz._

C. Write an answer to the following question for each of the pictures seen below.

Modelo: ¿Qué es esto? Es un libro.

1. _Que es esto? Es un lápiz._
2. _Que es esto. Es un libro._
3. _Que es esto? Es la pizarra._
4. _Que es esto? Es un mapa._
5. _Que es esto? Es el televisor._
6. _Que es esto? Es la ventana._
7. _Que es esto? Es la puerta._
8. _Que es esto? Es un gato._

D. Draw a picture of the following in your notebook, and label the picture in Spanish.

1. una lámpara   **2.** un libro   **3.** un lápiz   **4.** el profesor   **5.** un disco   **6.** una flor

III. La ciudad The City

[El; la: The]

[Un; una: A; an]

Preguntas

Modelo:

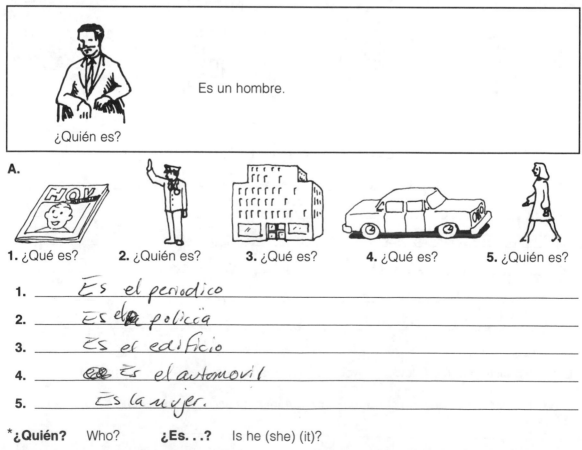

Es un hombre.

¿Quién es?

A.

1. ¿Qué es?   **2.** ¿Quién es?   **3.** ¿Qué es?   **4.** ¿Qué es?   **5.** ¿Quién es?

1. _Es el periodico_
2. _Es el policia_
3. _Es el edificio_
4. _Es el automovil_
5. _Es la mujer._

6   *¿**Quién?**   Who?   **¿Es. . .?**   Is he (she) (it)?

Modelo:

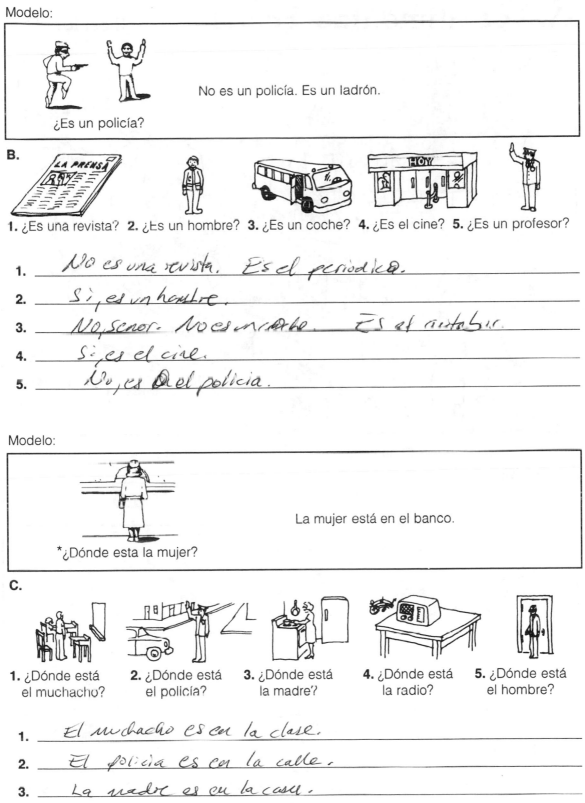

No es un policía. Es un ladrón.

¿Es un policía?

B.

1. ¿Es una revista? **2.** ¿Es un hombre? **3.** ¿Es un coche? **4.** ¿Es el cine? **5.** ¿Es un profesor?

1. _No es una revista. Es el periódico._
2. _Sí, es un hombre._
3. _No, señor. No es un coche. Es el autobús._
4. _Sí, es el cine._
5. _No, es Ɒel policía._

Modelo:

La mujer está en el banco.

*¿Dónde esta la mujer?

C.

1. ¿Dónde está el muchacho? **2.** ¿Dónde está el policía? **3.** ¿Dónde está la madre? **4.** ¿Dónde está la radio? **5.** ¿Dónde está el hombre?

1. _El muchacho es en la clase._
2. _El policía es en la calle._
3. _La madre es en la casa._
4. _La radio es en la mesa._
5. _El hombre es en la puerta._

*¿**Dónde?**   Where?   **Está.**   Is (location).   **En**   In, on, at.

IV. Los alimentos Foods

[Los; las: The]

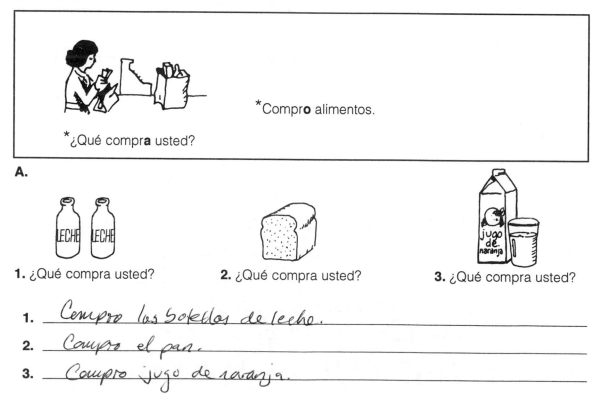

El supermercado   The supermarket

Preguntas

Modelo:

> *¿Qué compr**a** usted?
>
> *Compr**o** alimentos.

A.

1. ¿Qué compra usted?   **2.** ¿Qué compra usted?   **3.** ¿Qué compra usted?

1. _Compro los botellas de leche._
2. _Compro el pan._
3. _Compro jugo de naranja._

*What **are you buying? I am buying** food

4. ¿Qué compra usted?   **5.** ¿Qué compra usted?

4. _Compro helado de chocolate._

5. _Compro el queso._

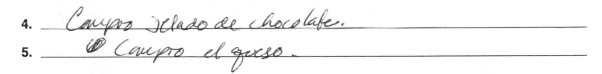

¿Compra usted café?

No compr**o** café.
Compr**o** frutas.

B.

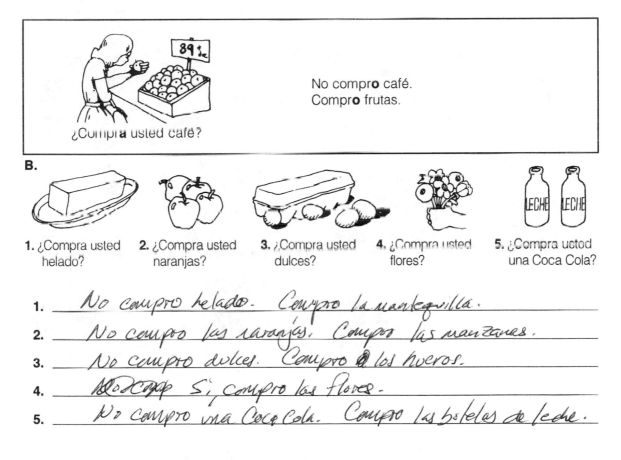

1. ¿Compra usted helado?   **2.** ¿Compra usted naranjas?   **3.** ¿Compra usted dulces?   **4.** ¿Compra usted flores?   **5.** ¿Compra ustod una Coca Cola?

1. _No compro helado. Compro la mantequilla._

2. _No compro las naranjas. Compro las manzanas._

3. _No compro dulces. Compro los huevos._

4. _No compro Sí, compro las flores._

5. _No compro una Coca Cola. Compro las botelas de leche._

C. Draw pictures of as many foods in your house as you know how to label in Spanish. Label them in Spanish.

V. Acciones Actions

El alumno <u>estudia</u> la lección.

El padre <u>mira</u> la televisión.

La muchacha <u>escribe</u> la frase.

La alumna <u>lee</u> la revista.

El policía <u>ve</u> el accidente

El hombre <u>corre</u> en la calle.

La mujer <u>come</u> helado.

El hermano <u>bebe</u> leche.

El profesor <u>pregunta</u>.

El alumno <u>contesta</u> mucho.

La señorita <u>canta</u>.

El señor <u>escucha</u> a radio.

La hermana <u>baila</u>.

El padre <u>trabaja</u>.

Las mujeres <u>van</u> a la tienda.

La madre <u>compra</u> alimentos.

María <u>camina</u> a la escuela.

Carlos <u>descansa</u> en casa.

Francisco <u>sale</u> de la casa.

Antonio <u>pone</u> la televisión.

Preguntas

A.

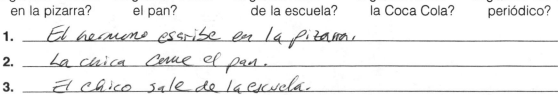

1. ¿Quién escribe en la pizarra?
2. ¿Quién come el pan?
3. ¿Quién sale de la escuela?
4. ¿Quién bebe la Coca Cola?
5. ¿Quién lee el periódico?

1. El hermano escribe en la pizarra.
2. La chica come el pan.
3. El chico sale de la escuela.
4. El policía bebe la coca cola.
5. El hombre lee el periodico.

B.

1. ¿Mira la mujer la televisión?

2. ¿Canta la hermana?

3. ¿Corre el policía?

4. ¿Estudia Carlos?

5. ¿Come María el queso?

1. _____

2. _____

3. _____

4. _Sí, Carlos estudia._____

5. _Sí, María come el queso_____

VI. Descripciones Descriptions

fácil

difícil

grande

pequeño (a)

mucho (a)

poco

trabajador (a)

perezoso (a)

allí

aquí

tonto (a)

inteligente

bonito (a)

feo (a)

viejo (a)

joven

Preguntas

Modelo:

Fifí es bonita.

*¿Cómo es Fifí?

A.

1. ¿Cómo es el hombre?
2. ¿Cómo es la lección?
3. ¿Cómo es el profesor?
4. ¿Cómo es el alumno?
5. ¿Cómo es la madre?

1. El hombre es facil
2. El alumno es joven
3. El profesor es viejo
4. El alumno es tonto
5. La madre es ?

B.

1. ¿Es pequeño el elefante?
2. ¿Hay pocos alumnos en la clase?
3. ¿Está aquí la casa?
4. ¿Está deliciosa la manzana?
5. ¿Come mucho el hombre?

1. No, el elefante es grande
2. Si, hay pocos alumnos en la clase.
3. Si, la casa es aqui.
4. Si, la manzana es deliciosa.
5. Si, el hombre come mucho.

*¿**Cómo es...?** What is...like? ¿**Hay?** Are there? **Hay.** There are. **Está.** Is (tastes).

VII. El cuerpo humano The Human Body

[Es: Is] [Son: Are]

Preguntas

Modelo:

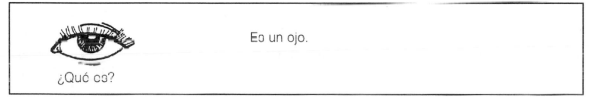

¿Qué es?   Es un ojo.

A. ¿Qué es?

1.   2.   3.   4.   5.

1. Es un pie
2. Es un brazo
3. Es la boca
4. Es un pecho
5. Es un cuello

VII. EL CUERPO HUMANO

Modelo:

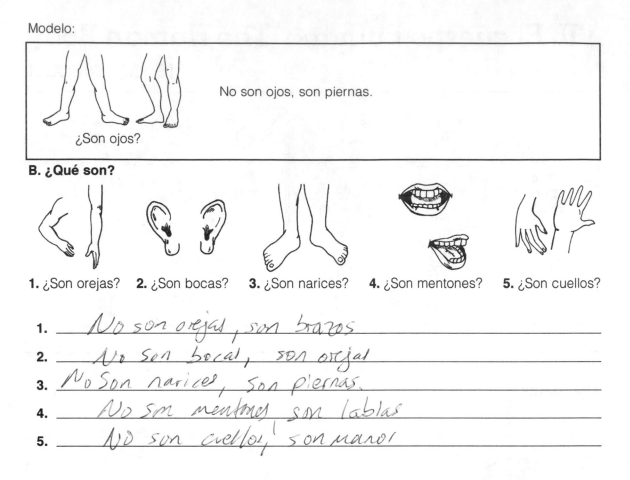

¿Son ojos?

No son ojos, son piernas.

B. ¿Qué son?

1. ¿Son orejas? 2. ¿Son bocas? 3. ¿Son narices? 4. ¿Son mentones? 5. ¿Son cuellos?

1. _No son orejas, son brazos_
2. _No son bocas, son orejas_
3. _No son narices, son piernas._
4. _No son mentones, son labias_
5. _No son cuellos, son manos_

C. In the space below, in Spanish, name the part of the body most important to complete the action seen in each of the pictures.

1. _Los ojos_

2. _Los piernas._

3. _Los boca_

4. _El mentón_

5. _La espalda_

6. _Los estomagos_

Part One
STRUCTURES AND VERBS

Head of Maize God
North Slope of Temple 22
Copan, Honduras

Peabody Museum, Harvard University
Photograph by Hillel Burger

Carlos, el hermano de Pepita,
pone la televisión.

What's more important, TV or homework?
Let's see what Pepita does.

¡La televisión es muy importante!

Pepita Gómez es estudiosa. Ella estudia en la escuela y en casa. Esta noche Pepita estudia la lección de español en la sala. Estudia con el libro de gramática, el diccionario y el papel de vocabulario. Con su lápiz Pepita copia palabras y frases en su cuaderno.

El padre de Pepita lee el periódico en la sala. La madre escucha la radio en la cocina. Carlos, el hermano de Pepita, entra en la sala y pone la televisión.

Carlos: Esta noche hay programas interesantes.
Pepita: ¡Ay, no, Carlos! Yo necesito estudiar. Mi examen de español es mañana.
Carlos: ¡Es posible estudiar mañana, muchacha!
Pepita: ¡Por favor, Carlos! El examen de español es muy importante. Yo necesito estudiar esta noche.
Carlos: No es necesario estudiar el español. Es muy fácil. Yo quiero mirar la televisión.
El Padre: ¡No, Carlos! ¡La televisión no es importante! Es posible mirar la televisión mañana también.
Habla la televisión: Y ahora el programa: **El amor y la pasión.**
Pepita: ¡Ay, es mi programa favorito! ¡Ay, papá! ¡Sí, es posible estudiar mañana!

Palabras Nuevas

SUSTANTIVOS *(NOUNS)*
el amor love
Carlos Charles
la casa the house
  en casa at home
la cocina the kitchen,
  the cooking
el cuaderno the notebook
el diccionario the dictionary
la escuela the school
el español the Spanish
  language, Spanish
el examen the test
  mi examen de español
  my Spanish test
la frase the sentence
la gramática the grammar
el hermano the brother
  el hermano de Pepita
  Josie's brother
el lápiz the pencil
la lección the lesson
  la lección de español
  the Spanish lesson

el libro the book
  el libro de gramática
  the grammar textbook
la madre the mother
la muchacha the girl
la noche the night,
  the evening
esta noche
  tonight, this evening
el padre the father
  el padre de Pepita
  Josie's father
el papel the paper
  el papel de vocabulario
  the vocabulary paper
la pasión the passion
Pepita Josie
el periódico the newspaper
el programa the program
  mi programa favorito
  my favorite program
la radio the radio
la sala the living room
la televisión the television

la voz the voice

ADJETIVOS* *(ADJECTIVES)*
estudioso,a studious
fácil easy
favorito,a favorite
importante important
interesante interesting
mi my
necesario,a necessary
posible possible
su her

VERBOS *(VERBS)*
copia *(she)* copies
entra *(he)* enters
es *(it)* is, *(she)* is
  no es *(it) is not*
escucha *(she)* listens to,
  is listening to
estudia *(she)* studies,
  is studying
estudiar to study
habla speaks

*Adjectives that end in "**o**" describe masculine nouns.
Adjectives that end in "**o**" change from "**o**" to "**a**" when describing feminine nouns.

hay there are, there is
lee *(he)* reads, is reading
mirar to look at
necesito I need
pone la televisión *(he)* turns
on the television program
quiero I want

OTRAS PALABRAS
(OTHER WORDS)
ahora now
¡ay, papá! Oh, Daddy!
con with
de of, in, from
ella she
en in, into

mañana tomorrow
muy very
no not, no
por favor please
sí yes; yes, indeed!
también also, too
y and
yo I

Ella es estudiosa

Ejercicios

I. (A) Complete the sentence according to the story.

1. Pepita es muy ___intelligente___.
2. Ella estudia la ___lección___ de español.
3. Ella copia palabras y frases en su ___10 cuaderno___.
4. El padre lee el ~~televisión~~ periodico en la ___sala___.
5. La madre escucha la ___música___ en la ___cocina___.
6. El ___hermano___ pone la television.
7. El examen de español es muy ___difícil___.
8. Carlos quiere ___mirar___ la televisión.
9. Es posible mirar la televisión ___ahora___.
10. El programa es "el ___amor___ y la ___pasión___."

(B) Rewrite the sentence replacing the underlined word with a word that will make the sentence true.

1. Pepita estudia con el libro y el <u>periódico</u>.
2. Ella estudia el <u>amor</u> en la clase de español.
3. Pepita copia palabras con su <u>voz</u>.
4. No es posible estudiar y también mirar la <u>radio</u>.
5. Es necesario estudiar la lección de <u>cocina</u>.

1. ___diccionario___
2. ___leccion___
3. ___lapiz___
4. ___televisión___
5. _____

II. ¿Cómo se dice en español? Can you find these expressions in the story?

1. I need to study. ___Yo necesito estudiar___
2. Tonight there are interesting programs. ___A noche esta programa interesante___
___Esta noche hay programas interesant___

3. It is very easy. _____ *Esta muy facil.*

4. It's my favorite program. _____ *Es me programa favorito*

5. It is not necessary to study Spanish. _____ *No es necesario estudiar Espanol*

III. Word Hunt—Find these 15 words in Spanish in the squares.

1. pencil
2. living room
3. book
4. notebook
5. sentence
6. brother
7. also
8. with
9. easy
10. now
11. there is
12. he looks at
13. night
14. he reads
15. this (f.)

C	A	A	F	B	S	C	N	L	L
U	H	E	R	M	A	N	O	A	I
A	U	H	A	Y	L	E	C	P	B
D	R	E	S	D	A	I	H	I	R
E	A	L	E	E	F	B	E	Z	O
R	G	H	I	J	K	M	I	R	A
N	L	M	N	O	F	A	C	I	L
O	R	T	S	E	S	T	A	P	Q

IV. Compositions: Oral or written.

(A) Tell us *what is happening* in the picture on page 16. Then tell something more about the story and how it ends.

(B) Tell a friend about your evening at home. Write a note.

Querido (a) ..., No es fácil estudiar en mi casa.

1. What you want to study. 2. Which brother or sister turns on the television. 3. Whether you also need to watch the program. 4. What your father or mother reads and also listens to. 5. Which is more (más) important, to study or to watch.

Estructuras de la Lengua

The Noun (Persons, Things, Places, Ideas) and the Definite Article (Singular)

A. In Spanish, things as well as persons are of either masculine or feminine gender.

Examples:

Masculine Nouns

1. **El chico** es grande.
   The boy is big.

2. **El cuaderno** es grande.
   The notebook is large.

Feminine Nouns

3. **La chica** es grande.
   The girl is big.

4. **La pluma** es grande.
   The pen is large.

¿Es el señor Gómez o la señorita Gómez?

Rules:

1. **El** means *the* before a masculine noun and is the masculine definite article.

2. **La** means *the* before a feminine noun and is the feminine definite article.

3. Masculine nouns often end in **o.** Feminine nouns often end in **a.** Feminine nouns also end in **–dad, –ción, –sión.** Learn: **la ciudad** (the city); **la canción** (the song); **la lección** (the lesson); **la nación** (the nation); **la televisión** (the television).

B. **El** and **la** indicate the gender of nouns that do not have the typical masculine ending **–o,** or the typical feminine endings: **–a, –dad, –ción, –sión.**

Examples:

Masculine Nouns	*Feminine Nouns*
El hombre usa **el lápiz** y **el papel.**	**La mujer** mira **la flor** en **la clase.**
The man uses the pencil and paper.	The woman looks at the flower in the class.

Rules:

1. Nouns should be memorized *with* their articles: **el** or **la.**

2. Learn these masculine nouns: **el avión** (the plane), **el coche** (the car), **el examen** (the test), **el hombre** (the man), **el hotel** (the hotel), **el lápiz** (the pencil), **el padre** (the father), **el papel** (the paper), **el profesor** (the teacher), **el reloj** (the clock, watch), **el tren** (the train).

3. Learn these feminine nouns: **la calle** (the street), **la clase** (the class), **la frase** (the sentence), **la madre** (the mother), **la mujer** (the woman), **la noche** (the night).

4. The appropriate definite article must be used before each noun in a series: **el padre y la madre** (the father and mother); **el hombre y la mujer** (the man and woman).

C. Special uses of **el** and **la.**   Special omissions of **el** and **la.**

Indirect Address (Narrative)	*Direct Address*
1. **El señor Gómez** escucha *el programa.* Mr. Gomez listens to the program.	1. **Señor Gómez,** ¿escucha usted *la radio* todo *el día*? Mr. Gomez, do you listen to the radio all day?
2. **La señorita Molina** estudia *el idioma* y *el mapa.* Miss Molina studies the language and the map.	2. **Señorita Molina,** ¿estudia usted *el idioma* y *el mapa* de España? Miss Molina, do you study the language and the map of Spain?

Rules:

1. **El** or **la** is used *before a title* when talking *about* the person, but is *omitted* when talking *directly* to the "titled" person, in direct address.

2. A small number of masculine nouns end in **a** or **ma** and must be memorized with their articles: **el día** (the day), **el mapa** (the map), **el idioma** (the language), **el programa** (the program). But **la mano** (the hand) and **la radio** (the radio) are feminine.

D. More uses of **el** and **la**. More special omissions of **el** and **la**.

1. **La escuela** está entre **la Avenida Arcos** y **la Calle Diez.** The school is between Arcos Avenue and Tenth Street.	1. En la escuela Pepita estudia **la lección de español** para **hablar español.** In school, Josie studies the Spanish lesson in order to speak Spanish.
2. En la clase, Pepita escucha **el español** y **el inglés.** In class, Josie listens to Spanish and English.	2. Ella lee **en español** en **la clase de español.** She reads in Spanish in the Spanish class.

Rules:

1. Use **la** before **Avenida** and **Calle** when identifying them by name or number.

2. Use **el** before all languages except when they directly follow **hablar, de, en.**

3. **De** indicates *concerned with* in expressions such as the following: **la clase de español** (the Spanish class), **la lección de español** (the Spanish lesson), **el profesor (la profesora), de inglés** (the English teacher), **el maestro (la maestra) de música** (the music teacher).

STUDY THE RULES, EXAMPLES, AND MODELS BEFORE BEGINNING THE EXERCISES!

Exercises

I. Carlitos has spent his first week in school. He tells us what is interesting, and who studies a lot. Rewrite the sentence, substituting the word in parentheses for the noun in Italics. Make the necessary change in the definite article, **el** or **la**. Use **también** as seen in the model.

(A) Model: La *profesora* es interesante. (libro) El libro también es interesante.
The teacher is interesting. The book also is interesting.

1. (escuela) _____

2. (libro) _____

3. (alumna) _____

4. (maestra) _____

5. (español) _____

(B) El *profesor* estudia mucho. The teacher studies a great deal.

1. (alumno) _____

2. (madre) _____

3. (hermano) _____

4 (muchacha) _____

5. (maestro) _____

II. Your Spanish teacher today points to things and pictures of things. You identify all *15* in Spanish, using **Es el** _____ or **Es la**_____ and the word in parentheses.

Model: Señora Mendoza—¿Qué es?   (libro)—Es el libro.
                What is it?   It is the book.

1. (examen) _____

2. (lección) _____

3. (día) _____

4. (noche) _____

5. (televisión) _____

6. (nación) _____

7. (programa) _____

8. (ciudad) _____

9. (frase) _____

10. (idioma) _____

11. (mapa) _____

12. (cocina) _____

13. (calle) _____

14. (español) _____

15. (clase) _____

III. You interview five people. Then you write about each in simple statements. Use **el** or **la.** Omit **usted** and question marks.

Model: —Señor Smith, ¿estudia usted el español?   **El** señor Smith estudia el español.
         Mr. Smith, do you study Spanish?   Mr. Smith studies Spanish.

1. Señor Moreno, ¿mira usted el programa de televisión esta noche?

_____

2. Profesora Mendoza, ¿necesita usted el mapa de la ciudad de Madrid?

_____

3. Presidente Guzmán, ¿entra usted en la capital de la nación mañana?

_____

4. Señorita Gómez, ¿estudia usted el idioma toda la noche?

_____

5. Señorita Molina, ¿escucha usted el programa español en la radio todo el dia?

_____

IV. You introduce travel club members. Tell what they speak, and how well they pronounce the name of the language given in *italics* Begin the first sentence with **Habla** . . . Begin the second sentence with **Pronuncia bien** . . .

¡Habla español!

Model: El chico es de España. The boy is from Spain.
      El español
      Habla español. Pronuncia He speaks Spanish. He pronounces
      bien el español. Spanish well.

1. El profesor es de México.
   el español

2. La alumna es de Francia.
   el francés

3. El muchacho es de Italia.
   el italiano

4. Luis es de Inglaterra.
   el inglés

5. La muchacha es de Alemania.
   el alemán

V. Pancho and Pepe know that there is a lot to study, to listen to, and to look at in a new land. Rewrite the model sentence, substituting the noun in parentheses for the noun in *italics*. Make the necessary change in the definite article, **el** or **la**. Use **también** as seen in the model.

  (A) Model: **El alumno estudia el inglés en** The pupil studies English in the
      la clase. classroom.
      (dormitorio) El alumno estudia The pupil studies in the bedroom,
      también en el *dormitorio.* too.

      Tell where else the student studies.

1. (avión) _____

2. (clase de inglés) _____

3. (tren) _____

4. (sala) _____

5. (escuela) _____

(B) Model: El alumno escucha la *frase* en inglés.

The pupil listens to the sentence in English.

Tell what else he listens to.

1. (música) _____

2. (disco) _____

3. (inglés) _____

4. (lección) _____

5. (radio) _____

(C) Model: Su hermano mira el *diccionario* español-inglés.

His brother looks at the Spanish-English dictionary.

Tell what else he looks at.

1. (periódico) _____

2. (palabra) _____

3. (papel de vocabulario) _____

4. (casa) _____

5. (hotel) _____

6. (ciudad) _____

7. (gramática) _____

8. (programa) _____

9. (calle) _____

10. (coche) _____

VI. Complete the story with an appropriate selection: **el** or **la**. Write a dash (–) if no article may be used.

_____ muchacha entra en _____ escuela en _____ Avenida de Las Américas de _____ ciudad de
   1   2   3   4

Nueva York. Su profesor, _____ señor Valdés, habla _____ español muy bien. _____ clase estudia
                         5   6   7

_____ lección de _____ español y escucha _____ idioma en _____ radio y en _____ televisión.
   8   9   10   11   12

Su clase practica _____ inglés también: _____ Profesor Valdés, ¿lee usted _____ periódico
                  13   14   15

en _____ inglés? Sí _____ Profesor Valdés lee mucho en _____ tren y también en _____ casa
    16   17   18   19

por _____ noche.
    20

VII. Oral Proficiency: Act your part (Yo), or role play. *Later* write your part. [Review PALABRAS NUEVAS and ESTRUCTURAS of this WORK UNIT One]

(A) Situation: You began your first Spanish class. Your friend, Carlos, wants to know your impression. You tell him *two complete Spanish sentences.*

Carlos:	¿Cómo es el español?
Yo:...	
Clues:	*Interesante y fácil; importante y necesario.*

(B) Situation: He also wants to know what you need for the class. You tell him what kinds of books and other items you need in *two complete sentences.*

Carlos:	¿Qué es necesario?
Yo:...	
Clues:	*Yo necesito...; también es importante...*

(C) Situation: There is one television set. Your older brother or sister does not want to watch your favorite program tonight, and tells you to study. You give reasons for not studying tonight and for watching television.

Hermano (a):	El examen de español es mañana.
Yo:...	(Tell whether the Spanish test is/is not, important or easy.)

Hermano (a):	Es necesario estudiar ahora.
Yo:...	(Suggest another possible day.)

Hermano (a):	Es posible estudiar con la música de la radio.
Yo:...	(Tell what <u>you</u> <u>want</u> to do tonight.)

Hermano (a):	Yo no quiero mirar "El amor y la pasión."
Yo:...	(Tell the name of another television program it is also possible to watch tonight.)

Vocabulario: bolas de nieve *snowballs;* **listo** *ready.*

María mira cómo los hombres y las mujeres
van de prisa.

What a life! Work, work, work.
And what does it all lead to?

Todo es rápido en la ciudad

María visita la ciudad grande de Nueva York. Su primo, Francisco, es de esta ciudad. Ella es de la pequeña aldea de Miraflores, y desea ver todas las cosas importantes en Nueva York. Francisco y María visitan los teatros, los museos y los parques. Los primos van por muchas calles y avenidas y miran los edificios altos y las tiendas grandes. En las calles María mira cómo los hombres y las mujeres van de prisa a los cines, a los restaurantes, a las oficinas y a sus casas. Para María, esta experiencia es interesante y nueva pero es extraña también.

María: Mira, Paco, aquí en la ciudad todo es muy rápido. ¿Por qué? ¿Por qué hay tanta prisa?

Francisco: Pues, María, todas las ciudades grandes son así. Es necesario comer de prisa, tra-bajar de prisa y vivir de prisa. Así ganamos mucho dinero, y después de veinte o treinta años es posible descansar en una pequeña aldea, mirar las flores y respirar el aire fresco.

María: ¡Ay, Paco! Eso es tonto. En Miraflores, ¡yo hago todas estas cosas ahora!

Palabras Nuevas

SUSTANTIVOS *(NOUNS)*
el aire the air
la aldea the town
el año the year
la avenida the avenue
la calle the street
el cine the movie theater
la ciudad the city
la cosa the thing
el dinero the money
el edificio the building
la experiencia
    the experience
la flor the flower
Francisco Frank
Paco Frankie
el hombre the man
María Mary, Marie
la mujer the woman
el museo the museum
Nueva York New York
la oficina the office
el parque the park
el primo the cousin
la prisa the hurry
de prisa in a hurry, in a rush
el restaurante the restaurant
el teatro the theater
la tienda the store

ADJETIVOS *(ADJECTIVES)*
alto,a tall, high
estos,as these
extraño,a strange
fresco,a fresh
grande big, large
mucho,a a great deal of,
    much
muchos,as many,
    a great many
nuevo,a new
pequeño,a small, little
rápido,a fast, rapid
sus their
tanto,a so much
todos,as every, all
tonto,a foolish

VERBOS *(VERBS)*
comer to eat
descansar to rest
desea *(she)* wishes, wants
hago I do
ir to go
ganamos we earn
¡mira! look!
mira *(she)* looks at, watches
miran they look at, watch
respirar to breathe

son they are
trabajar to work
van they go, walk
ver to see
visita *(she)* visits
visitan they visit
vivir to live

OTRAS PALABRAS
(OTHER WORDS)
a to
aquí here
así so, *(in)* this way, thus
cómo how
después de after
eso that
las *(fem. pl.)* the
los *(masc. pl.)* the
o or
para for, in order to
pero but
por along, through
¿por qué hay...?
    Why is there...?
pues well, then
todo everything, all
treinta thirty
una a
veinte twenty

Ejercicios

I. **(A)** Rewrite the sentence, using the expression that best completes it.

1. El primo de María es de (a) Los Ángeles (b) San Antonio (c) Nueva York (d) Miami. _____

   _____

2. La aldea de María es (a) grande (b) alta (c) interesante (d) pequeña. _____

   _____

3. Los primos van por (a) las aldeas (b) las calles (c) las escuelas (d) las casas. _____

   _____

4. En la ciudad todo es (a) fresco (b) estudioso (c) necesario (d) rápido. _____

   _____

(B) Rewrite the sentence, substituting a correct word for the underlined word.

1. Nueva York es <u>pequeña</u>. _____

2. Los <u>parques</u> son muy altos. _____

3. Los hombres y las mujeres van de prisa por las <u>aldeas</u>. _____

   _____

4. Es posible descansar en las <u>calles</u>. _____

5. Para María es posible mirar las flores en su aldea <u>mañana</u>. _____

II. **Match the following:**

1. María visita _____ a. interesante y nueva.

2. Ella desea ver _____ b. de prisa.

3. Su experiencia es _____ c. en las aldeas.

4. Hay aire fresco _____ d. a su primo, Paco.

5. Los hombres y las mujeres van _____ e. todas las cosas

   _____   interesantes.

III. Juego de palabras—Translate these words to fill in the boxes of the puzzle below.

1. poncil
2. love
3. movies
4. important
5. a (f.)
6. money
7. now
8. to rest

1.	2.	3.	4.	5.	6.	7.	8.
L	A	C	I	U	D	A	D

IV. Picture Match: Choose and write the sentence(s) suggested by each sketch. Then tell something more about each one.

1.

2.

3.

4.

a. Van por muchas calles.   **d.** Visitan la ciudad grande.
b. Ella es de la pequeña aldea.   **e.** Miran los edificios altos.
c. Van a los restaurantes y a los cines.   **f.** Es posible mirar las flores y descansar.

1. _____

_____

2. _____

_____

3. _____

4. _____

V. Compositions: Oral or written.

(A) Look at the picture at the beginning of the Work Unit. Describe the scene in Spanish to a friend.

(B) Tell a visitor about your city. Include the following:

Mi ciudad

1. What kinds of buildings there are.   2. What interesting places it is possible to see.   3. How fast it is necessary to work in order to earn money.   4. When it is possible to rest very well.   5. Why it is important to go to small towns.

Estructuras de la Lengua

The Noun and the Definite Article (Plural). Comparisons between Singular and Plural Forms.

El libro

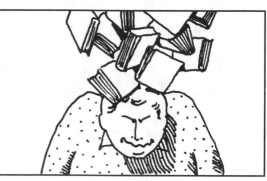

Los libros

Singular (one)	*Plural (more than one)*
1. **El chico** usa **el libro.** The boy uses the book.	**Los chicos** usan **los libros.** The boys use the books.
2. **La chica** usa **la pluma.** The girl uses the pen.	**Las chicas** usan **las plumas.** The girls use the pens.
3. **El hombre** y **la mujer** visitan **el hotel** en España y escuchan **la canción española.** The man and the woman visit the hotel in Spain and listen to the Spanish song.	**Los hombres** y **las mujeres** visitan **los hoteles** en España y escuchan **las canciones españolas.** The men and women visit the hotels in Spain and listen to the Spanish songs.

Rules:

1. **Los** means *the* before a masculine plural noun and is the masculine plural article. **Las** means *the* before a feminine plural noun and is the feminine plural article. In summary, Spanish has *four* definite articles: **el** (masc. sing.), **los** (masc. pl.), **la** (fem. sing.), **las** (fem. pl.).

2. Add **s** to a noun of either masculine or feminine gender that ends in a *vowel:* **a, e, i, o, u,** in order to form the plural, e.g. **el uso, los usos** (the uses); **la uva, las uvas** (the grapes).

3. Add **es** to a noun of either gender that ends in a *consonant* in order to form the plural, e.g., **el papel, los papeles** (the papers); **la flor, las flores** (the flowers).

4. Omit the accent mark from the final syllable when adding **es** to nouns ending in **ión**, e.g., **la lección, las lecciones** (the lessons), **la canción, las canciones** (the songs).

5. Change final **z** to **c** before adding **es,** *e.g.,* **el lápiz, los lápices** (the pencils).

STUDY THE RULES, EXAMPLES, AND MODELS BEFORE BEGINNING THE EXERCISES!

Exercises

I. Describe the people, places, and things in your neighborhood, home, or school. Complete the sentence with the plural of the article and noun in *italics,* e.g., *el uso* **los usos.**

1. *el chico* _____ son estudiosos.

2. *la muchacha* _____ son inteligentes.

3. *el hombre* _____ son extraños.

4. *la madre* _____ son importantes.

5. *la lección* _____ son interesantes.

6. *el lápiz* _____ son pequeños.

7. *el papel* _____ son muchos.

8. *la mujer* _____ son elegantes.

9. *el profesor* _____ son altos.

10. *el cine* _____ son nuevos.

11. *la frase* _____ son extrañas.

12. *el tren* _____ son rápidos.

13. *la ciudad* _____ son grandes.

14. *el día* _____ son fáciles.

15. *la flor* _____ son atractivas.

II. Rita quizzes her little brother. Luis likes only things that are big. Write his responses. Write this response in the *singular*, using the appropriate article and noun before the adjective **grande**.
No. Solamente _____ grande.

    Model: —¿Son interesantes todos los libros?   —No. Solamente **el libro** grande.
              Are *all the books* interesting?   No. *Only the big book.*

1. ¿Son excelentes todos los restaurantes? _____

2. ¿Son buenos todos los museos? _____

3. ¿Son nuevas todas las aldeas? _____

4. ¿Son fáciles todas las clases? _____

5. ¿Son necesarios todos los periódicos? _____

6. ¿Son interesantes todas las gramáticas? _____

7. ¿Son importantes todos los edificios? _____

8. ¿Son nuevos todos los hoteles? _____

9. ¿Son frescos todos los parques? _____

10. ¿Son rápidas todas las calles? _____

III. El Señor "Gordito" Gil is a "World Beater." When offered "some," he answers that he wants "all." Write his response: **Sí, todos los _____** or **Sí, todas las _____** according to the gender of the noun in the question.

    Model 1.—¿Desea usted dulces?   —Sí, **todos los dulces.**
              Do you want some candy?   Yes, all the candy.

           2.—¿Desea usted uvas?   —Sí, **todas las uvas.**
              Do you want grapes?   Yes, all the grapes.

1. ¿Estudia usted libros? _____

2. ¿Necesita usted papeles? _____

3. ¿Usa usted gramáticas? _____

4. ¿Escucha usted canciones? _____

5. ¿Usa usted trenes? _____

6. ¿Escucha usted idiomas? _____

7. ¿Visita usted universidades? _____

8. ¿Necesita usted mapas? _____

9. ¿Estudia usted lecciones de español? _____

10. ¿Mira usted programas de televisión? _____

IV. Complete the story about the people in school with the appropriate definite article: **el, la, los,** or **las.**

En _____ clases de español _____ alumnos escuchan _____ español y hablan español todos
    1   2   3

_____ días. _____ profesores de idiomas son _____ señorita Ruiz y _____ señor Martínez. Todos
 4   5   6   7

_____ chicos contestan bien en _____ escuela. Solamente _____ alumna Rosa no estudia _____
 8   9   10   11

lecciones. Pero _____ alumno Juan estudia _____ libros todas _____ noches. Todas _____
           12   13   14   15

muchachas desean escuchar _____ programas en español en _____ radio y en _____ televisión.
                  16   17   18

_____ periódicos también son excelentes para practicar todos _____ idiomas.
19   20

V. **Oral Proficiency:** Act your part (Yo), or role play. *Later* write your part. [Review PALABRAS NUEVAS and ESTRUCTURAS of this WORK UNIT Two]

Situation: Your cousin asks your opinion about whether it is good to live in a large city or in a small town. You explain the advantages of each. [Three sentences are good; four very good; five or more are excellent.]

    Primo (a): ¿Es bueno vivir en la ciudad o en la aldea?
                          Yo: ...

Clues: *Tell what it is possible to do in the "aldea"; what there is for children (los niños) in the city; to which interesting places the families go in the city; where we earn more (más) money; where it is necessary to work and to live fast.*

Joselito está contento.
¡Es una torta grande!

It's Joselito's birthday,
but why is he so unhappy?

El cumpleaños de Joselito

Hoy es un día muy importante en la casa de la familia Hernández. ¿Pregunta usted por qué? Es importante porque es el cumpleaños de Joselito, el nene de la familia. Hoy el niño cumple cuatro años

Todo el mundo está ocupado en las preparaciones para este día. Los padres compran la magnífica piñata típica en forma de pájaro. La piñata está llena de dulces y regalitos. Los hermanos de José preparan los juegos y las actividades para la fiesta. Sarita, la hermana que estudia música en la escuela, practica ahora porque ella va a bailar y cantar. La abuela prepara los refrescos y una torta deliciosa muy grande.

Joselito escucha y mira a todos. El pobre niño está triste porque todo el mundo trabaja y él también desea trabajar y ayudar.

Los padres invitan a todo el mundo. Todos los vecinos caminan a la casa de la familia Hernández. Cuando llegan a la casa y entran en la sala ellos preguntan:—¿Pero, qué pasa? ¿Dónde está Joselito? ¿Por qué no está aquí?

El pobre niño está solo en su cuarto. No está contento. Desea llorar.

Entonces el abuelo busca a Joselito y explica:—Joselito, hoy es tu día. Tú no necesitas trabajar El día do tu cumpleaños tu ayudas con las cosas más importantes— soplar las velas, cortar la torta y tomar el pedazo más grande.

Joselito baja a la sala con el abuelo. En ese momento los padres entran en la sala. Ellos llevan una torta grande de chocolate con cuatro velas, y los amiguitos de Joselito llevan regalos para el niño.

Todo el mundo grita:—¡Felicidades, Joselito! ¡Feliz cumpleaños!

Ahora sí, Joselito está contento. Va a ayudar en la fiesta. Él también grita:—¡Vamos a gozar!

Palabras Nuevas

SUSTANTIVOS
la abuela the grandmother
el abuelo the grandfather
la actividad the activity
el amiguito the little friend
el año the year
la casa Hernández
  the Hernandez home
el cuarto the room
el cumpleaños the birthday
el día the day
los dulces the candy
la familia the family
la forma the shape, form
la hermana the sister
José Joseph
Joselito Joey
el juego the game
la música the music

el nene the baby,
  very young child
el niño the child,
  the little boy
los padres the parents
el pájaro the bird
el pedazo the piece
la piñata the piñata
  (papier mâché figure
  filled with candies, etc.)
los refrescos the refreshments
el regalito the little present
el regalo the present
Sarita little Sarah
todo el mundo everyone
todos everybody, all
la torta de chocolate
  the chocolate cake
el vecino the neighbor

la vela the candle

VERBOS
ayudar to help
bailar to dance
bajar to go down
buscar to look for
caminar to walk, to stroll
cantar to sing
comprar to buy
cortar to cut
desear to wish, to want
entrar *(en)* to enter
escuchar to listen
está he *(she)* is
  [location, mood]
explicar to explain
gozar to enjoy
gritar to shout

35

invitar to invite
llegar to arrive
llevar to carry
llorar to cry
necesitar to need
practicar to practice
preguntar to ask
preparar to prepare
soplar to blow (out)
sopla las velas
    he blows out the candles
tomar to take
va (a) he (she) is going
¡vamos! (a) let's

ADJETIVOS
contento,a happy

delicioso,a delicious
ese that (masc.)
este this (masc.)
feliz happy
lleno,a (de) filled (with)
magnífico,a magnificent
ocupado,a busy
pobre poor
su his, her, your (formal)
típico,a typical
triste sad
tu your (familiar)

OTRAS PALABRAS
cuando when
cuatro four
¿dónde? where?

él he
ella she
ellos they
entonces then
hoy today
hoy cumple cuatro años
    today he is four years old
más more, most
que who
¿qué? what?
solo,a alone
tú you (familiar)
un,a a
usted you (formal)

Ejercicios

I.   **(A)** Complete the sentences according to the story.

1. Hoy es el _____ de Joselito. Él cumple cuatro _____.

2. Todo el _____ está muy _____.

3. Él está triste porque desea _____ y _____.

4. Su hermana va a _____ y _____ en la fiesta.

5. La abuela prepara los _____ y la _____.

(B) Preguntas. Write your answer in a complete Spanish sentence.

1. ¿Dónde está solo Joselito?
2. ¿Qué compran los padres?
3. ¿Qué llevan los amiguitos?
4. ¿Adónde caminan los vecinos?
5. ¿Por qué está contento Joselito?

1. _____

2. _____

3. _____

4. _____

5. _____

(C) Preguntas generales. Write your answer in a complete Spanish sentence.

1. En su fiesta, ¿qué sopla un niño?
2. ¿De qué está llena una piñata?

3. ¿Qué quieres para tu cumpleaños?
4. ¿Está todo el mundo triste o contento en una fiesta?
5. ¿Qué gritan todos?

1. _____

2. _____

3. _____

4. _____

5. _____

II. Match the following.

1. Hoy es un día _____ a. a todo el mundo
2. La piñata está _____ b. llorar
3. Los padres invitan _____ c. ¡vamos a gozar!
4. El pobre niño desea _____ d. muy importante
5. Joselito grita _____ e. llena de dulces

III. Acróstico. Translate the words to fill in the boxes of the puzzle.

1. happy   1 F
2. to listen   2 E
3. to arrive   3 L
4. to invite   4 I
5. birthday   5 C
6. important   6 I
7. candy   7 D
8. grandmother 8 A
9. to wish, want 9 D
10. school   10 E
11. to blow out   11 S

IV. Composition: Oral or written

(A) Tell us *what is happening* in the *picture on page 34*. Then tell something more about the story and how it ends.

(B) Tell a friend about your birthday party. Write a note.

Querido (a)..., Hoy es mi cumpleaños.

1. Who is going (**va a**) to carry in the piñata. 2. What it is very important to prepare. 3. Who wants to help with the refreshments. 4. Who are going (**van a**) to arrive with presents. 5. What everybody is going to shout.

Estructuras de la Lengua

The Present Indicative Tense: Regular AR Conjugation

A. The endings of the present tense tell who is doing the action; they change as the subject or "doer" changes. Subject pronouns are often unnecessary. Learn the set of personal endings for the **ar** infinitive.

	AR conjugation (I)
Infinitive:	**cantar** *to sing*
	I sing; do sing; am singing well.
Subject pronouns for emphasis	
Singular: 1. **Yo** *I*	Cant**o** bien.
2. **Tú** *You* (fam.)	cant**as**
3. **Él** *He*; **Ella** *She* **Usted** *You* (formal)	cant**a**
Plural: 1. **Nosotros-as** *We*	cant**amos**
2. **Vosotros-as** *You* (fam.)	cant**áis**
3. **Ellos-as** *They* **Ustedes** *You* (formal)	cant**an**

Rules:

1. A Spanish verb has one of the following infinitive group endings: **ar, er,** or **ir.** These endings represent the English *to.* Examples: *cantar* to sing; *comer* to eat; *escribir* to write.

2. This Unit deals with **ar** infinitives. When a subject is given, the infinitive group ending **ar** drops and is replaced by *personal endings* according to the subject.

   After removing the infinitive group ending **ar,** add the correct personal ending **o, as, a, amos, áis,** or **an,** according to the subject given.

3. The endings of the present tense tell us that an act or a state of being is taking place at present or that it occurs as a general rule. **Am, is, are, do, does** are included in the Spanish verb form of the present tense. Examples: *I am singing* **yo canto;** *she does sing* **ella canta.**

B. Subject pronouns

1. The subject pronoun is used *to stress* or *to emphasize* the subject. The subject pronoun *precedes* the verb in a statement. The subject pronoun must be used when no verb is given.

2. Excepting **usted** and **ustedes,** subject pronouns are *normally omitted* because the verb *ending identifies the subject,* provided that no emphasis is intended.

Normal unstressed subject.	Stressed subject.	Without a verb.
Cant**a.** He sings (is singing).	***El** canta y yo canto, también.	*¿**El?** Sí, **él** y **yo.**
Cant**o.** I sing (am singing).	*He* sings, and *I* am singing, too.	*He?* Yes, *he* and *I.*

3. Spanish subject pronouns show gender not only in **él** *he,* **ella** *she,* but also in **nosotros** *we* masculine, **nosotras** *we* feminine, and in **ellos** *they* masculine, **ellas** *they* feminine. ***Él** *he* commonly appears in print as **El** *without an accent mark when capitalized.*

4. Spanish has *four* subject pronouns meaning *you.* **Tú** addresses one person with familiarity, e.g., an intimate friend or someone younger. **Usted** (abbreviation: **Vd.**) addresses one person with formality, e.g., a teacher, the president, someone older than the speaker. **Ustedes** (abbreviation **Vds.**) you *plural,* generally adresses two or more persons with either formality or familiarity in Latin America. In Spain **ustedes (Vds.)** addresses two or more persons only with formality. **Vosotros-as** is used chiefly in Spain to address two or more persons with familiarity. Since **vosotros-as** is *not* in general use in Latin America, it will receive limited treatment in this book.

C. Formation of yes-no questions:

Statement	Question
1. **Juan** canta aquí. John sings here.	¿Canta **Juan** aquí? *Does John* sing here?
2. **Vd.** canta también. You sing, too.	¿Canta **Vd.** también? *Do you* sing, too?

Rules:

1. The subject is generally placed *after* the verb to form a question.

2. An inverted question mark at the beginning of each written question informs the reader that a question is about to be asked. A final question mark punctuates the end of each question, like an English question.

STUDY THE RULES, EXAMPLES, AND MODELS BEFORE BEGINNING THE EXERCISES!

Exercises

I. Learn these **ar** verbs in order to understand questions and answers.

AR: andar *to walk;* **bailar** *to dance;* **caminar** *to stroll, to walk;* **cantar** *to sing;* **comprar** *to buy;* **contestar** *to answer;* **desear** *to want;* **entrar** *to enter;* **escuchar** *to listen;* **estudiar** *to study;* **hablar** *to speak;* **invitar** *to invite;* **llegar** *to arrive;* **necesitar** *to need;* **practicar** *to practice;* **preguntar** *to ask;* **preparar** *to prepare;* **regresar** *to return;* **tocar** *to play* (instrument); **tomar** *to take;* **trabajar** *to work;* **visitar** *to visit.*

(A) Agree with the statements. Rewrite the sentence, substituting ONE appropriate pronoun for the subject(s) in *italics.*

Model:—*Juanita y yo* hablamos español.   —Sí. **Nosotros** hablamos español.
        Joan and I speak Spanish.   Yes. We speak Spanish.

1. *Roberto* toca bien. _____

2. *María* necesita papel. _____

3. *Alberto y Tomás* caminan mucho._____

4. *Ana y Clara* buscan la casa. _____

5. *Ella y yo* entramos ahora. _____

(B) What fun we have at the party! Substitute the subject in parentheses for the word(s) in *italics*. Make the necessary change in the verbs.

Model: *Pedro y yo* bailamos y cantamos.   (Vosotros) **Vosotros bailáis y cantáis.**
        Peter and I are dancing and singing.   You (*fam., pl.*) are dancing and singing.

1. (Yo) _____   6. (Tú y yo) _____

2. (Él)_____   7. (Ella)_____

3. (Vd.) _____   8. (Ellas) _____

4. (Tú) _____   9. (Ellos) _____

5. (Vds.) _____   10. (Nosotros) _____

(C) Tell Francisca, an exchange student from Chile, what you and your friends do in the United States in and out of the classroom. Follow the model.

Models: a. ¿Bailas *tú* en la fiesta?   a. **Sí, yo bailo** en la fiesta.
          ¿Baila *Vd.* en la fiesta?   Yes, I dance at the party.

        b. ¿Y *Vds.*?   b. **Nosotros también bailamos.**
          And do you (pl.)?   We dance, too.

1. a. ¿Trabaja ella en la escuela?_____

   b. ¿Y nosotros? _____

2. a. ¿Preguntan ellos en la clase? _____

   b. ¿Y Pedro? _____

3. a. ¿Escuchan los amigos música? _____

   b. ¿Tú y yo? _____

4. a. ¿Contestas tú cartas? _____

   b. ¿Juanita y Pablo? _____

5. a. ¿Caminan ellos mucho? _____

   b. ¿Y Vd.?_____

(D) Write an affirmative answer in a complete Spanish sentence according to the model.

Model: ¿Toma *Vd.* café?   **—Sí, yo tomo** café.
         ¿Tomas *tú* café?   Yes, I take coffee.
         Do you take coffee?

1. ¿Compra Vd. flores? _____

2. ¿Llegas tú a la ciudad? _____

3. ¿Estudian Vds. el español? _____

4. ¿Necesitamos Juan y yo dinero? _____

5. ¿Preparo yo los refrescos? _____

(E) Rewrite each of the following sentences as a question.

Model: **Yo hablo mal.**   **¿Hablo yo mal?**
             I speak poorly.   Do I speak poorly?

1. Yo practico la frase. _____

2. Carlitos visita a su madre. _____

3. Los niños desean la invitación. _____

4. *Él y yo regresamos a las clases. _____

5. Pedro y yo tomamos café. _____

II. Oral Proficiency: Act your part (Yo), or role play. *Later* write your part. [Review PALABRAS NUEVAS and ESTRUCTURAS of this WORK UNIT Three]

Situation: You and Luisa plan a Saturday night party. Luisa offers her house. You tell Luisa how everyone will help. [Three sentences are good; four very good; five or more are excellent.]

 **Luisa:**   La fiesta es en mi casa.
              Yo:...

Clues: *Tell whom we invite, what Luisa (tú) prepares; what you (Yo) buy; with what Carlos and Anita help; what music María sings; how well everybody dances.*

Vocabulario: ¿Qué más se le puede decir...?

What else can one say...?

*Capital letters may keep or may drop their accent marks.

¡Qué horror!
Un fantasma abre la puerta.

Did you ever get a letter and not know where is was from? Juanita did and she's scared.

La carta misteriosa

Cuando Juanita Pacheco recibe una carta, está muy sorprendida. Ella abre la carta y lee:

Invitación a una reunión el 31 de octubre a las once de la noche en la calle 35, número 99.

Srta. Juanita Pacheco
Av. Las Magnolías 355
Ponce, Puerto Rico

—Pero, ¿quién escribe esta carta? ¿Quién invita a Juanita a esta reunión? ¿Y por qué a las once de la noche? Juanita no sabe y está loca de curiosidad.

El treinta y uno de octubre, Juanita sale de la casa. Es tarde y no hay nadie en las calles. Juanita corre a la Calle Treinta y Cinco. Ella busca los números en las puertas de las casas. — Sí, ¡aquí está el número noventa y nueve!

—Mmmmm. Es extraño.

En la casa no hay luz. Juanita está nerviosa, pero desea saber qué pasa. Ella toca a la puerta, y ¡qué horror! Un fantasma abre la puerta. Pero ¡qué sorpresa! No es un fantasma. Es su amigo Paco, con una máscara. ¡Oh, el amigo Paco vive aquí! Claro, es la Víspera de Todos los Santos y hay una fiesta. Todos los amigos asisten. En las mesas hay dulces, helado y otras cosas buenas. Hay música, y todo el mundo canta y baila, come y bebe.

Palabras Nuevas

SUSTANTIVOS
el amigo the friend
la Calle Treinta y Cinco Thirty-fifth Street
la carta the letter
el fantasma the ghost
el helado ice cream
el horror the horror
la invitación the invitation
Juanita Janie, Jeannie
la luz the light
la máscara the mask
la mesa the table
el número the number
la puerta the door
la reunión the meeting
la sorpresa the surprise

el treinta y uno de octubre October thirty-first
la Víspera de Todos los Santos Halloween

VERBOS
abrir to open
asistir to attend
beber to drink
comer to eat
comprender to understand
correr to run
dice (she) says
escribir to write
están they are (with certain adjectives, and location)
leer to read

no hay there is (are) no; there isn't (aren't) any
pasar to happen
recibir to receive
saber to know
salir (de) to leave; to go out
tocar a la puerta to knock at the door
vivir to live

ADJETIVOS
bueno,a good
extraño,a strange
loco,a crazy
    de curiosidad crazy with curiosity
misterioso,a mysterious

43

nervioso,a nervous
otro,a other
sorprendido,a surprised

OTRAS PALABRAS
a las once de la noche
at eleven P.M.

claro of course
¿de quién? from whom?
en on
nadie nobody
noventa y nueve ninety-nine
¿qué? what a...?
¿quién? who?

tarde late
un a, one *(masc.)*
una a, one *(fem.)*

Ejercicios

I. (A) Complete the sentences according to the story.

1. Juanita _____ la carta pero ella no _____ la invitación.

2. Ella no _____ quién _____ la invitación.

3. Juanita _____ de su casa y _____ a la Calle Treinta y Cinco.

4. Un fantasma _____ la puerta; es su amigo Paco que _____ en esta casa.

5. Todos los amigos _____ a la fiesta de la Víspera de Todos los Santos donde ellos

   _____ helados y dulces.

(B) Preguntas. Write your answer in a complete Spanish sentence.

1. ¿Quién lee la invitación?

2. ¿Por qué no hay nadie en las calles?

3. ¿Por qué está nerviosa Juanita?

4. ¿Cuándo es la reunión?

5. ¿Por qué es misteriosa la casa donde todos asisten a la fiesta?

1. _____

2. _____

3. _____

4. _____

5. _____

(C) Preguntas personales y generales. Write your answer in a complete Spanish sentence.

1. ¿Para qué es necesario escribir invitaciones?
2. ¿Qué hay para comer en las fiestas?
3. ¿Qué necesitamos para bailar y gozar?
4. ¿Qué escribe todo el mundo a los amigos?
5. ¿Por qué es misterioso el treinta y uno de octubre?

1. _____

2. _____

3. _____

4. _____

5. _____

I. Acróstico — Complete the story by filling in the boxes of the puzzle.

Hay una _1._ en la casa.

_2._ está el número 99.

Juanita está _3._ .

No hay personas porque es _4._ .

Un fantasma _5_ la puerta.

Cuando recibe la carta está _6._ .

Es una carta _7._ .

Paco es el _8._ de Juanita.

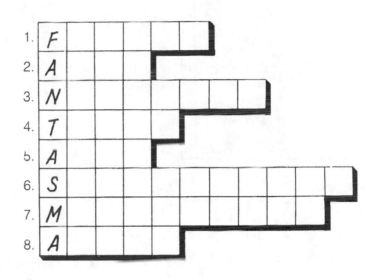

1. F
2. A
3. N
4. T
5. A
6. S
7. M
8. A

III. Compositions: Oral or written.

(A) Tell us what is happening in the picture on page 42. Then tell something more about the story and how it ends.

(B) Tell friends about a surprise party. Write invitations to your friends.

Invitación a una fiesta de sorpresa el 31 de octubre, a las seis (6).

1. Where it is. 2. For whom it is a surprise and the reason for it. 3. What everybody is going to shout. 4. Whether these are good things to eat and drink. 5. Why everyone is going to run **(a)** home at eleven (**porque:** because).

IV. Picture Match: Choose and write the sentence(s) suggested by each sketch. Then tell something more about each one.

1.

2.

3.

4.

a. Es tarde y no hay nadie en las calles.

b. Hay una fiesta.

c. Todo el mundo canta y baila.

d. Es su amigo con una máscara.

e. Ella busca los números en las puertas.

f. Juanita recibe una carta, abre y lee.

1. _____

2. _____

_____

3. _____

4. _____

_____

Estructuras de la Lengua

The Present Indicative Tense: Regular ER and IR Conjugations

Just as the verbs of the **ar** conjugation change their endings to indicate the subject or "doer" of the action, so do these verbs of the **er** conjugation and **ir** conjugation. Learn the sets of personal endings for each of the **er** and **ir** infinitives.

	ER conjugation (II)	IR conjugation (III)
Infinitives:	**comer** to eat	**escribir** to write
	I eat; do eat; am eating well.	I write; do write; am writing well.
Subject pronouns for emphasis		
Singular: 1. **Yo** I	Com**o** bien.	Escrib**o** bien.
2. **Tú** You (fam.)	com**es**	escrib**es**
3. **Él** He; **Ella** She **Usted** You (formal)	com**e**	escrib**e**
Plural: *1. **Nosotros-as** We	*com**emos**	*escrib**imos**
*2. **Vosotros-as** You (fam.)	*com**éis**	*escrib**ís**
*3. **Ellos-as** They **Ustedes** You (formal)	com**en**	escrib**en**

Rules:

1. When a subject is given, the infinitive group ending, **ar, er,** or **ir,** drops and is replaced by personal endings according to the subject. This Unit deals with **er** and **ir** infinitives.

   a. **ER** verbs: Remove the infinitive group ending **er.** Add the correct personal ending **o, es, e, emos, éis, en,** according to the subject given.

   b. **IR** verbs: Remove the infinitive group ending **ir.** Add the correct personal ending **o, es, e, imos, ís, en,** according to the subject given.

*2. Notice that the personal endings of verbs of the **er** conjugation and of the **ir** conjugation show a *difference only when the subject is* **nosotros-as** or **vosotros-as.**

STUDY THE RULES, EXAMPLES, AND MODELS BEFORE BEGINNING THE EXERCISES

Exercises

I. **ER** verbs

   ER: aprender to learn; **beber** to drink; **comer** to eat; **comprender** to understand; **correr** to run; **creer** to believe; **leer** to read; **responder** to answer; **vender** to sell.

   (A) Agree. Rewrite the sentence, substituting ONE appropriate pronoun for the subject in *italics.*

   Model: *Juanita* lee la carta.   —Sí, **ella** lee la carta.
           Jeannie reads the letter.   Yes, she reads the letter.

1. *La muchacha* aprende esto. _____

2. *Mi primo* comprende el libro. _____

3. *Ana y Laura* corren de prisa. _____

4. *Él y yo* bebemos mucho. _____

5. *Luis y Elena* comen bien. _____

(B) We are all invited. Tell when wc answer the invitations. Make the necessary change in the verb. Use: **ahora, hoy, mañana, después, esta noche, a las once, a las cuatro, [muy] tarde.**

Model: *Alicia y yo* respondemos tarde.   (Ella) Ella **responde** muy tarde.
             Alice and I answer late.   She answers very late.

1. Yo _____

2. Vd. _____

3. Tú _____

4. Ella _____

5. Vds. _____

6. Vd. y yo _____

7. Ellos _____

8. Él _____

9. Nosotras _____

10. Él y ella _____

(C) Write affirmative answers in complete Spanish sentences. In answer (a) use **Sí**. In answer (b) use **tambien**.

Models: a. *¿Crees tú* esto?   a. **Sí, yo creo** esto.
                  ¿Cree *Vd.* esto?   Yes, I believe this.
                  Do you believe this?

              b. ¿Y *ellos*?   b. **Ellos también creen** esto.
                  And do they?   They believe this, too.

1. a. ¿Comemos rápido tú y yo? _____

   b. ¿Y la niña? _____

2. a. ¿Respondes tú bien? _____

   b. ¿Y María? _____

3. a. ¿Aprenden ellos el español? _____

   b. ¿Y Vds.? _____

4. a. ¿Lee José la gramática? _____

   b. ¿Y Vd.? _____

5. a. ¿Comprenden Vds. la frase? _____

   b. ¿Y los muchachos? _____

(D) Write an affirmative answer in a complete Spanish sentence. Begin your answer with **Sí**.

1. ¿Corres tú en la calle? _____

2. ¿Venden Vds. limonada? _____

3. ¿Creemos María y yo el programa? _____

4. ¿Ponen las primas la televisión? _____

5. ¿Come Vd. bien aquí? _____ _____

II. IR verbs

IR: abrir to open; **asistir** to attend; **cubrir** to cover; **describir** to describe; **escribir** to write; **omitir** to omit; **partir** to leave; **recibir** to receive; **subir** to go up, to get into; **vivir** to live.

(A) Agree. Rewrite the sentence, substituting ONE appropriate pronoun for the subject in *italics*.

Model: *Mi amigo* abre la puerta.   Sí. **Él** abre la puerta.
          My friend opens the door.   Yes. He opens the door.

1. *Mi madre* parte hoy._____

2. *Juanita y Vd.* reciben la invitación. _____   _____

3. *Isabel y Gloria* escriben la carta. ___ _____

4. *El padre y la madre* viven aquí._____

5. *Vd. y yo* abrimos el cuaderno. _____

(B) We are busy these days. Tell what each of us attends. Make the necessary changes in the verb. Clues: **los teatros, los conciertos, la clase, la escuela, la reunión, la fiesta, los cines.**

Model: *Carlos y yo* asistimos a los cines.   (Ellas) **Ellas asisten a la fiesta**.
          Charles and I attend the movies,   They attend the party.

1. Tú _____   _____   6. Ellas _____

2. Vd. _____   _____   7. Yo _____

3. Ellos _____   _____   8. Él _____

4. Vds. _____   9. Ella _____

5. Ella y yo _____   10. Nosotras _____

(C) Write affirmative answers in complete sentences. In answer (a) use **Sí**. In answer (b) use **también**.

Models: a. *¿Describes tú* la ciudad?   a. **Sí, yo describo** la ciudad.
             ¿Describe Vd. la ciudad?   Yes, I describe the city.
             Do you describe the city?

          b. ¿Y *nosotros*?   b. **Vds. también describen** la ciudad.
             And do we?   You too describe the city.

1. a. ¿Recibe Carlos dinero?_____   _____

   b. ¿Y las hermanas? _____

2. a. ¿Escriben los amigos cartas? _____

   b. ¿Y nosotros? _____

3. a. ¿Vives tú en esta aldea? _____   _____

   b. ¿Y los primos?_____

4. a. ¿Cubro yo el libro? _____

   b. ¿Y Vds.? _____   _____

5. a. ¿Suben Vds. la montaña?_____

   b. ¿Y Luis? _____

Sube al automóvil.

(D) Write an affirmative answer in a complete Spanish sentence. Begin your answer with **Sí.**

1. ¿Abrimos Ana y yo los periódicos? _____

2. ¿Cubres tú la mesa? _____

3. ¿Parten Vds. ahora? _____

4. ¿Describe Vd. la clase? _____

5. ¿Omite el profesor la palabra? _____

6. ¿Asistes a la fiesta? _____

7. ¿Recibe Juanita la carta? _____

8. ¿Vives en un apartamiento? _____

9. ¿Escribimos en español? _____

10. ¿Suben ellos al automóvil? _____

Summary Diagram for AR, ER, and IR Conjugations

	AR conjugation (I)	ER conjugation (II)	IR conjugation (III)
Infinitives:	**cantar** *to sing*	**comer** *to eat*	**escribir** *to write*
	I sing; do sing; am singing well.	I eat; do eat; am eating well.	I write; do write; am writing well.
Subject pronouns for emphasis			
Singular: 1. **Yo** *I*	Cant**o** bien.	Com**o** bien.	Escrib**o** bien.
2. **Tú** *You* (familiar)	cant**as**	com**es**	escrib**es**
3. **Él** *He;* **Ella** *She* **Usted** *You* (formal)	cant**a**	com**e**	escrib**e**
Plural: 1. **Nosotros-as** *We*	cant**amos**	com**emos**	escrib**imos**
2. **Vosotros-as** *You* (familiar)	cant**áis**	com**éis**	escrib**ís**
3. **Ellos-as** *They* **Ustedes** *You* (formal)	cant**an**	com**en**	escrib**en**

Remember

1. All three conjugations use the ending **o** for the first person singular (*yo*).

2. Each set of endings has a vowel or vowels that dominate the endings, usually followed by personal endings that indicate who or what the subject is.

3. Subject pronouns are needed only for emphasis or clarification.

4. In the English translation, helping words like **am, Is, are, do, does** are included in the Spanish verb form of the present tense.

III. AR, ER, IR verbs

(A) You spoke to a familiar person. Now talk to someone you know slightly. Rewrite the sentence, using the name in parentheses and the formal address **Vd.** in place of the familiar **tú.**

Model:—Juan, tú comes poco.   (Señor Ortiz)—**Señor Ortiz, Vd.** com**e** poco.
    Juan, you (fam.) eat little.   Mr. Ortiz, you (formal) eat little.

1. Tú entras en la sala. (Señor López) _____

2. Tú crees el libro. (Señora Gómez) _____

3. Tú vives aquí. (Profesor Ruiz) _____

4. Tú tocas bien. (Señorita Marin) _____

5. Tú escribes el inglés. (Doctor Muñoz) _____

(B) You spoke to someone you knew slightly. Now talk to someone you know well. Rewrite the sentence, using the name in parentheses and the familiar address **tú** in place of **Vd.**

Model:—*Vd.* aprende bien.   (Felipe)—**Felipe, tú** aprend**es** bien.
    You (formal) learn well.   Philip, you (fam.) learn well.

1. Vd. trabaja mucho. (Pepe) _____

2. Vd. contesta poco. (Ana) _____

3. Vd. aprende mal. (Carlos) _____

4. Vd. corre rápido. (niño) _____

5. Vd. lo describe bien. (niña) _____

(C) First, you state your thought, then you wonder whether it is truly so, in a question, e.g., **Yo como mal.** *I eat poorly.* **¿Como yo mal?** *Do I eat poorly?*

1. Yo comprendo toda la frase. _____

2. Carlitos corre rápido a su madre. _____

3. Los niños desean recibir la invitación. _____

4. El y yo asistimos siempre a las clases. _____

5. Pedro y yo tomamos mucho café. _____

IV. **Oral Proficiency:** Act your part (Yo), or role play. *Later* write your part. [Review PALABRAS NUEVAS and ESTRUCTURAS of this WORK UNIT Four]

Situation: Your little brother or sister is not happy about starting school. You explain why he, or she, is going to like it. [Three sentences are good; four very good; five or more are excellent.]

 Hermanito (a):   No quiero asistir mañana.
Yo:...

Clues: *Tell him/her how easy school is; how many children there are; what we learn and understand; what language we now read and write; what it is important to go to (la) school for* **(para).** Other ideas?

ARTE ESPAÑOL

Esteban Bartolomé Murillo. *The Pastry Eaters.*

¿Quién es el presidente
de los *Estados Unidos*?

Do you like quiz shows? Here's one
that might be embarrassing.

¿Conoce usted historia?

Para hacer interesante la clase de historia, el Profesor Fajardo decide usar otros métodos hoy. Todos los alumnos de la clase van a participar en un concurso. Luis, el muchacho más inteligente y más aplicado, va a ser el maestro de ceremonias. Otro muchacho, Jaimito, es perezoso. No estudia y no aprende mucho. Jaimito va a contestar primero.

Luis:	Bueno, Jaimito. ¿Sabes mucho de la historia de los Estados Unidos?
Jaimito:	Claro. Ya estoy en esta clase de historia tres años.
Luis:	Pues bien, ¿quién es el presidente de los Estados Unidos?
Jaimito:	Mmmmm. . . . No estoy seguro. Creo que es. . . . Creo que es Jorge Wáshington.
Luis:	¿Jorge Wáshington? ¡Ay, qué tonto! ¿No sabes que Wáshington está muerto? Otra pregunta: ¿Dónde vive el presidente?
Jaimito:	Creo que vive en una casa blanca.
Luis:	Sí, claro. Vive en la Casa Blanca. Pero, ¿en qué ciudad?
Jaimito:	¿En Los Ángeles?
Luis:	No, tonto, en Wáshington.
Jaimito:	Pero, ¿cómo es posible? Washington está muerto. ¿No es verdad?
Luis:	¡Ay, tonto! ¿Cuándo vas a aprender? ¿Para qué vas a la escuela? ¿Por qué no conoces la historia de los Estados Unidos?
Jaimito:	Pero, Luis ésas ya son tres preguntas. ¿Cuántas debo contestar?
El profesor:	¡Ninguna! ¡Ninguna! Ya estoy enfermo. ¡Mañana hay una lección normal!

Palabras Nuevas

SUSTANTIVOS
el alumno the pupil
(masc.), the student
la Casa Blanca
the White House
la clase the class
el concurso the contest
los Estados Unidos
the United States
la historia history
la clase de historia
the history class
Jaimito Jamie (little James)
Jorge Wáshington
George Washington
Luis Louis
el maestro de ceremonias
the master of ceremonies
el método the method
el muchacho the boy
la pregunta the question
el presidente the president
el profesor the teacher
(masc.)
el tonto the fool, the "dummy"

ADJETIVOS
aplicado,a studious
más aplicado, a most
(more) studious
blanco,a white
enfermo,a sick
inteligente intelligent,
smart
más inteligente Most (more)
intelligent, smarter
muerto,a dead
normal normal
otro,a another, other
perezoso,a lazy
seguro,a sure
tres three

VERBOS
aprender to learn
¿Conoce . . . ?
Are you acquainted with. . .?
contestar to answer
creer to believe
deber should, must,
to have to, ought to

decidir to decide
estoy I am
no estoy I am not
hacer to make, to do
participar to participate
saber to know
¿No sabe Vd.? Don't you
know?
ser to be
usar to use
van a they are going to; you
(formal pl.) are going to
¿vas a . . .? are you
(fam.) going to . . .?

PALABRAS INTERROGATIVAS
¿Cómo? How?
¿Cuándo? When?
¿Cuántos,as? How many?
¿Dónde? Where?
¿Para qué?
For what purpose? Why?
¿Por qué? Why?
¿Quién? Who?

OTRAS PALABRAS
ésas those
ninguna none

¿No es verdad? Isn't it true?
   Right?
primero first

pues bien well, then
que that
ya already, now

Ejercicios

I.   **(A)** Complete the sentences according to the story.

1. El señor Fajardo es profesor de _____ .

2. Luis es un muchacho _____ y _____ .

3. Jaimito no _____ y no _____ .

4. Jaimito no sabe que Jorge Wáshington está _____ .

5. El profesor ya está _____ .

(B) Preguntas personales y generales. Write your answer in a complete Spanish sentence.

1. ¿Quién es el presidente de los Estados Unidos?
2. ¿Cómo está una persona que va al hospital?
3. ¿Para qué debe Vd. ir a la escuela?
4. ¿Cuántos alumnos perezosos están en la clase de español?
5. ¿En qué clase aprende Vd. mucho de los Estados Unidos?

1. _____
2. _____
3. _____
4. _____
5. _____

II.   **Mixed up sentences.** Can you put the words in the correct order to form complete sentences?

1. el usar métodos otros decide profesor.
2. primero a va contestar Jaimito.
3. en estoy esta historia clase de tres años.
4. ¿vive presidente el dónde?
5. ¿es presidente los Unidos quién el Estados de?

1. _____
2. _____
3. _____
4. _____
5. _____

III. Compositions: Oral or written.

(A) Look at the picture at the beginning of this Work Unit. Describe the scene in Spanish to a friend.

(B) Tell about your favorite class. Include the following:

Mi clase favorita

1. Which is your favorite class, and whether it is a smart class. 2. Whether anyone is lazy and which student is very studious. 3. Whether the teacher is nice (**simpático,a**) and whether he or she uses interesting methods. 4. Whether you receive good marks (**notas**). 5. Where you study, and when.

Estructuras de la Lengua

Simple Negative; Interrogative Words

A. To form the simple negative place **no** before the verb.

Affirmative	*Negative*
1. Ellos cantan hoy. They are singing today.	Ellos **no** cantan hoy. They are not singing today.
2. ¿Cantas tú? Do you sing?	¿**No** cantas tú? Don't you sing?

Rule:

Place **no** before the verb in *both* statements and questions to form the negative.

B. Interrogative words request specific information. They begin the question.

1. **¿Cómo** come Juan? *How* does John eat?

2. **¿Cuándo** come Juan? *When* does John eat?

3. **¿Cuánto** come Juan? *How much* does John eat?

4. **¿Dónde** come Juan? *Where* does John eat?

5. **¿Para qué** come Juan? *For what purpose* does John eat?

6. **¿Por qué** come Juan? *Why* does John eat?

7. **¿Qué** come Juan? *What* does John eat?

8. **¿Quién come?** *Who* (sing. subject) *is eating?*

   ¿Quiénes comen? *Who* (pl. subject) *are eating?*

9. **¿A quién-es** ve? *Whom* does he see?
 ¿A quién-es corre él? *To whom does he run?*

Rules:

1. Interrogative words bear an accent mark on the stressed vowel.

2. **¿Cuánto?, ¿cuánta?** *how much*, and **¿cuántos?, ¿cuántas?** *how many* when followed by a noun are adjectives and must agree with the noun in gender and number.

3. **¿Quién?** *who* (singular) is followed by a third person *singular* verb. **¿Quiénes?** *who* (plural) is followed by a third person *plural* verb.

¿Cuánto dinero recibes?	How much money do you receive?
¿Cuánta fruta comes?	How much fruit do you eat?
¿Cuántos niños leen?	How many children read?
¿Cuántas chicas estudian?	How many girls study?

**STUDY THE RULES, EXAMPLES, AND MODELS BEFORE BEGINNING THE EXERCISES!
ALSO REVIEW LESSONS 3 AND 4 — AR, ER, and IR Verbs**

Exercises

I. Jaimito constantly disagrees with his teacher. She then questions what he says. Write Jaimito's NEGATIVE STATEMENT. Then write his teacher's NEGATIVE QUESTION.

Model: Señorita Ruiz: Ana come.   a. Jaimito: Ana **no** come.   b. Srta. Ruiz: **¿No come Ana?**
          Anne eats.   Anne doesn't eat.   Doesn't Anne eat?

1. Ellos hablan de la chica. a. _____

  b. _____

2. Vd. canta en la fiesta. a. _____

  b. _____

3. Tú escribes mucho a. _____

  b. _____

4. Nosotros vendemos periódicos. a. _____

  b. _____

5. Yo vivo en la ciudad. a. _____

  b. _____

II. Lupe, your nosy neighbor, meets you. You hope to avoid more questions by giving NEGATIVE answers according to the models.

Model: a. —¿Corre Vd. al parque?   Do you run to the park?
     —**Yo no corro** al parque.   I do not run to the park.

    b. —¿Y Juan?   And John?
     —**Juan no corre** al parque.   John does not run to the park.

1. a. ¿Come Vd. mucho en el café?_____

  b. ¿Y los amigos? _____

2. a. ¿Estudias tú por la noche? _____

  b. ¿Y Luis? _____

3. a. ¿Comprenden Vds. todo? _____

    b. ¿Y las alumnas? _____

4. a. ¿Asisten Rosa y tú a la clase? _____

    b. ¿Y Jorge y Elisa? _____

5. a. ¿Abrimos tú y yo los libros? _____

    b. ¿Y Vds.? _____

III. Waiting at the bus stop you engage in casual conversation with others there.

   a. Rewrite the sentence as a QUESTION (¿ ?) using the word in parentheses after **a.**
   b. Write a Spanish ANSWER to the question you formed using the word in parentheses after **b.**

   Model: Estudia el español.   a. (Quién)   a. —**¿Quién** estudia el español?
            He studies Spanish.   Who studies Spanish?

                                      b. (Pablo)   b. —**Pablo** estudia el español.
                                                      Paul studies Spanish.

1. Ana escribe la lección.   a. (Cómo)   b. (de prisa)

    a. _____

    b. _____

2. Luis toma el tren.   a. (Cuándo)   b. (ahora)

    a. _____

    b. _____

3. Leen la pregunta.   a. (Cuántos alumnos)   b. (tres alumnos)

    a. _____

    b. _____

4. La niña y su madre escuchan al Doctor Soler.   a. (Dónde)   b. (en el hospital)

    a. _____

    b. _____

5. Mi amigo y yo leemos.   a. (Qué)   b. (la pregunta)

    a. _____

    b. _____

6. Recibe la invitación.   a. (Quién)   b. (El chico)

    a. _____

    b. _____

7. Preguntan mucho.   a. (Quiénes)   b. (Las chicas)

   a. _____

   b. _____

8. Marta y yo escribimos.   a. (A quién)   b. (al padre)

   a. _____

   b. _____

9. La alumna aprende muchas cosas.   a. (Por qué)   b. (porque escucha bien)

   a. _____

   b. _____

10. Luis compra fruta.   a. (Para qué)   b. (para la fiesta de Ana)

    a. _____

    b. _____

IV. Review the QUESTION substituting the subject in parentheses and making the necessary change in the verb.

   Model: ¿Por qué **canta** ella "La Paloma"?   (yo) ¿Por qué **canto yo** "La Paloma"?
            Why does she sing "La Paloma"?   Why do I sing "La Paloma"?

   (A) ¿Cómo **prepara** ella la lección? 1. (tú) _____

   2. (Vd.) _____

   3. (ellos) _____

   4. (nosotros) _____

   (B) ¿Qué **canta** Vd.? 1. (yo) _____

   2. (Vds.) _____ (Juan y yo) _____

   (C) ¿Dónde **beben** los animales? 1. (el animal) _____

   2. (nosotros) _____ 3. (tú) _____

   4. (Vd.) _____

   (D) ¿Cuántas papas fritas **comes** tú? 1. (Ana) _____

   2. (ellos) _____

   3. (tú y yo) _____

   (E) ¿A quién **escriben** ellos? 1. (Pepe) _____

   2. (Vd. y yo) _____

   3. (las niñas) _____

   4. (Vd.) _____

(F) ¿No **vive** Vd. en Los Ángeles? 1. (nosotros) _____

2. (¿Quién?) _____

3. (¿Quiénes?) _____

(G) ¿Cuándo **toman** Vds. el tren? 1. (ella) _____

2. (su familia) _____ 3. (nosotras) _____

(H) ¿Para qué **aprende** Vd. el español? 1. (nosotros) _____

2. (yo) _____ 3. (él y ella) _____

(I) ¿Por qué **parte** Luisa? 1. (Vd. y yo) _____

2. (tú) _____ 3. (Vds.) _____

¿Cuántas papas fritas comes?

V. **(A)** Write the Spanish equivalent following the word order of the Spanish model.

1. **Ellos no andan a la escuela.**

a. He is not walking to school. _____

b. We are not walking to class. _____

c. Who is not walking to class? _____

2. **¿Cuándo corre ella a casa?**

    a. When do I run home? _____

    b. Juanito, when do you (tú) run home? _____

    c. When does Mr. Torres run well?_____

3. **¿A quién escribo yo?**

    a. To whom (sing.) is she writing? _____

    b. To whom (pl.) are we writing? _____

    c. To whom (pl.) are they writing? _____

(B) Write the Spanish equivalent following the word order of the Spanish model. Use the appropriate form of the verb cue given in parentheses.

1. **Aquí no venden periódicos.**

    a. Here they do not buy newspapers. _____
    (comprar)
    b. Here we do not read newspapers. _____
    (leer)
    c. Here you (tú) do not receive newspapers._____
    (recibir)

2. **¿Cómo bailan Juan y tú?**

    a. How do you (tú) answer, John? _____
    (contestar)
    b. How does Mary understand? _____
    (comprender)
    c. How do we leave? _____
    (partir)

3. **¿Dónde cantas tú?**

    a. Where do we listen? _____
    (escuchar)
    b. Where do you (tú) learn, Anne? _____
    (aprender)
    c. Where do they attend? _____
    (asistir)

4. **¿Por qué describen ellos la ventana?**

    a. Why do you (Vd.) open the window? _____
    (abrir)
    b. Why do we cover the window?_____
    (cubrir)

5. **¿Cuánto dinero deseo yo?**

    a. How much money do we want? _____
    (desear)
    b. How much fruit (fruta) do we sell? _____
    (vender)
    c. How many books do they need? _____
    (necesitar)

6. **¿Quién no come en casa?**

a. Who (sing.) is not living at home? _____
(vivir)

b. Who (pl.) are not working at home? _____
(trabajar)

c. Who (pl.) are not answering at home? _____
(responder)

7. **¿Qué no preguntan ellos?**

a. What don't I ask?_____
(preguntar)

b. What don't we write? _____
(escribir)

c. What doesn't she practice? _____
(practicar)

VI. Oral Proficiency: Act your part (Yo), or role play. *Later* write your part. [Review PALABRAS NUEVAS and ESTRUCTURAS of this WORK UNIT Five]

Situation: Your lazy friend Jaimito suggests you participate in the history contest with him. Whichever one wins the prize (gana el premio) will divide it with the other. You ask questions about his bad idea. [Three sentences are good; four very good; five or more are excellent.]

 Jaimito: Si yo gano o si tú ganas ¿dividimos el premio?
Yo:...

Clues: *Ask how much the prize (el premio) is; how much history he (tú) knows; why you should (debo) divide a prize with a lazy student; how is he going to win if he does not learn; when is the contest and where.* Now tell Jaime's answers.

*Bueno, aquí tiene una docena de huevos,
una botella de leche, un pan y una libra
de mantequilla.*

Antonio thinks it's easy to be a house-
wife. Do you agree with him?

El trabajo de la mujer es fácil

Esta mañana Alicia no está bien. Ella siempre compra las cosas para la casa. Pero hoy es imposible.

Alicia:	Antonio, necesito unas cosas de la tienda de comestibles. ¡Por favor, mi amor! Ésta es una lista de las cosas necesarias.
Antonio:	Mi amor, yo no necesito lista. Yo también compro cosas para la casa. Un tonto necesita una lista. Yo no.

Antonio va a la tienda de comestibles. Entra en la tienda y . . . . no sabe qué comprar. Sin la lista no sabe qué cosas necesitan en casa.

Dependiente:	Buenos días, señor. ¿Qué desea?
Antonio:	Mmmmm . . . La verdad es que no sé. Mi mujer está enferma y necesitamos unas cosas muy importantes en casa.
Dependiente:	Sí, sí . . . . unas cosas importantes como . . . . una docena de huevos, una botella de leche, un pan y una libra de mantequilla.
Antonio:	Ah, muy bien. Está bien.
Dependiente:	Y . . . .un poco de queso, jugo de naranja, y unas frutas como estas manzanas Todo esto es bueno para la casa.
Antonio:	Muy bien. Y ¿cuánto es todo esto?
Dependiente:	Doce dólares, cincuenta centavos.
Antonio:	Gracias, adiós.

Antonio paga y regresa a casa. Entra en la casa con los comestibles.

Alicia:	Oh, Antonio. . . . ¡Exactamente las cosas que necesitamos! ¡Qué inteligente, mi amor!
Antonio:	Oh, eso no es nada. ¡El trabajo de la mujer es tan fácil!

Palabras Nuevas

SUSTANTIVOS
Alicia Alice
Antonio Anthony
la botella the bottle
el centavo the cent
los comestibles the groceries
   la tienda de comestibles
   the grocery store
el dependiente the clerk
la docena the dozen
   la docena de huevos
   the dozen eggs
el dólar the dollar
la fruta the fruit
el huevo the egg

el jugo the juice
   el jugo de naranja
   the orange juice
la leche the milk
la libra the pound
la lista the list
la mantequilla the butter
la mañana the morning
la mujer the wife, the woman
el pan the bread
un poco de a bit of, a little
el queso the cheese
el señor sir, mister
el trabajo the work
la verdad the truth

VERBOS
comprar to buy
pagar to pay
regresar to return
(yo) sé I know
va he (she) goes; you
   (formal sing.) go

OTRAS PALABRAS
adiós good-bye
bien well
está bien!
   it's alright! O.K.
buenos días hello, good day
cinco five

cincuenta fifty   **gracias** thanks   **tan** so
como like   **nada** nothing, not. . .anything   **yo no** not I
¿cuánto,a? how much?   **siempre** always   **unos,as** some
exactamente exactly   **sin** without

Ejercicios

I. Preguntas. Write your answer in a complete Spanish sentence.

1. ¿Por qué no va Alicia de compras hoy? _____

2. ¿Qué necesita Alicia? _____

3. ¿Adónde va Antonio? _____

4. ¿Qué compra Antonio en la tienda?_____

5. ¿Cuánto es todo eso? _____

6. ¿Es Antonio tonto o inteligente? ¿Por qué?_____

_____

II. Word Hunt—Find and circle these words in Spanish.

1. dozen

2. eggs

3. cheese

4. dollars

5. cents

6. juice

7. milk

8. fruit

9. bread

10. three

11. pound

12. how much?

13. things

14. he leaves

15. I know

D	O	C	E	N	A	H	C
O	L	E	C	H	E	U	U
L	I	N	P	A	N	E	A
A	B	T	R	E	S	V	N
R	R	A	J	U	G	O	T
E	A	V	Q	U	E	S	O
S	E	O	F	R	U	T	A
C	O	S	A	S	A	L	E

III. **Picture Match:** Choose and write the sentence(s) suggested by each sketch. Then tell something more about each one.

1.

2.

3.

4.

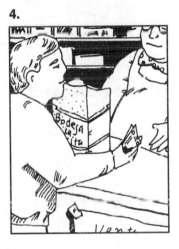

a. Va a la tienda de comestibles sin lista.

b. —¿Cuánto es todo? —Doce dólares cincuenta.

c. Es imposible ir a la tienda.

d. —Buenos días, ¿Qué desea?

e. —¿Una docena de huevos, unas manzanas?

f. Alicia no está bien.

1. _____

_____

2. _____

3. _____

_____

4. _____

IV. Compositions: Oral or written.

(A) Look at the picture at the begining of this Work Unit. Describe the scene in Spanish to a friend.

(B) Tell what Emilio says.
Emilio goes into a store to buy some groceries. Complete the following dialogue.

Dependiente: Buenos días, ¿qué desea usted?
Emilio: _____
(Mention two items.)

Dependiente: Aquí está, ¿Quiere algo más?
Emilio: _____
(Mention one more item.)

Dependiente: Bueno, son cinco dólares cincuenta.
Emilio: _____
(Tell whether it is little or much.)

Dependiente: Muchas gracias, señor. Adiós. El trabajo de la mujer no es muy difícil. ¿Verdad?

Emilio: _____
(Tell whether you agree before saying good-bye.)

Estructuras de la Lengua

The Indefinite Articles: Un, Una, Unos, Unas

Un chico canta

Unos chicos cantan

A. Uses of **Un** and **Una**

Un	**Una**
1. ¿Quiénes son los chicos? Who are the boys? **Un chico** es mi primo. *One* boy is my cousin. El otro es **un alumno** de mi clase. The other is *a* pupil in my class.	2. ¿Quiénes son las chicas? Who are the girls? **Una chica** es mi prima. *One* girl is my cousin. La otra es **una alumna** de mi clase. The other is *a* pupil in my class.

B. Uses of **Unos** and **Unas**

Unos	**Unas**
1. **Unos chicos** hablan español; otros hablan inglés. *Some (a few) boys* speak Spanish; others speak English.	2. **Unas chicas** estudian el español; otras estudian el inglés. *Some (a few) girls* study Spanish; others study English.

Rules:

1. **Un** and **una** single out *one* out of two or more.
   The English equivalents are *a, an, one*.
   Un precedes a masculine noun. **Una** precedes a feminine noun.

2. **Unos** and **unas** denote some samples of a class or a group.
   The English equivalents are *some, a few*.
   Unos precedes masculine nouns. **Unas** precedes feminine nouns.

3. **Unos pocos, unas pocas.** *Some few:*

Unos pocos dulces Some few candies	**Unas pocas** revistas Some few magazines

STUDY THE RULES, EXAMPLES, AND MODELS BEFORE BEGINNING THE EXERCISES!

Exercises

I. El profesor Gómez is quizzing your class today. You answer using the appropriate form of **un** or **una** and the noun followed by **interesante**.

Model: Profesor: ¿Qué libro desean?   Tú: Un **libro** interesante.
                    What book do they want?   An interesting book.

1. ¿Qué diccionario es? _____

2. ¿Qué revista desean? _____

3. ¿Qué profesor necesitan? _____

4. ¿Qué periódico prefieren? _____

5. ¿Qué ciudad visitan? _____

6. ¿Qué lección estudian? _____

7. ¿Qué pensión prefieren? _____

8. ¿Qué programa desean? _____

9. ¿Qué día es? _____

10. ¿Qué canción escuchan? _____

II. Gregorio does not exaggerate. He thinks small and in the singular. Write his response. Use the appropriate form of **un** and **una** and the noun in the singular: << **No. Solamente** _____. >>

Model: —¿Deseas todos los libros?   —No. Solamente **un libro.**
        Do you want all the books?   No. Only *one book.*

1. ¿Necesitas todos los cuadernos?_____

2. ¿Estudias todas las palabras? _____

3. ¿Escuchas todas las frases?_____

4. ¿Usas todos los lápices? _____

5. ¿Estudias todos los idiomas? _____

III. Miguel is very modest. Write his response using the appropriate form of **unos** or **unas** and the noun in the plural: << **No. Solamente** _____. >>

Model: —¿Deseas todos los dulces?   —No. Solamente **unos dulces.**
        Do you want all the candy?   No. Only some candy.

1. ¿Usas todos los periódicos?_____

2. ¿Deseas todas la revistas? _____

3. ¿Estudias todas las lecciones?_____

4. ¿Escuchas todos los programas? _____

5. ¿Visitas todas las ciudades?_____

IV. Complete the story about shopping using the appropriate indefinite article: **un, una, unos,** or **unas.**

Entro en _____ tienda de comestibles. Compro _____ huevos, _____
        1. (a)   2. (a few)   3. (one)
botella de leche, _____ pan y _____ manzanas.
                      4. (one)   5. (some)

V. Complete the story about your day using the appropriate indefinite article: **un, una, unos,** or **unas.**

Asisto a _____ escuela grande. Hay _____clases por la mañana y otras por la tarde.
        1   2

En _____ pocos días no hay clases. Entonces, camino a _____ parque cerca de aquí
     3   4

donde paso _____ horas al aire libre.
          5

VI. Complete by writing the Spanish equivalent for the missing words.

Es _____ día muy bueno. Como _____ manzana. Tomo _____ vaso de
     1. (a)   2. (one)   3. (a)

leche. Charlo con _____ amigo muy bueno. Escuchamos _____ programas
                  4. (a)   5. (some)

en _____ radio. Paso _____ hora en _____ parque. Camino a la casa de
   6. (the)   7. (an)   8. (the)

_____ amigo donde bailo con _____ chica muy bonita. Ceno con _____
9. (a)   10. (a)   11. (the)

familia. Miramos _____ televisión. Luego, estudio _____ lecciones fáciles.
                 12. (the)   13. (some)

Preparo _____ libros para _____ clases de mañana.
        14. (the)   15. (the)

VII. Oral Proficiency: Act your part (Yo), or role play. *Later* write your part. [Review PALABRAS
NUEVAS and ESTRUCTURAS of this WORK UNIT Six]

Situation: You work in a grocery store after school. Your friend enters. He left his shopping
list at home. You suggest some necessary grocery items. [Three sentences are good; four
very good; five or more are excellent.]

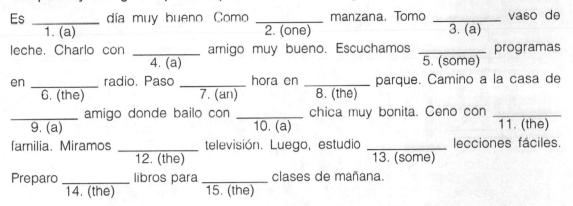 **Amigo (a):**   ¡Ay! No tengo mi lista
Yo:....

Clues: *Suggesting some (unos,as) grocery items, ask whether he wants (¿quieres?)...;
needs (¿necesitas?)...; wishes (¿deseas?)...; what it is important to buy...; whether there are
(is) at home...; Other ideas?*

*Los esposos, Marta y Miguel, hacen sus
planes de verano.*

Where would you like to go on your vacation?
Miguel thinks he's going to a tropical paradise.

Vamos a un país tropical

Es el mes de mayo. Los esposos Marta y Miguel hacen planes para las vacaciones de verano.

Marta: Ay, Miguelito, este verano quiero descansar en una playa bonita, y mirar el mar y un sol brillante.

Miguel: Bueno, mi amor. Yo prefiero tomar las vacaciones en el otoño o en la primavera cuando no hace calor. Pero si tú quieres, vamos a viajar a un país tropical. Allí nadamos y tomamos el sol.

Marta: Muy bien. Entonces mañana vamos a la agencia de viajes. Así, en junio pasamos cuatro semanas de vacaciones en una playa bonita.

Al día siguiente, a las nueve de la mañana, Miguel y su esposa están en la agencia de viajes. Hablan con el empleado.

Empleado: Bueno. ¿Cuándo y adónde desean Vds. ir?

Miguel: A Sudamérica en junio. Deseamos pasar un mes en Chile, en la famosa playa de Viña del Mar, para nadar y tomar el sol. ¿Qué tiempo hace allí? Hace buen tiempo. ¿Verdad?

Empleado: Pero . . . señores . . . Chile no es el Caribe. ¿Mucho sol y calor en junio en Chile? Señores, en junio es el invierno allí. ¿No saben Vds. que en muchos países de Sudamérica las estaciones son diferentes? Cuando hace calor aquí, hace frío allí. Pero, si Vds. desean *esquiar* en Chile, en junio es posible.

Palabras Nuevas

SUSTANTIVOS
la agencia de viajes the travel agency
el calor the heat
el empleado the clerk, the employee
la esposa the wife
los esposos the couple *(husband and wife)*
la estación the season
el invierno the winter
junio June
el mar the sea
Marta Martha
mayo May
el mes the month
Miguel Michael
　Miguelito Mike
el otoño the autumn
el plan the plan
la playa the beach

la primavera the spring
la semana the week
señores sir and madam
el sol the sun
las vacaciones the vacation
el verano the summer
　las vacaciones de verano the summer vacation

ADJETIVOS
bonito,a pretty, lovely
brillante brilliant, shiny
cuatro four
diferente different
este *(m. sing.)* this
famoso,a famous

VERBOS
esquiar to ski
hace calor it is hot

hace frío it is cold
nadar to swim
pasar to spend *(time)*
prefiero I prefer
quieres you *(fam. sing.)* want
tomar el sol to sunbathe
vamos we are going
viajar to travel

OTRAS PALABRAS
a las nueve de la mañana at 9 A.M.
al día siguiente on the following day
allí there
Hace buen tiempo It is good weather
¿Qué tiempo hace? What is the weather like?
si if

73

Ejercicios

I. **(A) Preguntas.** Write your answer in a complete Spanish sentence.

1. ¿Dónde desea Marta descansar?
2. ¿Quién prefiere pasar las vacaciones donde no hace calor?
3. ¿En qué país quieren nadar y tomar el sol en junio?
4. ¿Cuál es la estación en Chile en junio?
5. ¿Cuándo es posible esquiar en Chile?

1. _____

2. _____

3. _____

4. _____

5. _____

(B) Preguntas personales y generales. Write your answer in a complete Spanish sentence.

1. ¿Qué tiempo hace hoy?
2. ¿A qué país quiere Vd. viajar para pasar sus vacaciones?
3. ¿En qué país hace siempre sol y calor?
4. ¿Adónde va todo el mundo para nadar?
5. ¿En qué meses hace mucho frío?

1. _____

2. _____

3. _____

4. _____

5. _____

II. Unscramble the following words and place them in the proper boxes.

1. PRIAVREAM
2. SEM
3. ROMA
4. YOMA
5. INOVERIN
6. LOS

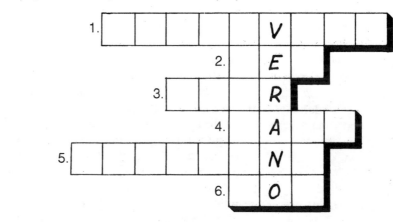

III. Place the following sentences in the order in which they occured in the story.

1. Miguel prefiere el otoño.
2. Quieren pasar un mes en Chile.
3. Marta y Miguel hacen sus planes.
4. Los esposos van a una agencia de viajes.

5. Marta quiere ir a un país tropical.

1. _____

2. _____

3. _____

4. _____

5. _____

IV. Compositions: Oral or written.

(A) Look at the picture at the beginning of the Work Unit. Describe the scene in Spanish to a friend.

(B) Tell about your plans for a winter vacation in the mountains. Include the following:

Mis vacaciones en las montañas

1. Where you always want to spend your winter vacation. 2. In what month it is good to go there. 3. What the weather is like. 4. How much time you spend there and with whom. 5. What you do there.

Estructuras de la Lengua

Cardinal Numbers: 1–31; Time: Days, Months, Dates, Seasons

1. uno (un, una)	11. once	21. veinte y uno (un, una)
2. dos	12. doce	22. veinte y dos
3. tres	13. trece	23. veinte y tres
4. cuatro	14. catorce	24. veinte y cuatro
5. cinco	15. quince	25. veinte y cinco
6. seis	16. diez y seis	26. veinte y seis
7. siete	17. diez y siete	27. veinte y siete
8. ocho	18. diez y ocho	28. veinte y ocho
9. nueve	19. diez y nueve	29. veinte y nueve
10. diez	20. veinte	30. treinta
		31. treinta y uno (un, una)

A. Arithmetic Examples **Aritmética**

1. **Quince y diez son veinte y cinco.**	15 plus 10 are 25.
2. **Treinta menos diez son veinte.**	30 minus 10 are 20.
3. **Seis por dos son doce.**	6 times 2 are 12.
4. **Veinte dividido por cinco son cuatro.**	20 divided by 5 equals 4.

B. One Un, uno,a

1. **Un libro** está en la mesa.	*One* book is on the table.
2. Hay **veinte y un alumnos.**	There are *21* pupils.
3. El cuaderno tiene **treinta y una páginas.**	The notebook has *31* pages.

Rules:

1. **Uno,** indicating *one*, shortens to **un** before a masculine singular noun, and changes to **una** before a feminine singular noun, whether alone or after **veinte** and **treinta.**

2. The numbers 16–19 are combinations of **diez.** Alternate forms are **dieciséis, diecisiete, dieciocho, diecinueve.**

3. **Veinte y uno** may be written as **veintiuno,** etc. Note the accent mark, however, on **veintidós** and **veintitrés.**

Son las dos menos veinte y cinco.

C. Telling Time ¿Qué hora es?

1. **¿Qué hora es?**	What time is it?
2. **Es la** un**a.**	It is 1 o'clock.
3. **Es la** un**a** y diez (y cuart**o**; y medi**a**)	It is 10 minutes after 1 (a quarter past; half past).
4. **Son las** dos.	It is 2 o'clock.
5. **Son las** dos **menos** veinte y cinco.	It is 25 minutes to 2 o'clock *or* 1:35.
6. **Son las** dos **menos** quince.	It is 15 minutes to 2 o'clock *or* 1:45.

Rules:

1. One o'clock is feminine *singular;* 2 through 12 o'clock are feminine *plural.* **La** or **las** precede each hour. Use **es la** before **una,** and **son las** before **dos** through **doce** to express *it is.*

2. The hour is generally expressed *before* the minutes. Use **y** to *add* the minutes past the hour.

3. *After half past the hour*, the time is generally expressed in terms of *the next hour less the appropriate number of minutes.* Use **menos** to *subtract* the minutes.

4. Two forms of *P.M.* are used: For the afternoon and early evening until dinner, **de la tarde;** for the late evening, **de la noche.** *A.M.* is only **de la mañana.**

D. At What Time? ¿A qué hora?

HORARIO	SCHEDULE
1. ¿A qué hora toma Vd. las comidas?	At what time do you take meals?
2. Tomo el desayuno a las siete de la mañana.	I eat breakfast at 7 A.M.
3. Tomo el almuerzo a las doce (al mediodía).	I eat lunch at 12 o'clock (at noon).
4. Llego a casa a las tres de la tarde y tomo café o leche.	I arrive home at 3 P.M. and take coffee or milk.
5. En casa tomamos la comida a las seis de la tarde.	At home we eat dinner at 6 P.M.
6. Vamos a la cama y dormimos a las diez de la noche.	We go to bed and sleep at 10 P.M.

Rule:

Use **a** to express *at* in telling time followed by **la** or **las** and the number.

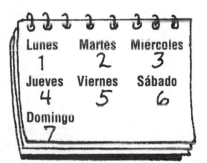

E. Days   Los días

1. Hoy es **sábado.** Mañana es **domingo.**	Today is Saturday. Tomorrow is Sunday.
2. Los días de la semana son: **domingo, lunes, martes, miércoles, jueves, viernes, sábado.**	The days of the week are: Sunday, Monday, Tuesday, Wednesday, Thursday, Friday, Saturday.
3. **Los sábados** son para las tiendas.	Saturdays are for shopping.
Los domingos son para descansar.	Sundays are for resting.
4. **El domingo** voy al cine.	On Sunday I am going to the movies.

Rules:

1. Days are written entirely in lowercase letters. Their first letters are capitalized only when the entire day is capitalized as on signs, calendars, etc.

2. The definite article precedes the day and can mean *on*, e.g., **Voy el lunes.** *I am going on Monday.* **No trabajo los lunes.** I do not work *on Mondays.*

3. Omit the definite articles when the days are stated in a series or list, and after the verb **ser,** e.g., **Hoy es lunes.** Today *is Monday.*

F. Months and Dates **Los meses y la fecha**

1. Los meses del año son: **enero, febrero, marzo, abril, mayo, junio, julio, agosto, septiembre, octubre, noviembre, diciembre.**
   The months of the year are: January, February, March, April, May, June, July, August, September, October, November, December.

2. **¿Cuál es la fecha de hoy?**   What is today's date?
   Hoy es **lunes el primero de mayo.**   Today is Monday, May 1.
   Mañana es **martes el dos de mayo.**   Tomorrow is Tuesday, May 2.

Rules:

1. Months are written entirely in lowercase letters. Their first letters are capitalized only when the entire month is capitalized as on signs, calendars, etc.
2. To tell the date use **el** and the *number* followed by **de** and the *month*.
3. The first day of the month is expressed as **el primero de...** The rest of the days are expressed in cardinal numbers: **el dos de..., el tres de...,** etc.

G. Seasons **Las estaciones**

1. ¿En su país hace buen tiempo o mal tiempo en las cuatro estaciones: **el invierno, la primavera, el verano y el otoño?**
   In your country, is the weather good or bad in the four seasons: *winter, spring, summer, and fall?*

2. En **el invierno** nieva y hace frío, y en **el verano** hace calor y sol.
   In the *winter* it snows and it is cold, and in the *summer* it is hot and sunny.

3. En la **primavera** y en **el otoño** hace fresco o llueve mucho.
   In the *spring* and the *fall* it is cool or it rains a great deal.

Rules:

1. The seasons are generally preceded by their article **el** or **la.**
2. **Hace** is the verb that is generally used in discussing the weather, except for **nieva,** *it snows,* and **llueve,** *it rains.*

STUDY THE RULES, EXAMPLES, AND MODELS BEFORE BEGINNING THE EXERCISES!

Exercises

I. Elena is tutoring her little brother, Luisito. You are Luisito. Read the examples aloud. Write the examples with their answers in Spanish words.

1. Cuatro y cinco son _____

2. Nueve y catorce son _____

3. Tres y siete son _____

4. Once y uno son _____

5. Trece y ocho son _____

6. Diez y siete y trece son _____

7. Ocho por dos son _____

8. Cuatro por dos son _____

9. Treinta y uno menos diez y seis son _____

10. Veinte y nueve menos dos son _____

11. Diez y nueve menos dos son _____

12. Veinte menos seis son _____

13. Diez y ocho dividido por tres son _____

14. Veinte dividido por cinco son _____

15. Quince por dos son _____

II. Abuelita is absent-minded. She is always *one day behind.* You correct her, naming the correct day.

Model: Abuelita: Hoy es martes.   No es martes; es **miércoles.**
              Today is Tuesday.   It is not Tuesday; it is Wednesday.

1. Hoy es lunes. _____

2. Hoy es sábado. _____

3. Hoy es miércoles. _____

4. Hoy es jueves. _____

5. Hoy es viernes. _____

III. Complete in Spanish.

Los meses de primavera son marzo, _____ y _____. Los meses de verano
                                          1   2
son _____, julio y _____. Los meses de otoño son _____,
          3   4   5
_____, y noviembre. Los meses de invierno son_____, _____ y
    6   7   8
febrero. Celebramos la Navidad (Christmas) en el mes de _____. El Día de Año Nuevo
                                                          9
(New Year's Day) es el _____ de enero.
                     10

IV. Write the appropriate equivalent of *it is* (**es la** or **son las**) to tell the time in Spanish. Then write the time in numbers within the parentheses.

Model: _____ **ocho menos diez.** (_____)
<u>**Son las** ocho menos diez.</u>   **(7:50)**

1._____ una y quince.   (_____)

2._____ dos y media.   (_____)

3._____ doce y cuarto.   (_____)

4._____ una menos veinte y cinco. (_____)

5._____ once menos cuarto.   (_____)

V. Complete in Spanish according to the information given in parentheses.

1. Son las _____(half-past three P.M.)

2. Regresa a la_____(quarter to one A.M.)

3. Sale a las _____(3:40 P.M.)

4. ¿Qué _____(time is it?)

5. Llega _____(at 1:15)

VI. Write the response using the time given in *italics* and the appropriate expression for A.M. (**de la mañana**) or for P.M. (**de la tarde** or **de la noche**).

Model: —¿Estudiamos por la tarde?   (*a las tres*)   Do we study in the afternoon?
           —Sí, estudiamos a las tres **de la tarde.**   Yes, we study at 3 *P.M.*

1. ¿Estudiamos por la tarde?   *a las cinco*

_____

2. ¿Tomamos el almuerzo por la tarde?   *a la una*

_____

3. ¿Dormimos por la noche?   *a las once menos veinte*

_____

4. ¿Toman el desayuno por la mañana?   *a las nueve y media*

_____

5. ¿Estudian por la tarde?   *a la una menos cuarto*

_____

VII. a. Write a *negative* response in a complete Spanish sentence.

    b. Then write a Spanish sentence stating the *next* day, hour, month, or season for each expression in *Italics*.

Model: —¿Es hoy *martes el treinta y uno de enero?*   Is today Tuesday, the 31st of January?

    a. —Hoy **no es martes el treinta y uno de enero.**   Today is not Tuesday, the 31st of January.

    b. —Hoy **es miércoles el primero de febrero.**   Today is Wednesday, the 1st of February.

1. ¿Es hoy *miércoles el treinta y uno* de *diciembre?*

    a. _____

    b. _____

2. ¿Es todavía (still) *la primavera* en el mes de *junio?*

    a. _____

    b. _____

3. ¿Son *las doce del mediodía* (noon)?

    a. _____

    b. _____

4. ¿Llegamos a la casa el *miércoles el treinta* de *septiembre?*

    a. _____

    b. _____

5. ¿Celebramos el día de la Navidad el *veinte y cuatro* de *noviembre?*

    a. _____

    b. _____

VIII. Complete the child's responses.

1. ¿Cuáles son los días de la escuela?

    Son _____ (Monday through _____ Friday)

2. ¿Qué día es para las tiendas?

    _____ es para las tiendas. (Saturday)

3. ¿Qué día es para descansar?

    _____ es para descansar. (Sunday)

4. ¿Cuántos días hay en la semana?

   Hay _____días en la semana. (seven)

5. ¿Cuántos días hay en el mes de agosto?

   En agosto hay _____días. (thirty-one)

6. ¿Cuántas horas hay en un día?

   En un día hay _____horas. (twenty-four)

7. ¿A qué hora entramos en la escuela?

   Entramos _____(at half-past 8 A.M.)

8. ¿Cuántas alumnas hay en la clase?

   Hay _____alumnas. (twenty-one)

9. ¿A qué hora regresamos a casa?

   Regresamos_____(3:25 P.M.)

10. ¿A qué hora vamos a la cama?

    Vamos _____(10:40 P.M.)

IX. Oral Proficiency: Act your part (Yo), or role play. *Later* write your part. [Review PALABRAS NUEVAS and ESTRUCTURAS of this WORK UNIT Seven]

Situation: You and your friend, Luis(a), have saved to travel in May on your vacation. Your friend hesitates now. You persuade Luis(a) to go with you. [Three sentences are good; four very good; five or more are excellent.]

Luis(a): Prefiero no viajar este año.
Yo:...

Clues: *Tell how little it costs (in hundreds); in which season it is not hot and not cold; what it is possible to do at the beach at Acapulco; on what date you want to travel. Ask at what time Luis(a) now wants to leave (salir). Other ideas?*

X. ¿Qué ropa usas tú?

1. INVIERNO

1. a. ¿Qué usa el hombre en el invierno? _____

_____

b. ¿Qué usa la mujer? _____

_____

c. ¿Qué usas tú cuando hace frío? _____

_____

2. PRIMAVERA

2. a. ¿Qué usa la chica en la primavera? _____

_____

b. ¿Qué usa el chico para correr? _____

_____

c. ¿Qué usas tú cuando hace buen tiempo? _____

_____

Vocabulario: usar *to wear*   83

¿Qué ropa usas tú?

3. VERANO

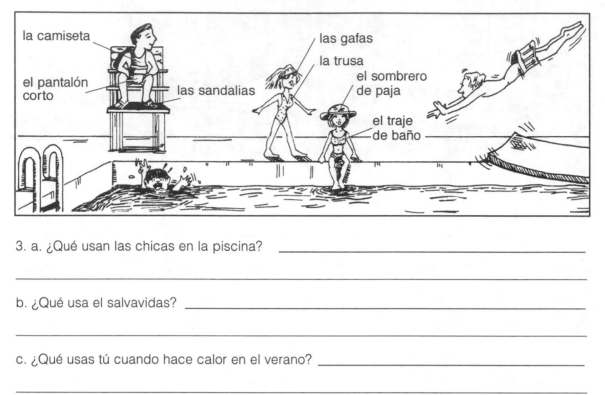

3. a. ¿Qué usan las chicas en la piscina? _____

_____

b. ¿Qué usa el salvavidas? _____

_____

c. ¿Qué usas tú cuando hace calor en el verano? _____

_____

4. OTOÑO

4. a. ¿Qué usa el hombre para la oficina y cuando llueve? _____

_____

b. ¿Qué usa la mujer? _____

_____

c. ¿Qué usas tú en el otoño cuando llueve? _____

_____

Vocabulario: la piscina *the pool;* **el salvavidas** *the lifeguard;* **llueve** *it rains;* **de paja** *of straw*

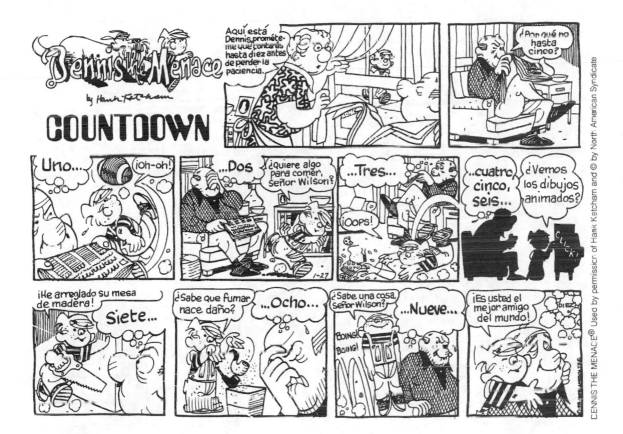

Vocabulario: contarás *you will count;* **perder** *to lose;* **dibujos animados** *cartoons;* **he arreglado** *I have fixed;* **fumar hace daño** *smoking is harmful.*

¿Estás ocupada esta noche,
o quieres ir al cine?

Do girls really go for football players?
Paco is going to find out.

Así es la vida

   Paco Pérez sale de la clase de inglés, y allí, delante de él, ve a Josefina Jiménez, la muchacha más bella de la escuela. Ésta es la perfecta oportunidad para hacer una cita con ella. En este momento, el libro que Josefina trae, cae al suelo. ¡Perfecto! Paco pone el libro en la mano de Josefina y dice:

Paco: Perdone, señorita. ¿Es éste su libro?
Josefina: Ah, sí. Gracias, muchas gracias.
Paco: Vd. no me conoce. Soy Paco . . . Paco Pérez. ¿Tiene Vd. unos minutos para con-
             versar?
Josefina: Gracias, no. Voy ahora a mi clase de álgebra.
Paco: Entonces, ¿después de las clases? ¿Tiene Vd. tiempo libre para tomar una Coca
             Cola?
Josefina: Gracias, pero tengo mucho trabajo esta tarde.
Paco: Pues, este sábado dan una película muy buena. Vengo en mi coche a las siete, si
             Vd. quiere.
Josefina: No, gracias. Voy a estudiar todo este fin de semana. Tengo muchos exámenes. Ésta
             es mi clase. Adiós.

   Una hora más tarde, Alejandro Hombrón, capitán del equipo de fútbol, ve a Josefina en la cafetería.

Alejandro: ¡Hola, Josefina! ¿Qué tal? Oye, ¿estás ocupado esta noche o quieres ir al cine?
Josefina: Sí, por supuesto, Alejandro, con mucho gusto. ¡Tú eres tan amable!

Palabras Nuevas

SUSTANTIVOS
Alejandro Alexander
la cafetería the cafeteria
el capitán the captain
el cine the movie theater,
   the "movies"
la cita the appointment,
   the date
la clase de álgebra
   the algebra class
la clase de inglés
   the English class
el coche the car
el equipo the team
los exámenes the tests
el fin de semana
   the weekend
el hombrón the large man
la hora the hour, the time
Josefina Josephine
el minuto the minute
la oportunidad
   the opportunity

la película the film, the movie
el sábado *(on)* Saturday
la tarde the afternoon
el tiempo the time
   (period of time)
la vida the life

ADJETIVOS
amable kind
bello,a beautiful
libre free
perfecto,a perfect

VERBOS
caer to fall
conocer to be acquainted
   with
   Vd. no me conoce.
   You don't know me.
conversar to converse,
   to chat
dar to give
dice he *(she)* says;

you *(formal sing.)* say
eres *you (fam. sing.)* are
estás you *(fam. sing.)* are
¡oye! listen!, hear!
   (fam. sing.)
¡perdone! pardon!
   (formal sing.)
poner to place, to put
quiere you *(formal sing.)*
   want; he *(she)* wants
salir to go out
soy I am
tengo I have
tiene you *(formal sing.)*
   have; he *(she)* has
tomar to drink
traer to carry, to bring
vengo I come
ver to see
voy I am going, I go

OTRAS PALABRAS
a las siete at seven

87

al to the *(masc. sing.)*
   al suelo to the floor
así es la vida such is life
con ella with her
con mucho gusto
   with great pleasure

del of the *(masc. sing.)*
delante de él in front of him
en este momento
   at this moment
en la mano de in the hand of
esta tarde this afternoon

¡hola! hi!
más tarde later
muchas gracias many
   thanks
por supuesto of course
¿qué tal? how are things?

Ejercicios

I. (A) Complete the sentences according to the story.

1. Paco _____ de la clase de inglés. 2. Él _____ a Josefina, la muchacha más bonita de la escuela, y él desea una _____ con ella. 3. El libro de Josefina _____ al suelo, y Paco _____ el libro entre las manos de Josefina. 4. Paco invita a Josefina al _____ pero ella dice que está ocupada todo el _____ de _____. 5. Josefina sale con Alejandro porque él es el capitán del _____ de _____ .

(B) Preguntas personales y generales. Write your answer in a complete Spanish sentence.

1. ¿Adónde va Vd. este sábado?
2. ¿Está Vd. ocupado(a) esta tarde o no?
3. ¿Qué películas dan en el cine?
4. ¿Adónde va Vd. después de su clase de español?
5. ¿Qué hace Vd. cuando tiene unos momentos libres?

1. _____

2. _____

3. _____

4. _____

5. _____

II. Each of the following sets of boxes contains a scrambled sentence. Can you figure the sentences out?

1.

Perdone	¿es	libro?
señorita	éste	su

3.

Josefina	a	de
él	delante	ve

2.

clase	de	a
voy	mi	álgebra

4.

película	dan	buena
este	una	sábado

1. _____

2. _____

3. _____

4. _____

III. Write a summary of the story. Make complete sentences using the following words. You may change the verbs from the infinitive and add any other words you wish.

Model: Paco Pérez/salir/clase/inglés. Paco Pérez sale de la clase de inglés.

1. Paco/invitar/a Josefina cine _____

2. Josefina no/tener/tiempo libre _____

3. Alejandro/invitar/a Josefina a ver película _____

4. Josefina no/estar/ocupado y salir _____

5. Alejandro/ser/capitán equipo/fútbol _____

IV. Picture Match: Choose and write the sentence(s) suggested by each sketch. Then tell something more about each one.

1.

2.

3.

4.

a. El libro cae al suelo.
b. Ve a Josefina.
c. Es la muchacha más bella de la escuela.

d. —¿Quieres ir al cine?
e. —Sí, con mucho gusto.
f. —Voy a mi clase de álgebra.

1. _____

_____

2. _____

3. _____

4. _____

_____

V. Compositions: Oral or written.

(A) Look at the picture at the beginning of this Work Unit. Describe the scene in Spanish to a friend.

(B) Tell about a date or an appointment. Include the following:

Una cita

1. With whom you have the date or appointment. 2. At what time and for what day you have the appointment. 3. Where you are going. 4. Where you are going after that. 5. Why you are not going home late.

Estructuras de la Lengua

Irregular Verbs of the Present Indicative Tense

A. Verbs that are *irregular* in one person: the first person singular, **yo.**

(1) The irregularity is **go.**

hacer *to do, make*	**poner** *to put, place*	**salir** *to leave*
I do the homework.	I put the book here.	I'm leaving now.
Hago la tarea.	**Pongo** el libro aquí.	**Salgo** ahora.
haces	pones	sales
hace	pone	sale
Hacemos la tarea.	Ponemos el libro aquí.	Salimos ahora.
hacéis	ponéis	salís
hacen	ponen	salen

(2) The irregularity is **igo.**

caer *to fall*	**traer** *to bring*
I fall into the water.	I bring money.
Caigo al agua.	**Traigo** dinero.
caes	traes
cae	trae
Caemos al agua.	Traemos dinero.
caéis	traéis
caen	traen

(3) The irregularity is **oy.**

dar *to give*	***ir** *to go*
I give thanks.	I go there.
Doy las gracias.	**Voy** allá.
das	**vas**
da	**va**
Damos las gracias.	**Vamos** allá.
dais	**vais**
dan	**van**

*Ir, *to go*, acquires the letter **v** at the beginning of each verb form. To the letter **v** are added endings like those of **dar: oy, as, a, amos, ais, an.**

*Ir is, therefore, irregular in all persons; and its forms in the present tense rhyme with those of the **ar** verb **dar.**

(4) The irregularity is **eo**	(5) The irregularity is **é**	(6) The irregularity is **zco**

ver *to see*	**saber** *to know* (facts)	**conocer** *to know* (persons, places)
I see everything.	I know a great deal.	I know John.
Veo todo.	**Sé** mucho.	**Conozco** a Juan.
ves	sabes	conoces
ve	sabe	conoce
Vemos todo.	Sabemos mucho.	Conocemos a Juan.
veis	sabéis	conocéis
ven	saben	conocen

B. Verbs that are *irregular* in *four persons*.

(1) The irregularities are **go** and **ie**

tener *to have*	**venir** *to come*
I have time.	I come home.
Tengo tiempo.	**Vengo** a casa.
tienes	**vienes**
tiene	**viene**
Tenemos tiempo.	Venimos a casa.
tenéis	venís
tienen	**vienen**

Rules for **tener** and **venir:**

1. **Tener** and **venir** have similar *stems*.

2. The *irregular* verb forms are in the first, second, and third persons singular and in the third person plural: **yo, tú, él, ella, Vd.** and **ellos-as, Vds.**

3. Regular verb forms are in the first person plural and in the second person plural: **nosotros-as** and **vosotros-as.**

C. Verbs that have *special irregularities* in *four persons*.

decir *to tell*	**oír** *to hear*
I tell the truth.	I hear the song.
Digo la verdad.	**Oigo** la canción.
dices	**oyes**
dice	**oye**
Decimos la verdad.	Oímos la canción.
decís	oís
dicen	**oyen**

Rules for **decir** and **oír:**

1. The *irregular* verb forms are in the first, second, and third persons singular, and in the third personal plural: **yo, tú, él, ella, Vd., ellos-as, Vds.**

2. The only regular verb forms are those for **nosotros-as** and **vosotros-as.**

STUDY THE RULES, EXAMPLES, AND MODELS BEFORE BEGINNING THE EXERCISES!

Exercises

I. Lola, a new student, wants to know you better. Tell her what you do at home after school. Use the appropriate form of the verb in parentheses.

Model: **Yo preparo la tarea.** (escribir) **Yo escribo** la tarea.
I prepare the homework.   I write the homework.

1. (ver) _____   4. (hacer) _____

2. (traer) _____   5. (decir) _____

3. (tener) _____   6. (saber) _____

El habla mucho.

II. Write an affirmative answer in a complete Spanish sentence using **yo.**

Model: —¿Quién habla mucho? **—Yo hablo mucho.**
　　　　Who speaks a great deal? I speak a great deal.

1. ¿Quién sale ahora? _____

2. ¿Quién conoce a Manuel? _____

3. ¿Quién viene a su casa? _____

4. ¿Quién le trae dinero? _____

5. ¿Quién cae en la calle? _____

6. ¿Quién hace excusas? _____

7. ¿Quién pone el dinero en la mesa? _____

8. ¿Quién va al cine con Manuel? _____

9. ¿Quién oye la música allí? _____

10. ¿Quién le da las gracias? _____

III. Rewrite the model sentence, substituting the subject suggested in parentheses and making the necessary changes in each verb.

(A) Model: Yo **vengo** a papá, le **digo** hola (Vds.) Vds. **vienen** a papá, le
　　　　　　　y le **doy** un beso. **dicen** hola y le **dan** un beso.
　　　　　　　I come to father, say hello You come to father, say hello
　　　　　　　and give him a kiss. and give him a kiss.

1. (tú) _____

2. (él) _____

3. (ellos) _____

4. (nosotros) _____

5. (Vd.) _____

6. (yo) _____

(B) Yo **voy** a casa y **oigo** la canción que **tengo** que aprender.
　　　I go home and hear the song that I have to learn.

1. (tú) _____

2. (el chico) _____

3. (las chicas) _____

4. (tú y yo) _____

5. (Vds.) _____

6. (yo) _____

IV. Write an affirmative answer in a complete Spanish sentence. In **(a)** use **Sí.** In **(b)** use **también.**

Model: a.—¿Toman ellos café?   **—Sí. Ellos toman café.**
            Do they drink coffee?   Yes, they do drink coffee.

            b.—¿Y Vd.?   **—Yo también tomo café.**
            And do you?   I also drink coffee.

1. a. ¿Va Vd. a la escuela? _____

   b. ¿Y ellos? _____

2. a. ¿Oyen ellos el coche? _____

   b. ¿Y tú? _____

   c. ¿Y nosotros? _____

3. a. ¿Dices la verdad? _____

   b. ¿Y Vds.? _____

   c. ¿Y Luisa? _____

4. a. ¿Viene María mañana? _____

   b. ¿Y Vd.? _____

   c. ¿Y nosotros? _____

5. a. ¿Tenemos tiempo? _____

   b. ¿Y tú? _____

   c. ¿Y ellos? _____

6. a. ¿Ve Vd. el animal? _____

   b. ¿Y ellos? _____

7. a. ¿Da Vd. dinero? _____

   b. ¿Y yo? _____

8. a. ¿Trae Juan el periódico? _____

   b. ¿ Y tú? _____

9. a. ¿Conoce Vd. al señor? _____

   b. ¿Juan y tú? _____

10. a. ¿Sabe Vd. la fecha? _____

   b. ¿Y ellas? _____

11. a. ¿Sale Vd. temprano? _____

   b. ¿ Y nosotros? _____

12. a. ¿Pones tú el diccionario en la mesa? _____

   b. ¿Y tú y yo? _____

13. a. ¿Hace Vd. el ejercicio? _____

    b. ¿Y Vd. y Lola? _____

V. Complete the story telling about your day in school. Use **yo** with the appropriate form of the verb, and the vocabulary in parentheses.

1. (salir de la casa ahora) _____

2. (traer dos libros a la escuela) _____

3. (venir a la clase a las nueve) _____

4. (ver a mis amigos) _____

5. (poner los libros en la mesa) _____

6. (dar la tarea al profesor) _____

7. (hacer los ejercicios) _____

8. (decir el vocabulario) _____

9. (saber bien las palabras) _____

10. (tener tiempo para conversar) _____

11. (conocer a un nuevo amigo) _____

12. (oír música) _____

13. (ir a la cafetería) _____

14. (caer en el corredor) _____

15. (decir:—¡Ay!) _____

VI. Oral Proficiency: Act your part (Yo), or role play. *Later* write your part. [Review PALABRAS NUEVAS and ESTRUCTURAS of this WORK UNIT Eight]

Situation: Your friend tells you to meet him or her in front of the new movie theater. You need more information about this date. [Three sentences are good; four very good; five or more are excellent.]

Amigo(a):   Te veo frente al nuevo cine.
Yo:...

Clues: *Ask to which new movie theater you are going (use Yo); what film you are seeing; at what time you leave (de) the house; when you come home (a casa); what you do if the friend (tú) does not come.* Now tell your friend's answers.

Aquí tengo dos billetes para una excursión esta
noche para visitar todos los cabarets.

Who says women are the weaker sex?
Ask Diego about his wife.

Una excursión por la ciudad

Diego y su mujer, Hortensia, visitan a los Estados Unidos por primera vez. Deciden tomar un autobús turístico para conocer una de las ciudades grandes. El primer autobús sale a las doce en punto. Diego y Hortensia toman asientos al frente para oír bien al guía. Escuchan con atención la voz del guía quien habla por micrófono.

Guía:	Señoras y señores, bienvenidos a esta excursión. Esta tarde vamos a visitar varios sitios interesantes de esta gran ciudad. Primero, vamos al centro para conocer el barrio comercial, los hoteles y los grandes almacenes.
Hortensia:	¡Qué edificios tan altos! ¡Mira, Diego! Tienen al menos veinte pisos.
Diego:	¡Al menos! Ésta es una ciudad famosa por sus rascacielos.
Guía:	Y ahora pasamos por el barrio cultural. A la derecha están la Biblioteca Central y el Museo de Arte. A la izquierda . . . los edificios de la Universidad y varios teatros famosos.
Hortensia:	¡Cuánta gente! ¿Adónde va todo el mundo? ¡Mira! ¡Van debajo de la tierra!
Diego:	¡Claro! Van a tomar los trenes subterráneos. La entrada a la estación está allí.
Guía:	Entramos ahora en el parque zoológico. Vamos a estar aquí media hora. Es posible caminar por el parque, mirar los animales, sacar fotografías y tomar un helado.

Después de cuatro horas en el autobús, marido y mujer regresan cansados al hotel.

Diego:	Estas excursiones son muy interesantes. Pero estoy cansado. Gracias a Dios, podemos descansar un poco.
Hortensia:	¿Descansar? ¡Mira! Aquí tengo dos billetes para otra excursión esta noche. Vamos a visitar todos los cabarets.

Palabras Nuevas

SUSTANTIVOS
el almacén the department store
el animal the animal
el autobús turístico the tour bus
el barrio the district (*of a city*)
la biblioteca the library
el billete the ticket
el centro downtown; the shopping center
Diego James
la entrada the entrance
la estación the station
los Estados Unidos the United States
la excursión the short trip, the excursion
la gente the people
¡Gracias a Dios! Thank heaven! Thank God!

el guía the guide
Hortensia Hortense
el marido the husband
el parque zoológico the zoo
el piso the floor
un poco a little
el rascacielos the skyscraper
señoras y señores ladies and gentlemen
el sitio the place
la tierra the ground
el tren subterráneo the subway (*train*)

ADJETIVOS
bienvenido,a welcome
cansado,a tired
central central
comercial commercial
cultural cultural
gran great

varios,as various

VERBOS
conocer to become acquainted with, to know
hablar por micrófono to talk over the microphone
oír to hear
poder to be able to, can
sacar fotografías to take pictures
tomar asiento to take a seat
tomar un helado to eat (*an*) ice cream

OTRAS PALABRAS
a la derecha at the right
a la izquierda at the left
¿adónde? where?
a las doce en punto at twelve sharp

al frente in the front
al menos at least
con atención attentively
¡Cuánta gente!
   How many people!

debajo de under, beneath
hasta even
media hora a half hour
por primera vez
   for the first time

quien who
todo el mundo everybody

Ejercicios

I. **(A) Preguntas.** Write your answer in a complete Spanish sentence.

1. ¿Qué país visitan Diego y Hortensia?
2. ¿Cuándo sale el primer autobús?
3. ¿Cuántos pisos tienen los edificios?
4. ¿Dónde es posible mirar los animales, caminar y sacar fotografías?
5. ¿Para qué tiene Hortensia billetes esta noche?

1. _____

2. _____

3. _____

4. _____

5. _____

(B) Preguntas personales y generales. Write your answer in a complete Spanish sentence.

1. ¿Qué hay en el centro de una ciudad?
2. ¿Dónde corre el tren subterráneo?
3. ¿En qué parte de la ciudad hay muchos rascacielos?
4. ¿Para ver bien una nueva ciudad es bueno tomar un autobús turístico o un tren subterráneo?
5. ¿Dónde es bueno descansar cuando Vd. está cansado?

1. _____

2. _____

3. _____

4. _____

5. _____

II. ¿Cómo se dice en español?

1. Welcome to this trip. _____

2. To the left . . . the buildings of the university _____

_____

3. To the right . . . the Central Library _____

_____

4. This is a city famous for its skyscrapers. _____

_____

5. It is possible to walk and to have an ice cream. _____

_____

III. Match with their definitions. Write the correct letter.

A	*B*
1. el rascacielos_____	a. tienda muy grande
2. el barrio _____	b. sitio donde hay muchos libros
3. la universidad _____	c. edificio muy alto
4. el almacén _____	d. sitio para aprender
5. la biblioteca _____	e. sección de la ciudad

IV. Compositions: Oral or written.

(A) Look at the picture at the beginning of this Work Unit. Describe the scene in Spanish to a friend.

(B) Tell about a trip you are taking. Include the following:

Mi viaje

1. Where and when you are going. 2. Why are you going to take a bus or a train. 3. Where you buy the tickets. 4. How much they cost **(cuestan).** 5. What you want to see or do there.

Estructuras de la Lengua

Uses of the Preposition *a*

A. *A* indicates direction *toward* or *to*.

To	*To the*
1. Corre **a Pedro.** He runs *to* (toward) Peter.	1. Corre **al chico.** He runs *to* (toward) *the* boy.
2. Corre **a mi amiga.** He runs *to* (toward) my friend.	2. Corre **a la chica.** He runs *to* (toward) *the* girl.
3. Viaja a **España** y **a Francia.** He travels *to* Spain and France.	3. Viaja **a los países.** He travels *to the* countries.
4. Viaja **a Madrid** y **a París.** He travels *to* Madrid and Paris.	4. Viaja **a las ciudades.** He travels *to the* cities.

Rules:

1. **Al** *to the:* **a** followed by **el** always combines as **al.**

2. **A la, a los, a las:** *to the* never combine.

3. **A** is repeated before each object noun in a series.

B. Personal *a* (untranslated)

A indicates which *person* is the direct *object* of the verb.

Personal object nouns

1. José **visita a mi amiga.**
   Joe visits *my friend.*

2. José **necesita al amigo.**
   Joe needs *the friend.*

Places and things as object nouns

1. José **visita mi casa.**
   Joe visits *my house.*

2. José **necesita el libro.**
   Joe needs *the book.*

Rules:

1. **A** precedes and dignifies object nouns that are *persons*, and is never used before object nouns that are *things*.

2. *Personal* **a** does *not* meant *to.* It has *no* meaning in Spanish or in English other than to introduce *personal* nouns as direct *objects* of the verb.

C. Omission of *a* after **escuchar** *to listen to,* **mirar** *to look at,* and **tener** *to have*

Things: 1. Escucha **el disco.**
         He listens to the record.

Persons: 2. Escucha **al maestro.**
         He listens to the teacher.

3. Mira **el reloj.**
   He looks at the clock.

4. Mira **al chico.**
   He looks at the boy.

5. Tiene **un** hermano
   He has a brother.

Rules:

1. **Escuchar** *to listen to* and **mirar** *to look at* include *to* and *at* and do not require **a** when things or places follow. **A** will follow **escuchar** and **mirar** only to introduce a personal object noun.

2. **Tener** *to have* never takes a personal **a** after it.

STUDY THE RULES, EXAMPLES, AND MODELS BEFORE BEGINNING THE EXERCISES!

Exercises

I. Your grandfather visits you and wants to know everythig you do. Give him affirmative answers in complete Spanish sentences, according to the model.

Model: Abuelo:—¿Caminas al parque hoy?   Yo:—**Sí, camino** al parque.
        Are you walking to the park today?   Yes, I'm walking to the park.

1. ¿Caminas al centro? _____

2. ¿Viajas al almacén? _____

3. ¿Corres a la tienda? _____

4. ¿Hablas a la chica? _____

5. ¿Corres a los museos? _____

6. ¿Caminas a los parques? _____

7. ¿Regresas a las escuelas? _____

8. ¿Hablas a María? _____

9. ¿Viajas a España? _____

10. ¿Regresas pronto al amigo? _____

II. Tell where you run or jog. Use the word in parentheses in a complete sentence. Make necessary changes in the use of *a* and the definite article **el, la, los,** and **las.**

Model: Corro al *parque*.   (ciudad) Corro **a la ciudad.**   (Anita) Corro **a Anita.**
           I run to the park.   I run to the city.   I run to Anita.

1. (oficina) _____

2. (subterráneo) _____

3. (escuelas) _____

4. (parques) _____

5. (casa) _____

6. (biblioteca) _____

7. (centro) _____

8. (autobús) _____

9. (museo) _____

10. (Pedro) _____

III. Tell what or whom you always listen to. Use the words in parentheses in complete sentences. Make necessary changes in the use of **a** and in the definite article. (Note: **escuchar** means to *listen to.*)

Model: **Escucho** *al maestro* **con atención.**   (la canción) Escucho la canción con atención.
       I listen to the teacher attentively.   I listen to the song attentively.

1. (el español) _____

2. (el padre) _____

3. (los casetes) _____

4. (las amigas) _____

5. (los discos) _____

6. (Luis) _____

7. (los profesores) _____

8. (la radio) _____

9. (la madre) _____

10. (Ana) _____

IV. Write two responses in complete Spanish sentences. Use cues where given.

Model: A.—¿Prefieres el helado?   **—Sí. Prefiero el helado.**
         Do you prefer the ice cream?   Yes, I prefer the ice cream.

         B. —¿A quién prefieres?   (el actor)—**Prefiero al actor.**
         Whom do you prefer?   I prefer the actor.

1. a. ¿Necesitas el lápiz? _____

   b. ¿A quién necesitas? (el amigo) _____

2. a. ¿Visitas los países? _____

   b. ¿A quiénes visitas? (los primos) _____

3. a. ¿Escuchas la radio? _____

   b. ¿A quién escuchas? (la madre) _____

4. a. ¿Prefieres las melodías?_____

   b. ¿A quiénes prefieres? (las niñas)_____

5. a. ¿Miras el programa? _____

   b. ¿A quién miras? (el chico)_____

V. Rewrite the sentence, substituting the word in parentheses for the word in *italics*. Make all necessary changes in the use of **a** and in the definite article *the*.

Model: *Vamos **al concierto.***   We are going to the concert.
         (Escuchamos) Escuchamos **el concierto.**   We listen to the concert.

1. *Responden* a un profesor.
   (Tienen) _____

2. *Tengo* el libro.
   (Comprendo)_____

3. Escucho *la radio*.
   (profesoras) _____

4. Miras *al actor*.
   (cuadro)   _____

5. *Viajan* a la ciudad.
   (Miran) _____

VI. Complete the narrative, with the correct word(s), or write a dash (—) on the blank line if no word is needed. Selection: **a, al, el, la, las, los.**

1. Por la mañana voy _____ escuela. 2. Miro _____ reloj y entro en _____ clase de español.

3. Escucho _____ las preguntas y escucho _____ profesor. 4. En otra clase tengo _____ un buen

amigo. 5. Miro _____ mi amigo Juan cuando él contesta _____ profesora. 6. Escribo _____ una

carta _____ Luis y _____ su hermano. 7. No comprendo siempre _____ profesores. 8. Pero admiro mucho _____ profesor de español. 9. Voy _____ parque con Juan. 10. En casa estudio

_____ los libros.

VII. Write the equivalent in a *complete Spanish sentence*, using the vocabulary given.

1. At nine we look at the clock. _____

    A las nueve miramos/reloj _____

2. We go to class and listen to the teacher. _____

    Vamos/clase/escuchamos/profesor _____

3. We have a friend there and we speak to Louis. _____

    Tenemos/amigo allí/hablamos/Luis _____

4. We listen to the answers and copy the words. _____

    Escuchamos/respuestas/copiamos/palabras _____

5. We study the lessons and we understand the teachers. _____

    Estudiamos/lecciones/comprendemos/profesores _____

VIII. Oral Proficiency: Act your part (Yo), or role play. *Later* write your part. [Review PALABRAS NUEVAS and ESTRUCTURAS of this WORK UNIT Nine]

Situation: You are a tourist in a beautiful Mexican city. You need information about it. You ask the guide in the hotel. [Three sentences are good; four very good; five or more are excellent.]

 **Guía:**   ¿Qué desea Vd. saber?
Yo:...

Clues: *Ask whether it is necessary to speak Spanish to the people; where there is a place to (para) have ice cream and to take pictures; whether the bus to the right or the subway goes to the museum and to the department stores; where it is possible to buy a ticket; in what section everybody lives.* Tell the guide's answers.

¿De quién es éste?

Everyone looks forward to Christmas.
But sometimes we don't get the presents
we expect.

¿De quién es este hueso?

Comedia en un acto

Escena: La sala de la familia Fandango. Es la mañana del Día de Navidad. Debajo del árbol de Navidad están los regalos para cada uno de la familia. Toda la familia está en la sala, lista para abrir los paquetes.

Personajes: El abuelo—un anciano de ochenta años
La abuela—una anciana de setenta años
El padre, Ambrosio—padre de la familia
La madre, Berta—madre de la familia
El hijo, Esteban—un joven de diez y seis años
La hija, Rosalía—una muchacha de trece años
El nene, Gualterio—un nene de nueve meses que sólo dice:—Gu, gu, ga, ga.
El perro, Capitán—perro norteamericano que no habla español

Rosalía: ¡Feliz Navidad a todos! ¿Podemos abrir los regalos ahora?
Todos: ¡Feliz Navidad! Sí, sí, sí
Madre: Pero, Ambrosio, ¿qué pasa aquí? No veo las etiquetas con los nombres de las personas.
Padre: ¡Mira, Berta! El nene, Gualterio, tiene todas las etiquetas entre las manos.
Gualterio: Gu, gu, ga, ga.
Esteban: ¿Qué vamos a hacer? No sabemos para quién es cada regalo.
Abuela: Tengo una idea. Cada uno va a tomar un paquete sin saber para quién es.
Abuelo: Muy bien. Si ustedes abren los paquetes, tienen que usar los regalos por un día. Así tenemos una buena sorpresa hoy, y mañana vamos a cambiar los regalos.
Todos: ¡Buena idea! ¡Buena idea!
Gualterio: ¡Gu, gu, ga, ga!

Cada uno toma y abre un paquete.

Abuelo: ¡Ay, Dios mío! Tengo una falda blanca de lana.
Abuela: ¡Y yo un guante de béisbol!
Ambrosio: ¡Yo tengo una blusa roja de algodón!
Madre: ¿Y yo? ¿Qué hago con esta navaja?
Esteban: ¡Oh, no! ¡Una muñeca de México!
Rosalía: ¡Ay! ¡Un cuchillo de explorador!
Abuelo: Pero, aquí hay un regalo más. ¿De quién es? (Abre el paquete.) ¡Es un hueso!
Capitán: Guao, guao. (Esto significa: ¡Ese hueso es mío, tonto!)

Palabras Nuevas

SUSTANTIVOS
Ambrosio Ambrose
la anciana the old woman
el anciano the old man
el árbol the tree
Berta Bertha
la blusa the blouse

el cuchillo the knife
   el cuchillo de explorador
      the boy scout knife
la escena the scene
la etiqueta the label
la falda the skirt
la familia Fandango

      the Fandango family
el fandango the disorder
Gualterio Walter
el guante the glove
   el guante de béisbol
      the baseball glove
la hija the daughter

105

el hijo the son
el hueso the bone
la idea the idea
el joven the young man,
  the youth
la muñeca the doll
la navaja the razor
la Navidad Christmas
  el Día de Navidad
  Christmas Day
  ¡Feliz Navidad!
  Merry Christmas
el nene the baby
el nombre the name
el paquete the package
el perro the dog

el personaje the character
  (in a play)
Rosalía Rosalie

ADJETIVOS
blanco,a white
cada each
de algodón *(of)* cotton
de lana *(of)* wool, woolen
ese(a) that *(masc., fem.)*
este(a) this *(m., f.)*
esto this *(neuter)*
listo,a ready
mío,a mine
norteamericano,a
  North American *(from
  the U.S.A.)*

rojo,a red

VERBOS
cambiar to change,
  to exchange
significar to mean

OTRAS PALABRAS
¿de quién-es? whose,
  from whom?
¡Dios mío! My heavens!
¿para quién-es? for whom?
por for
sólo only
toda la familia
  the whole family

Ejercicos

I. **(A)** Write the correct word(s) in place of the **italicized words** to make the statements true.

1. Los *personajes* de la familia Fandango están debajo del árbol. _____

2. Los paquetes van a ser una sorpresa porque no tienen *regalos.* _____

3. Cada uno va a usar el regalo por *una semana.* _____

4. Mañana la familia va a *abrir* los regalos. _____

5. El perro, Capitán, recibe un *cuchillo de explorador.* _____

(B) Preguntas personales y generales. Write your answer in a complete Spanish sentence.

1. ¿Qué expresión usa Vd. el Día de Navidad?
2. ¿Cuál es un buen regalo para un abuelo? ¿Una blusa roja de algodón?
3. ¿Para quién es la muñeca de México?
4. ¿Cuál es un buen regalo para una madre? ¿Una falda blanca de lana?
5. ¿Qué quiere Vd. recibir esta Navidad? ¿Un hueso?

1. _____

2. _____

3. _____

4. _____

5. _____

II. Crucigrama

Horizontales

1. Christmas
6. to the (m.)
8. he goes
9. baby
12. the (m. sing)
14. I
15. surprises
16. old
17. there is

Verticales

1. razors
2. he sees
3. to give
4. same as 6 horizontal
5. grandparents
7. he reads
10. dog
11. to go
13. to him
14. already

III. Match columns A and B to form complete sentences.

A	B
1. En la sala	a. todas las etiquetas con los nombres.
2. Todo el mundo está listo	b. cambiar los paquetes
3. El nene tiene	c. para abrir los paquetes
4. Mañana vamos a	d. está el arbol de Navidad
5. ¿Qué voy a hacer con	e. una falda de lana?

1. _____

2. _____

3. _____

4. _____

5. _____

IV. Compositions: Oral or written.

(A) Look at the picture at the beginning of this Work Unit. Describe the scene in Spanish to a friend.

(B) Tell about Christmas. Include the following:

La Navidad

1. What the weather is like when Christmas comes. 2. In your city, how you spend the vacation. 3. To what store(s) you go in order to buy gifts. 4. What gifts you buy and for whom. 5. To whom you wish love and a Merry Christmas.

V. **Picture Match:** Choose and write the sentence(s) suggested by each sketch. Then tell something more about each one.

1.

2.

3.

4.

a. —Tengo un guante de béisbol.
b. —¡Es un hueso!
c. —Yo tengo una blusa roja.

d. Debajo del árbol están los regalos.
e. El nene tiene las etiquetas.
f. La familia está lista para abrir los paquetes.

1. _____
   _____

2. _____

3. _____
   _____

4. _____

Estructuras de la Lengua

Uses of the Preposition *de*

A. De indicates the place *from*: origin; the topic of or *about*

Origin: from	*Topic: of, about*
1. **¿De dónde** son Vds.? Where are you from?	1. **¿De qué** hablan Vds.? What are you speaking of (about)?
2. **Somos de** México. We are from Mexico.	2. **Hablamos de** Nueva York. We are speaking of (about) New York.

B. Del: *from the; of the; about the.* **De** followed by **el** is always combined as **del.**

1. **Son del sur.** They are from the south.	3. **Hablan de** la patria. They speak about the country.
2. No **son de los Estados Unidos.** They are not from the United States.	4. Hablan **de las casas** y **de las comidas.** They speak of the houses and meals.

Rules:

1. Although **de** followed by **el** must combine to form **del,** the following never combine: **de los, de la, de las.**

2. The preposition **de** in a series of nouns must be repeated before each noun.

> Hablamos **del** chico y **de la** chica.
> We speak of the boy and girl.

C. De indicates the owner (possessor) in Spanish just as **'s** indicates owner in English.

de	**del, de la, de los, de las**
1. **Es de** Juan. No es **de Ana.** It's John's. It isn't Anna's.	4. **Es del** chico. No es **de la chica.** It's the boy's. It isn't the girl's.
2. **Es de** mi hermano. It is my brother's.	5. **Es de los** chicos. It is the boys'.
3. No **es de** su hermana. It isn't your sister's.	6. No **es de las** chicas. It isn't the girls'.

Rules:

1. **De** *precedes* the owner where English adds **'s** to the owner.

2. **De** is used instead of **'s** (single owner) or **s'** (most plural owners).

3. **Del, de la, de los, de las** are used when *the* precedes the owner.

D. Ownership word order:

The "possession"—the thing owned—stands *before* **de** and the owner, unlike English.

la **chaqueta de chico**   el **reloj de la chica**
the boy's jacket   the girl's watch

Single owner   *Plural owners*

1. —**¿De quién** es el reloj?   1. —**¿De quiénes es** la casa?
   Whose (sing.) watch is it?   Whose (pl.) house is it?
   Whose is the watch?   Whose is the house?

2. —Es el **reloj de Juan.**   2. —Es la **casa de los vecinos.**
   It is John's watch.   It is the neighbors' house.

3. —El **reloj de la profesora** es **nuevo.***   3. —La **casa de los vecinos** es **nueva.***
   The teacher's watch is new.   The neighbors' house is new.

Rules:

1. **¿De quién? ¿De quiénes?** *whose?* are followed by the Spanish *verb*. **¿De quiénes?** anticipates more than one owner.

*2. The adjective describes and *agrees with the thing owned; not with the owner. See Chart D* above, #3 **nuevo, nueva.**

E. **De** indicates material (composition).

1. —**¿De qué** es el reloj?   1. —**¿De qué** son los abrigos?
   What is the watch made of?   What are the coats made of?

2. —El reloj **es de plata.**   2. —Los abrigos **son de lana** y **de algodón.**
   The watch is (of) silver.   The coats are woolen and cotton.

3. —No **es de oro.**   3. —No **son de cuero** o **de seda.**
   It is not (of) gold.   They are not of leather or silk.

Rules:

1. **¿De qué?** begins each question that asks *what a thing is made of.*

2. **De** *of* must precede each material. No article follows **de.**

3. The material does *not* agree with the noun it describes in gender or in number.

4. Learn these materials:

1. **de algodón**	cotton	6. **de nilón**	nylon
2. **de cuero**	leather	7. **de oro**	gold(en)
3. **de hierro**	iron	8. **de piedra**	stone(y)
4. **de lana**	woolen	9. **de plata**	silver(y)
5. **de madera**	wooden	10. **de seda**	silk(en)

F. **De** in special expressions:

1. ¿Va Vd. a **la clase de historia**? Are you going to the history class?	2. No. Voy a hablar al **profesor de español.** No. I'm going to speak to the Spanish teacher.

Rule:

De *about* indicates that the class, the teacher, etc., deal with a subject or with an organized body of knowledge. No article follows **de** in this use.

STUDY THE RULES, EXAMPLES, AND MODELS BEFORE BEGINNING THE EXERCISES!

Exercises

I. Gustavo borrows and forgets. Remind him who owns what. Write a sentence, using the words in parentheses according to the model.

Model: (Los sombreros/mi hermano)
Los sombreros son de mi hermano. The hats are my brother's.

1. (los lápices/el chico) _____

2. (los libros/la abuela) _____

3. (la plumas/el abuelo) _____

4. (los cuadernos/Juan) _____

5. (los 5 dólares/mi padre) _____

6. (los relojes/los hermanos) _____

7. (las bicicletas/María y Pedro) _____

8. (los guantes/sus amigos) _____

9. (los discos/las primas) _____

10. (las revistas/el hermano y la hermana) _____

II. Rewrite the sentence changing each owner to the *singular*. Make all other necessary changes.

Model: Los guantes son de los **nenes.**   The gloves are *the babies'*.
       Los guantes son **del nene.**   The gloves are *the baby's.*

1. Las casas son de los profesores. _____

2. Ella es la madre de las muchachas. _____

3. Somos los profesores de los chicos. _____

4. Es el padre de las alumnas. _____

5. Es la clase de los alumnos de español. _____

III. Write an affirmative answer in a complete Spanish sentence, using the words in parentheses.

Model: a. —¿De quién es el lápiz?   b. —¿De quiénes son los zapatos?
　　　　　　 Whose pencil is it?   Whose are the shoes?

　　　 (el chico) —**Es el lápiz del chico.**   (los chicos) —**Son los zapatos de los chicos.**
　　　　　　 It's the boy's pencil.   They are the boys' shoes.

1. ¿De quién es el libro? (la prima) _____

2. ¿De quiénes son las flores? (los muchachos) _____

3. ¿De quién son los cuadernos? (el chico) _____

4. ¿De quiénes es la casa? (mis padres) _____

5. ¿De quién es ella la madre? (el primo) _____

6. ¿De quiénes son ellas las primas? (Juan/Luisa) _____

7. ¿De quién son los papeles? (el hombre) _____

8. ¿De quiénes es la muñeca? (las hermanas) _____

9. ¿De quiénes es el regalo? (los chicos) _____

10. ¿De quién son las bicicletas? (el muchacho) _____

IV. Write an affirmative answer in a complete Spanish sentence, using the words in parentheses.

Model: —¿De qué es su sombrero?   (lana/cuero)—Mi sombrero es **de lana**
　　　　　 What is your hat made of?   **y de cuero.**
　　　　　　　　　　　　　　　　　　　　　　　　　　 My hat is *woolen* and (of)
　　　　　　　　　　　　　　　　　　　　　　　　　　 leather.

1. ¿De dónde es Vd.? (los Estados Unidos) _____

2. ¿En qué clase está Vd.? (historia) _____

3. ¿De qué es su casa? (piedra/madera) _____

4. ¿De qué son las cortinas? (algodón/nilón) _____

5. ¿De dónde es su abuelo? (el otro país) _____

6. ¿De qué es su reloj? (plata/oro) _____

7. ¿De qué habla su hermanito? (el parque) _____

8. ¿A qué clase va su hermanita? (inglés) _____

9. ¿De qué son su blusa y su falda? (lana/seda) _____

10. ¿Qué profesora enseña aquí? (español) _____

V. Complete with the appropriate form: **de, del, de la, de los, de las.**

¿_____ quién es el mapa? Es _____ mis compañeros de clase. ¿Son los libros _____
　　1　　　　　　　　　　　　　　　　2　　　　　　　　　　　　　　　　　　　　　　　　3

chico? No. Son _____ chica. ¿Usa el profesor el lápiz _____ María? No. Usa el lápiz
　　　　　　　　　4　　　　　　　　　　　　　　　　　　　　5

_____ alumno. ¿Mira los cuadernos _____ alumnos? No. Mira los cuadernos _____
    6   7   8

alumnas. ¿Está Vd. en la clase _____ español? No. Estoy con el profesor _____ inglés.
                                 9   10

¿_____ qué es su reloj? Es _____ plata. No es _____ oro. ¿Son _____ madera las
   11   12   13   14

escuelas? No. Son _____ piedra. ¿_____ dónde es Vd.? No soy _____ Cuba. Soy _____
                        15   16   17   18

país _____ mis padres. Somos _____ Estados Unidos.
    19   20

VI. Complete each sentence in Spanish. Use the vocabulary given below the line.

1. Where is your father's car? ¿Dónde está _____
                                                    /coche/padre

2. It is near the girl's house. Está cerca de _____
                                                  /casa/chica

3. She's in my history class. Ella está en _____
                                               mi clase/ historia

4. What is her blouse made of? ¿ _____
                                               /qué es/blusa

5. It's made of cotton and silk. Es _____
                                               /algodón/seda

6. Whose magazine is it? ¿ _____
                                             /quién es/revista

7. It is the boy's magazine. Es _____
                                             /revista/chico

8. I don't read Robert's magazines. No leo _____
                                             /revistas/Roberto

9. I look for the children's notebook. Busco _____
                                             /cuaderno/niños

10. I am speaking about them to my Spanish teacher. Hablo de ellos a _____
                                             mi profesora/español

VII. Oral Proficiency: Act your part (Yo), or role play. *Later* write your part. [Review PALABRAS NUEVAS and ESTRUCTURAS of this WORK UNIT Ten]

Situation: Your Cuban cousin calls to find out from whom in your family each Christmas gift is as they arrived without cards. You tell from whom each gift is. [Three sentences are good; four very good; five or more are excellent.]

Primo(a): ¿De quién son la falda, la blusa, el bate, la muñeca y el hueso?
Yo!...

Clues: *Repeat each gift and tell which member of your family it is from;...the grandmother;...the grandfather;...the cousins;...the aunts (las tías);...the dog.*

VISTAS DE ESPAÑA

Calle de Alcalá, Madrid

Courtesy of the Spanish National Tourist Office, New York.

Mezquita de Córdoba

VISTAS DE ESPAÑA

La Giralda, Sevilla

Alhambra, Granada

Courtesy of the Spanish National Tourist Office, New York.

115

Cuando la profesora habla, Virgilio
siempre lee algo debajo del pupitre.

Let's play "Who am I?"
In Spanish it's not that easy.

¿Quién soy yo?

Virgilio Chupadedos es un alumno que no presta atención y no aprende mucho. Cuando la profesora habla, Virgilio siempre lee su libro de adivinanzas que él tiene abierto debajo del pupitre. Virgilio tiene talento para las adivinanzas y sabe muchas.

Aquí tiene Vd. unas adivinanzas que Virgilio lee en su libro. Las respuestas están al pie de la página.

1. Soy un hombre o una mujer. Siempre hago preguntas. Soy amigo de los alumnos aplicados. Generalmente soy inteligente. ¿Quién soy yo?

2. Estoy en todos los edificios. Soy de madera o de otros materiales. Soy útil para entrar y salir. ¿Qué soy yo?

3. Tengo mucha información y muchas frases. Estoy en las casas, en las bibliotecas y en las escuelas. Soy de papel. ¿Qué soy yo?

4. Yo no soy muy grande. Soy negro, amarillo, azul, y de otros colores también. Soy útil para escribir en los cuadernos. ¿Qué soy yo?

5. Yo soy una parte de todas las personas. Tengo muchos usos: hablo, como, bebo. Tengo labios y dientes. ¿Qué soy yo?

6. Soy de madera. Estoy en todas las salas de clase. Hay uno para cada alumno. Los alumnos me usan para poner sus libros y para poner su papel para escribir. ¿Qué soy yo?

7. Yo soy muy grande. Estoy delante de la clase. El profesor escribe en mí. Así los alumnos pueden leer las frases importantes de la lección. ¿Qué soy yo?

8. Soy un animal. Soy grande o soy pequeño. Soy de varios colores. Dicen que soy el mejor amigo del hombre. No soy amigo de los gatos. ¿Qué soy yo?

9. Soy un edificio. Tengo varios cuartos. Los alumnos entran para aprender. Aquí todo el mundo trabaja y aprende. ¿Qué soy yo?

10. Soy para abrir y cerrar. Estoy en todos los cuartos. Soy necesaria para el aire y la luz. Soy de vidrio. ¿Qué soy yo?

11. Soy de un país grande donde hablamos inglés y aprendemos mucho español. ¿Quién soy yo?

		4. la pluma, ol lápiz
	8. el perro	3. el libro
11. el norteamericano	7. la pizarra	2. la puerta
10. la ventana	6. el pupitre	1. el profesor o la profesora
9. la escuela	5. la boca	117

Palabras Nuevas

SUSTANTIVOS
la adivinanza the riddle
la boca the mouth
el color the color
el diente the tooth
el gato the cat
la información
  the information
el labio the lip
el material the material
la página the page
la parte the part
la pizarra the blackboard
la pluma the pen
el pupitre the *(student's)* desk
la respuesta the answer

la sala de clase the classroom
el talento the talent
la ventana the window

ADJETIVOS
abierto,a open
amarillo,a yellow
azul blue
mejor better
  el mejor the best
negro,a black
útil useful

VERBOS
prestar atención
  to pay attention

pueden they can; you
  (formal pl.) can
soy I am

OTRAS PALABRAS
al pie de at the bottom of
de madera wooden, of wood
de papel of paper
de vidrio of glass
en mí on me
generalmente generally
me me
que which, that

Ejercicios

I. Preguntas. Write your answer in a complete Spanish sentence.

1. ¿A quién no presta atención Virgilio?
2. ¿Qué lee Virgilio debajo del pupitre?
3. ¿Qué deja entrar aire en la clase? ¿De qué es?
4. ¿Qué usa Vd. para escribir en la pizarra? ¿En el cuaderno?
5. ¿Para qué es útil una puerta? ¿De qué es?

1. _____

2. _____

3. _____

4. _____

5. _____

II. Acróstico español

1. pupil

2. tooth

3. intelligent

4. window

5. information

6. black

7. attention

8. North American

9. blackboard

10. to open

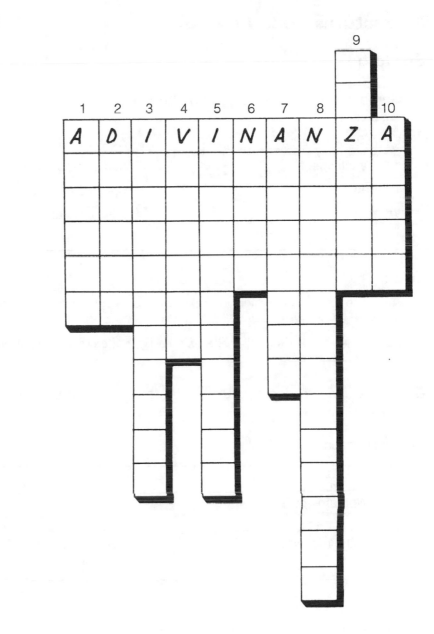

III. **Composition:** Oral or written.

   (A) Look at the picture at the beginning of this Work Unit. Describe the scene in Spanish to a friend.

   (B) Tell about a boring class in which you pay little attention. Include the following:
   Una clase aburrida
   1. In which class you pay little attention. 2. Why you pay little attention. 3. What you do in the class. 4. Why it is useful to study, but not easy. 5. When you are going to study and to listen.

Estructuras de la Lengua

Ser *to be*

A. Ser is irregular in all persons of the present tense.

I am intelligent etc.	We are intelligent etc.
Yo **soy** inteligente.	Nosotros-as **somos** inteligentes.
Tú **eres**	Vosotros-as **sois**
Vd., él **es** ella	Vds., ellos-as **son**

Rules:

1. *Are* is the English equivalent for (tú) **eres;** (Vd.) **es;** (nosotros) **somos;** (vosotros) **sois;** (ellos-as) **son;** (Vds.) **son.**

2. **Es** means *is* in **él es** (he is); **ella es** (she is); but **es** means *are* in **Vd. es** (you are).

B. Ser is used to describe the *nature* of persons and things as in A above. Other uses follow.

1. Identifications, relationships

a. —¿Quién eres tú?
    Who are you?
	—Soy un chico norteamericano.
	    I am an American boy.

b. —¿Es el hombre tu padre?
    Is the man your father?
	—No. Es mi tío. Sus hijos son mis primos.
	    No. He is my uncle. His children are my
	    cousins.

2. *Profession, occupation

a. —¿Qué es tu padre?
    What is your father?
	—**Es piloto.**
	    He is a pilot.

b. —¿Qué deseas ser?
    What do you want to be?
	—Yo deseo **ser actor.**
	    I want to be an actor.

c. —¿Es tu padre **un buen** piloto?
    Is your father a good pilot?
	—Es **un** piloto **excelente.**
	    He is an excellent pilot.

Rule:

* Omit the articles *un* and *una* when describing profession. Use *un* or *una* only when the profession is accompanied by an adjective.

3. Origin and nationality*

a. —¿De dónde es tu amigo? Where is your friend from?	—Es de Puerto Rico; es puertorriqueño. He is from Puerto Rico; he is (a) Puerto Rican.
b. —¿Eres tú español? Are you a Spaniard?	—Soy **un** español **sincero.** I am a sincere Spaniard.

Rule:

* Omit the articles **un** and **una** when describing nationality. Use **un** or **una** only when the nationality is accompanied by an adjective.

4. Personality, nature, and characteristics

a. —¿Cómo son Vds.? What are you like?	—Somos buenos, alegres, amables y generosos. We are good, cheerful, kind, and generous.

5. Characteristic appearance

a. —¿Cómo es su amigo? What is your friend like?	—Es alto, moreno y guapo. He is tall, dark, and handsome.
b. —¿De qué color son sus ojos? What color are his eyes?	—Sus ojos son negros. His eyes are black.

6. Possession and material

a. —¿De quién es ese reloj? Whose watch is that?	—Es mi reloj. No es de María. It is my watch. It isn't Mary's.
b. —¿De qué es su reloj? What is your watch made of?	—Es de **oro y** de **plata.** No es de **acero.** It's (of) gold and silver. It isn't steel.

7. Date and time

a. —¿Qué día es? What day is it?	—Hoy es martes el dos de mayo. Today is Tuesday, May 2nd.
b. —¿Qué hora es? What time is it?	—Son las dos. No es la una. It is two o'clock. It isn't one o'clock.

STUDY THE RULES, EXAMPLES, AND MODELS BEFORE BEGINNING THE EXERCISES!

Exercises

I. At the Madrid airport the official asks where each person in your tour group is from. Give your origin. Write replies, using the words in parentheses and giving the correct form of the verb.

Model: *Oficial:* ¿De dónde es el muchacho?
Where is the boy from?
(el muchacho/Costa Rica)

Guía: El muchacho es de Costa Rica.
The boy is from Costa Rica.

1. (La chica/los Estados Unidos) _____

2. (Yo/Cuba) _____

3. (Tú/México) _____

4. (Vd./Venezuela) _____

5. (Ella/Puerto Rico) _____

6. (Roberto/Colombia) _____

7. (Nosotros/Chile) _____

8. (Tú y yo/Chile) _____

9. (Vds./Bolivia) _____

10. (Eduardo y Pablo/España) _____

¿Es alto el chico?

II. Write your rejoinder dealing with *nationality* and *occupation*. Use **Vd. también...** *without the adjective*. What else must you omit when you omit the adjective?

Model: —Vd. es **una actriz famosa.** —Vd. también es actriz.
You are a *famous* actress. You, too, are an actress.

1. Yo soy un buen americano. _____

2. Vd. es un actor importante. _____

3. Tú eres un mécanico experto. _____

4. La mujer es una maestra interesante. _____

5. Él es un cubano patriótico. _____

III. Rewrite the sentence in the *singular* using the subject given in parentheses. Make all necessary changes.

Model: ¿Son altos los chicos? (el chico) **¿Es alto el chico?**
Are the boys tall? Is the boy tall?

1. Nosotros somos bonitos. (yo) _____

2. Vds. son actores. (Vd.) _____

3. Vds. son unos chicos aplicados. (tú) _____

4. ¿Son los relojes de oro? (el reloj) _____

5. Ellos no son de San Juan. (él) _____

IV. Rewrite the sentence in the *plural* using the subject given in parentheses. Make all necessary changes for agreement.

1. Ella es cubana. (ellas) _____

2. ¿Es la una? (las dos) _____

3. ¿Es sábado el día? (sábado y domingo) _____

4. Yo no soy de España. (Juan y yo) _____

5. Vd. es mi primo (Vd. y Luis) _____

V. **a.** Write a factual answer in a complete Spanish sentence. **b.** Write a factual answer to the second question, adding **también**.

Model: a. —¿Eres de <u>aquí</u> o de <u>Rusia</u>? Are you from here or from Russia?
—Soy de aquí. I am from here.

b. —¿Y tu padre? And your father?
—Mi padre es de aquí también. My father is from here, too.

1 a. ¿Es Vd. de <u>los Estados Unidos</u> o de <u>Oz</u>? _____

   b. *¿Y el chico?* _____

2 a. ¿Son Vds. <u>americanos</u> o <u>españoles</u>? _____

   b. *¿Y ellos?* _____

3 a. ¿Somos tú y yo <u>personas</u> o <u>cosas</u>? _____

   b. *¿Y los hermanos?* _____

4 a. ¿Eres <u>profesor</u>-a o <u>alumno</u>-a? _____

   b. *¿Y la chica?* _____

5 a. ¿Somos yo y el Sr. Delibes <u>maestros</u> o <u>alumnos</u>? _____

   b. *¿Y la señora?* _____

VI. Write a complete Spanish sentence using all the cue words provided. Supply the appropriate form of SER in each sentence.

    Model: _____   Hoy es sábado.
              Hoy/sábado (Today/Saturday)   (Today is Saturday.)

1. _____   8. _____
   Hoy no / domingo.   Vds. / generosos.

2. _____   9. ¿ _____?
   Los días / largos.   ¿De qué color / los libros?

3. _____   10. _____
   Juan y María / inteligentes   No / la una.

4. ¿ _____?   11. ¿ _____?
   ¿ / yo inteligente?   ¿Quién / tú?

5. ¿ _____?   12. _____
   ¿Por qué no / nosotros aplicados?   Ellos / franceses.

6. _____   13. ¿ _____?
   La chica / de los Estados Unidos.   ¿De quién / las casas?

7. _____   14. ¿ _____?
   Vd. / mi amigo.   ¿No / altos tú y yo?

              15. ¿ _____?
              ¿De qué / su sombrero?

VII. Write an affirmative answer in a complete Spanish sentence using the cue words given in italics.

    Model: —¿Qué eres?   *español* —**Soy español.**
          What are you?   I am Spanish.

1. ¿Quién eres tú? *alumno-a* _____

2. ¿Eres norteamericano-a? *sí* _____

3. ¿De qué color son sus ojos? *negros* _____

4. ¿Cómo eres? *inteligente y hermoso-a* _____

5. ¿De dónde son sus padres? *los Estados Unidos* _____

6. ¿Qué es su padre? *capitán* _____

7. ¿De qué color es su casa? *azul* _____

8. ¿De quién son Juan y tú alumnos? *del Sr. López* _____

9. ¿De qué son su mesa y su silla? *de madera* _____

10. ¿Qué deseas ser? *profesor-a excelente*_____

VIII. Oral Proficiency: Act your part (Yo), or role play. *Later* write your part. [Review PALABRAS NUEVAS and ESTRUCTURAS of this WORK UNIT Eleven]

Situation: You call a blind date to introduce yourself before you meet. Your date asks you to describe yourself. You tell your date about yourself. [Three sentences are good; four very good; five or more are excellent.]

 Amigo(a): ¿Cómo es Vd. (eres tú)?
Yo:...

Clues: *Tell whether or not you are a good person, cheerful, good-looking (guapo[a]), American, Spanish, and so on; what you want to be and what you are now. Ask when it is possible to have the date.* Other ideas?

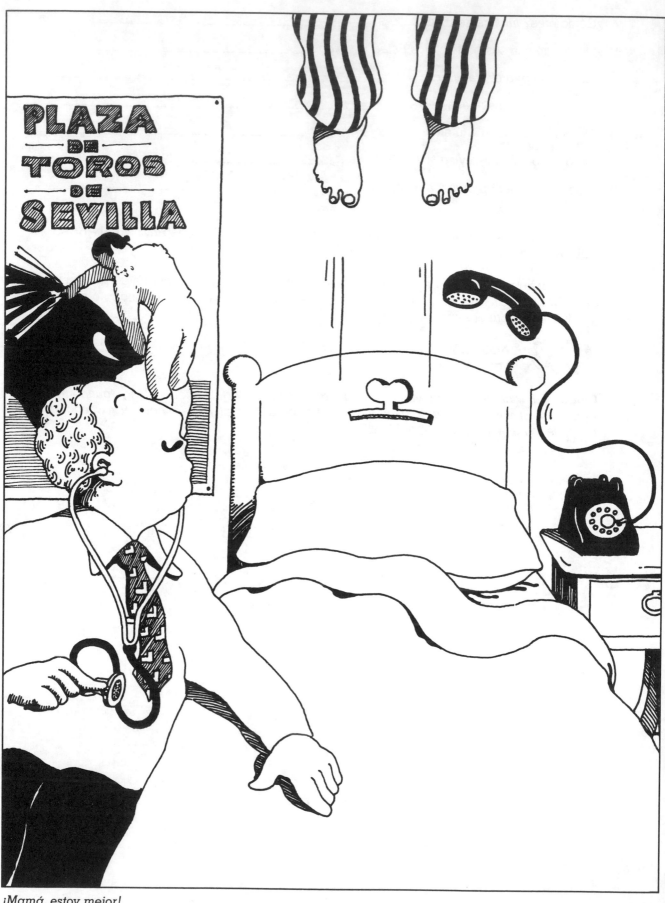

¡Mamá, estoy mejor!

It's no fun to be stuck in bed all day.
Would you prefer that to going to school?

Una enfermedad imaginaria

Hoy Ramón Tramposo no va a la escuela. Dice que es imposible bajar de la cama porque está enfermo. Su madre está muy triste y preocupada por la salud de su hijo. Cuando llega el Doctor Humberto Matasanos, la madre va con el médico al cuarto de Ramón. El muchacho está sentado en la cama. Todas las ventanas están cerradas.

Médico:	¡Ah! Aquí está el enfermo. ¿Qué tiene el chico?
Madre:	Oh, doctor, mi hijo no quiere comer. No quiere beber. Sólo quiere guardar cama todo el día.
Ramón:	Ay, ay, ay. Estoy enfermo. Tengo dolor de cabeza, dolor de estómago, dolor de garganta. Es horrible.
Madre:	¡Ay, mi pobre Ramoncito!
Médico:	Bueno, bueno joven. (El médico lo examina al chico.) Mmmmm. . . .El pulso está normal. Ramón, ¡abre la boca y saca la lengua!
Ramón:	Aaaaaaaaah.
Madre:	Mi pobre hijo. ¡Cómo sufre!
Médico:	Yo no veo nada. La temperatura está normal. No tiene fiebre.
Ramón:	Ay, tengo tanto dolor. Es terrible.

En ese momento suena el teléfono. Es Enrique, el amigo de Ramón.

Ramón:	Hola, Enrique. ¿Qué hay?. . . . . .¿Cómo?. . . .¿No hay examen de matemáticas? (Ramón salta de la cama.) ¡Mamá, mamá, estoy mejor! ¡Quiero comer! ¡Tengo hambre, mucha hambre!

Palabras Nuevas

SUSTANTIVOS
la cabeza the head
la cama the bed
el chico the boy
la clase de matemáticas
  the mathematics class
el Doctor Humberto
  Matasanos
  Dr. Humbert Quack
el dolor the pain, the ache
  el dolor de cabeza
  the headache
  el dolor de estómago
  the stomachache
  el dolor de garganta
  the sore throat
la enfermedad the sickness
el enfermo the patient,
  the sick person
Enrique Henry
la fiebre the fever
el hambre *(fem.)* the hunger

la lengua the tongue
el médico the doctor
el pulso the pulse
Ramón Raymond
  Ramoncito little Ray
la salud the health
el teléfono the telephone
la temperatura
  the temperature

ADJETIVOS
cerrado,a closed
imaginario,a imaginary
imposible impossible
mejor better
normal normal
preocupado,a por
  worried about
sentado,a seated
terrible terrible
tramposo,a tricky

VERBOS
bajar de to get off
guardar cama to stay in bed
puede(s) you can
sacar to stick out, to take out
saltar to jump
suena it rings
sufrir to suffer
tener hambre to be hungry

OTRAS PALABRAS
¿Cómo? What do you mean?
nada nothing
porque because
¿Qué hay? What's up?
  What's new?
  What's the matter?
¿Qué tiene el chico? What
  is the matter with the boy?
sólo only
todo el día the whole day

127

Ejercicios

I **(A) Preguntas.** Write your answer in a complete Spanish sentence.

1. ¿Por qué no sale Ramón?
2. ¿Cómo está su madre?
3. ¿Dónde está sentado el muchacho cuando entra el médico?
4. ¿Qué dolor tiene Ramón?
5. ¿Por qué salta de la cama y desea comer?

1. _____

2. _____

3. _____

4. _____

5. _____

(B) Preguntas personales y generales. Write your answer in a complete Spanish sentence.

1. ¿Quién está preocupado,a por tu salud?
2. ¿Cuándo guardas cama?
3. ¿Qué dices cuando sacas la lengua?
4. ¿En qué clase sufres mucho?
5. ¿Qué comes cuando tienes mucha hambre?

1. _____

2. _____

3. _____

4. _____

5. _____

II. Unscramble the sentences in the boxes.

1.
su	y	triste
está	preocupada	madre

2.
hambre	comer	tengo
quiero	estoy	mejor

3.
mi	como	hijo
ay	pobre	sufre

4.
suena	teléfono	en
ese	momento	el

1. _____

2. _____

3. _____

4. _____

III. Picture Match: Choose and write the sentence(s) suggested by each sketch. Then tell something more about each one.

1.

2.

3.

4.

a. Está sentado en la cama.

b. No quiere beber, ni comer.

c. —Tengo dolor de cabeza y de estómago.

d. —¡Abre la boca y saca la lengua!

e. Ramón no va a la escuela.

f. El pulso está normal.

1. _____

_____

2. _____

3. _____

4. _____

_____

IV. Compositions: Oral or written.

(A) Look at the picture at the beginning of this Work Unit. Describe the scene in Spanish to a friend.

(B) Complete the dialogue about a visit to your doctor, and act it out with another student:

Una visita al médico

1. Médico: ¿Qué tiene Vd.?

   Vd.: _____
   (Tell where you have pain.)

2. Médico: ¿Tiene Vd. otro dolor?

   Vd.: _____
   (Tell what else is the matter with you.)

3. Médico: Vd. debe guardar cama y no debe comer hoy.

   Vd.: _____
   (Say whether you want to stay in bed all day.)

4. Médico: ¿Tiene Vd. apetito?

   Vd.: _____
   (Tell everything you want to eat and to drink.)

5. Médico: Mañana su mamá le da una hamburguesa.

   Vd.: _____
   (Say whether you are better NOW or hungry NOW.)

Estructuras de la Lengua

Estar *to be;* Contrasting Uses of Estar and Ser

A. Forms of **estar**—used in greetings—contrasted with forms of **ser.**

Estar *to be*		**Ser** *to be*	
¿Cómo **está** Vd.?	How are you?	¿Cómo **es** Vd.?	What are you like?
Yo **estoy** bien (bueno,a).	I am well.	Yo **soy** bueno.	I am good.
Tú **estás**		Tú **eres**	
Vd., él, ella **está**		Vd., él, ella **es**	
Nosotros-as **estamos**	We are well.	Nosotros-as **somos** buenos.	We are good.
Vosotros-as **estáis**		Vosotros-as **sois**	
Vds., ellos-as **están**		Vds., ellos-as **son**	

Rules:

1. **Estar** is used for greetings. For the uses of **ser** see Work Unit 11.

2. **Estar** is irregular in four verb forms: **estoy, estás, está, están.** An accent mark is written on each **a** except **estamos.**

3. **Está** means *is* in the following: **él está** (he is); **ella está** (she is); but **está** means *are* in **Vd. está** (you are).

B. Estar *to be* is also used to describe 1) location, 2) health and mood, 3) impressions, and 4) results of actions.

1. Location: with **¿dónde?** *where;* **aquí** *here;* **allí** *there;* **en** *on, in;* **ausente** *absent;* **presente** *present.*

—¿Dónde está Juan?	—Juan está aquí en casa; no está en la escuela.
Where is John?	John is here at home; he is not in school.

2. State of health: with **bien, bueno**—*well;* **enfermo, *mal, malo**—*sick.* Mood: with **feliz, contento** and **alegre**—*happy* and *cheerful,* **triste**—*sad.*

a. —Cómo está Juan, bien o enfermo?	—Está bien (bueno); no está enfermo (*malo)
How is John, well or ill?	He is well; he is not sick.
b. —**¿Esté triste?**	—No. **Está contento y alegre.**
Is he (does he feel) *sad?*	No. He is (feels) *happy* and *cheerful.*

3. Impressions: tastes, looks, feels.

a. —¡Qué guapa **está** la moza!	—¡Y qué buena (rica) **está** la sopa!
How pretty the waitress *is* (looks)!	How good (delicious) the soup *is* (tastes)!
b. —El té **está** algo frío	—No. El té **está** caliente.
The tea *is* (looks, tastes, feels) a bit cold.	No. The tea *is* (feels, tastes) hot.

4. Results of actions: with **abierto-a** *open,* **cansado-a** *tired,* **cerrado-a** *closed,* **descansado-a** *rested,* **ocupado-a** *busy,* **sentado-a** *seated.*

1. —¿Está sentado?	—Sí. Está cansado y ocupado en leer.
Is he seated?	Yes. He is tired and busy reading.
2. —¿Está cerrado su libro?	—No. Su libro está abierto.
Is his book closed?	No. His book is open.

C. Agreement:

Only the adjectives that end in **o** change **o** to **a** when they describe a feminine noun. Adjectives ending in **o, a,** or **e** add **s** when describing plural nouns.

1. Juan está content**o** pero María no está content**a**.
John is happy but Mary is not happy.

2. El está alegr**e** pero ella está trist**e.**	3. Están present**es** y sentad**os.**
He is cheerful but she is sad.	They are present and seated.

D. Review: Uses of ESTAR—*to be*; SER—*to be* [Work Unit 11].

1. Juan **está en** Puerto Rico.
   John is in Puerto Rico.
   Location

   Juan **es de** Puerto Rico.
   John is from Puerto Rico.
   Place of origin

2. Juan **está bueno** (*or* **bien**).
   John is well.
   Health
   Juan **está malo** (**mal** *or* **enfermo**).
   John is sick (*or* ill).

   Juan **es bueno.**
   John is good (a good person).
   Character (or identification)
   Juan **es malo.**
   John is bad (a bad person)

3. Juan **está alegre** (*or* **contento**).
   John is cheerful (*or* happy).
   Mood

   Juan **es alegre. Es feliz.**
   John is jolly. He is a happy person.
   Personality type (identification)

4. El **está sentado** y **está cansado.**
   He is seated and he is tired.
   Results of actions

   El **es alto** y **joven.**
   He is tall and young.
   Characteristics, appearance
   Other uses: See lesson 7, Part Two.

STUDY THE RULES, EXAMPLES, AND MODELS BEFORE BEGINNING THE EXERCISES!

Exercises

I. La Srta. Ruiz, the nurse, wants to know how we are. Tell her how everyone seems to be. Clues: **así, así; regular(es); (muy) mal; (muy) bien; (muy) enfermo,a,s.**

Model: (ellos) **Ellos están bien hoy.**   (Vd.)   **Vd. está muy bien hoy.**
       They are well today.   You are very well today.

1. (Yo) _____

2. (María) _____

3. (El chico) _____

4. (Tú) _____

5. (Vd.) _____

6. (Nosotros) _____

7. (Los chicos) _____

8. (Ellas) _____

9. (Juan y Pedro) _____

10. (Tú y yo) _____

II. Rewrite the sentence, substituting the cue words in parentheses for the expression in *italics*. Make the necessary changes in the verb and the adjective.

Model: *El libro* está abierto.　　(las revistas) **Las revistas están abiertas.**
The book is open.　　　　　　The magazines are open

1. *Los libros* están abiertos. (la puerta)

_____

2. Las *niñas* están tristes. (el profesor)

_____

3. *Manuela* está contenta hoy. (Felipe y Pedro)

_____

4. *Mi primo* está sentado. (Elisa y su prima)

_____

5. *Yo* no estoy ausente. (Tú y yo)

_____

III. Write a factual answer in *two* complete sentences according to the model. Give the NEGATIVE sentence *first*.

Model: —¿Está Vd. en <u>América</u> o en　　Are you in America or in Europe?
　　　　<u>Europa</u>?
　　　—**No estoy en Europa. Estoy en**　　I'm not in Europe. I'm in America.
　　　　América.

1. ¿Está Vd. en la <u>tierra</u> o en <u>otro planeta</u>? _____

_____

2. ¿Estás <u>triste</u> o <u>alegre</u> cuando recibes dinero? _____

_____

3. ¿Están tú y los amigos <u>ausentes</u> o <u>presentes</u> en la clase los sábados? _____

_____

4. ¿Están los alumnos <u>sentados</u> o <u>de pie</u> cuando escriben en los cuadernos? _____

_____

5. ¿Están las escuelas <u>abiertas</u> o <u>cerradas</u> los domingos? _____

_____

6. ¿Están los profesores <u>ocupados</u> o <u>sentados</u> todo el día? _____

_____

7. ¿Está la gente en el hospital <u>enferma</u> o bien? _____

_____

8. ¿Está la gente <u>cansada</u> o <u>descansada</u> al fin del día? _____

_____

9. ¿Estás <u>contenta</u> o <u>triste</u> en el hospital? _____

_____

10. ¿Deseas estar en <u>casa</u> o en el <u>hospital</u>? _____

_____

IV. Write an answer in a complete Spanish sentence. Use the cue words in *italics*.

1. ¿Cómo estás? *bien* _____

2. ¿Por qué estás sentado-a? *porque escribo* _____

3. ¿Dónde estoy yo ahora? *en la calle* _____

4. ¿Cuándo están abiertas las tiendas? *los sábados* _____

5. ¿Están tú y los amigos alegres los sábados? *sí* _____

V. Write a complete Spanish sentence using the word cues provided. Supply the appropriate form of **estar** or **ser.** (Review **ser** in this Unit and in Unit 11.)

Model: Los niños/bien. Los niños están bien.   The children are well.

1. Los niños/sentados _____

2. Mi madre/mexicana _____

3. Nosotros/inteligentes _____

4. Yo/médico _____

5. No es la una. Ahora/las tres _____

6. Las mesas/de madera _____

7. Hoy/el primero de junio _____

8. La casa/de mi abuela _____

9. Tú y yo/en San Francisco _____

10. Tú/de Chicago _____

11. La escuela/abierta _____

12. Yo/aquí _____

13. ¿/tú cansada? _____

14. Juana/enferma _____

15. Los alumnos/ausentes _____

VI. Oral Proficiency: Act your part (Yo), or role play. *Later* write your part. [Review PALABRAS NUEVAS and ESTRUCTURAS of this WORK UNIT Twelve]

Situation: Your friend Ana is sick and is absent from school or from work. You call to ask Ana how she is and to socialize. [Three sentences are good; four very good; five or more are excellent.]

 **Ana:**   ¿Por qué estás preocupado(a)?
Yo:...

Clues: *Ask how she is; what is the matter; whether she is happy or sad at home; is busy or tired of (la) television; when she is going to be better and is going to return to (la) school or to (al) work.* Now tell Ana's answers.

*Estoy enamorado de una chica
alta y flaca.*

Every newspaper has an advice to the lovelorn column. What would you advise this heartbroken young man?

El consultorio sentimental

¿Tiene Vd. un problema romántico? Gertrudis ayuda a muchas personas, y puede ayudarlo a Vd. Si Vd. le escribe su problema al consultorio de Gertrudis, Gertrudis le responde con una solución.

Querida Gertrudis,
    Quiero a una muchacha alta y delgada. Es una muchacha española muy interesante y simpática. Tiene el pelo negro y los ojos verdes. Es una chica alegre y yo quiero salir con ella. Tengo un coche nuevo y soy muy generoso y trabajador. Pero ella dice que no quiere salir conmigo porque soy bajito y muy gordo. Además, dice que tengo mucho pelo como un mono. Pero yo no deseo ir a la barbería. ¿Qué voy a hacer? No puedo dormir. No puedo comer. Necesito su ayuda.

Desesperado

Querido "Desesperado,"
    La solución no es difícil. Es muy fácil. Vd. dice que no tiene apetito y que no come. Bueno. Así tarde o temprano Vd. va a estar tan flaco como ella. Luego, si Vd. lleva un sombrero alto, Vd. puede parecer alto, y además, va a cubrir todo su pelo.

Buena suerte,

Gertrudis

Palabras Nuevas

SUSTANTIVOS
el apetito the appetite
la ayuda the aid, the help
la barbería the barbershop
el consultorio the clinic
    el consultorio sentimental advice to the lovelorn
Gertrudis Gertrude
el mono the monkey
el ojo the eye
el pelo the hair
el problema the problem
la solución the solution
el sombrero the hat
la suerte the luck
    ¡Buena suerte! Good luck!

ADJETIVOS
alegre lively, happy, cheerful
alto,a tall

bajo,a short
    bajito,a quite short
delgado,a slender
desesperado,a desperate
difícil difficult
español,a Spanish
flaco,a skinny, thin
generoso,a generous
gordo,a fat
querido,a dear
romántico,a romantic
simpático,a nice, pleasant *(persons)*
su your
trabajador,a hard-working
verde green

VERBOS
cubrir to cover
dormir to sleep
estar to be *(health, location)*

llevar to wear
parecer to seem
puede he *(she)* can, is able to, you *(formal sing.)* can, are able to
puedo I can, am able
querer to love
responder to answer

OTRAS PALABRAS
además besides
así in this way
conmigo with me
le *(indirect object of verb)* you, to you
luego then
tan...como as...as
tarde o temprano sooner or later

Ejercicios

I. Preguntas. Write your answer in a complete Spanish sentence.

1. ¿Cómo es la chica española?
2. ¿Cómo es el "querido desesperado"?
3. ¿Para qué va a llevar un sombrero alto?
4. Si él no come ¿cómo va a estar?
5. ¿Cómo es la persona a quien Vd. quiere mucho?

1. _____

2. _____

3. _____

4. _____

5. _____

II. Word Hunt—Find the following words in Spanish.

1. dear
2. skinny
3. tall
4. fat
5. eyes
6. besides
7. hair
8. monkey
9. barber shop
10. to eat
11. all
12. a (*m.*)
13. your (*pl.*)
14. (he) says
15. if

Q	U	E	R	I	D	O	F
G	C	O	M	E	R	J	L
O	D	S	T	E	P	O	A
R	I	U	O	S	E	S	C
D	C	S	D	A	L	T	O
O	E	M	O	N	O	U	N
A	D	E	M	A	S	S	I
B	A	R	B	E	R	I	A

III. Construct sentences, using the three words given. You may change the form of the verb as needed.

1. estar   enamorado   chica _____

2. tener   pelo   ojos _____

3. decir   querer   salir _____

4. desear   ir   barbería _____

5. tener   apetito   comer _____

IV. Compositions: Oral or written.

(A) Look at the picture at the beginning of this Work Unit. Describe the scene in Spanish to a friend.

(B) Tell how you feel about a person you love. Include the following:

Mi amor

1. Who this person is. 2. Why you love him or her (appearance, character and personality traits). 3. Whether you eat more or less now. 4. Describe yourself. 5. When you want to speak to this person about a date and what you are going to say.

Estructuras de la Lengua

Descriptive Adjectives and Limiting Adjectives

A. *Descriptive adjectives* generally *follow* the person, or thing described, *unlike* English.

Limiting adjectives tell *how many;* they appear *before* the person, or the thing limited, as in English.

Descriptive (What kind?)	Limiting (How many?)
1. Juan es un **chico alto, inteligente y popular.** John is a *tall, intelligent, and popular* boy.	1. **Muchos otros chicos** son altos, inteligentes y populares. *Many other* boys are tall, intelligent, and popular.
2. Es **una revista bonita, interesante y fácil.** It is a *nice, interesting, and easy* magazine.	2. **Varias revistas** son bonitas, interestantes y fáciles. *Several* magazines are nice, interesting, and easy.

Rules:

1. In a series, **y** *and* is placed before the last descriptive adjective.

2. Limiting adjectives *showing quantity* and *preceding* the noun are: **bastante(s)** *enough;* **mismo-a-s,** *same;* **muchos-as** *many;* **otros-as,** *other;* **pocos-as,** *few;* **todos los; todas las,** *all;* **varios-as,** *several.* They agree with their nouns in gender and number.

Pocos chicos estudian. Few *boys* study.	**Todas las chicas** estudian. All the *girls* study.

B. Descriptive adjectives, too, *agree* with their nouns (person, place, or thing) in *gender* (masculine or feminine) and in *number* (singular or plural).

1. To form the *feminine adjective,* substitute feminine **a** for the masculine **o** ending.

Pedro es **rico.** Tiene **un coche nuevo.** Peter is rich. He has a new car.	Ana es **rica.** Tiene **una casa nueva.** Anna is rich. She has a new house.

2. Adjectives that do *not* end in **o** are the *same* in both masculine and feminine forms.

Masculine	Feminine
Es **un joven interesante** y **popular.** He is an interesting and popular young man.	Es **una joven interesante** y **popular.** She is an interesting and popular young woman.

3. To form the *plural* of an adjective that ends in a vowel—**a, e,** or **o**—add the letter **s: alto—altos; alta—altas; amable—amables.**

Los habitantes de Nueva York son **generosos** y **amables.** The inhabitants of New York are generous and kind.	Sus avenidas son **anchas** y **agradables.** Its avenues are wide and pleasant.

4. To form the *plural* of an adjective that ends in a consonant—a letter that is not **a, e, i, o,** or **u**—add **es: azul—azules; gris—grises; popular—populares.**

Prefiero un cielo **azul** a un cielo **gris.** I prefer a blue sky to a gray sky.	Los cielos están **azules** y no **grises.** The skies are blue and not gray.

C. Adjectives of nationality are made feminine by changing final masculine **o** to feminine **a,** e.g., **italiano—italiana.** But adjectives of nationality that end in consonants need to *add* **a: alemán—alemana; español—española; francés—francesa; inglés—inglesa.**

1. Juan es **un alumno español.** John is a Spanish (native) pupil.	3. Pedro es **un amigo inglés.** Peter is an English friend.
2. Juana es **una alumna española.** Joan is a Spanish (native) pupil.	4. Ana es **una amiga inglesa.** Anna is an English friend.

D. Adjectives of nationality form their plurals like all other adjectives.

1. En la clase hay **chicos españoles, ingleses** y **norteamericanos.** In class there are Spanish, English, and American boys.	2. También hay **chicas españolas, inglesas** y **norteamericanas.** There are also Spanish, English, and American girls.

Rules:

1. Adjectives of nationality, like other descriptive adjectives, *follow* their nouns.

2. Adjectives of nationality form their plurals by adding **s** to vowels and **es** to consonants.

3. **Alemán, francés, inglés** drop the accent mark for the feminine singular, and for both masculine and feminine plural forms.

E. Adjectives that bear accent marks on *other than* the final syllable *keep the accent mark* on all singular and plural forms.

difícil	difíciles	(difficult)	práctico-a	prácticos-as	(practical)
fácil	fáciles	(easy)	rápido-a	rápidos-as	(fast)

STUDY THE RULES, EXAMPLES, AND MODELS BEFORE BEGINNING THE EXERCISES!

Exercises

I. Some brothers and sisters have similar names. Read the description of each brother and give the appropriately similar description of his sister.

Model: Francisco es alegre y simpático. ¿Y Francisca? **Francisca es alegre y simpática.**
Frank is cheerful and likeable. And Frances? Frances is cheerful and likeable.

1. Juan es alto y elegante. ¿Y Juana? _____

2. Luis es inglés y rubio. ¿Y Luisa? _____

3. José es español y moreno. ¿Y Josefa? _____

4. Angel es sincero y agradable. ¿Y Angela? _____

5. Carlos es alemán y práctico. ¿Y Carla? _____

II. Rewrite each sentence in the plural. Make all necessary changes. (Omit **un** and **una**.)

Model: El niño es un alumno cubano.   **Los niños son alumnos cubanos.**
The child is a Cuban pupil.   The children are Cuban pupils.

1. El niño es un alumno aplicado. _____

2. El primo es un chico inglés. _____

3. La ciencia es un estudio fácil. _____

4. La cosa es una tiza azul. _____

5. La abuela es una señora española. _____

6. La madre es una mujer inteligente. _____

7. La tía es una persona liberal. _____

8. El señor es un profesor alemán. _____

9. La muchacha es una chica francesa. _____

10. El tío es un hombre español. _____

III. Rewrite each sentence in the singular. Make all necessary changes for agreement. (Add **un** or **una.**)

Model: Son chicas alegres.   Es **una** chica alegre.
        They are happy girls.   She is a happy girl.

1. Son hombres inteligentes. _____

2. Son mujeres tristes. _____

3. Son maestros españoles. _____

4. Son cines alemanes. _____

5. Son periódicos franceses. _____

IV. Build the sentence in four steps. Write it, each time adding the word in parentheses in its proper position in the sentence.

Model: **Trabajan hoy.**
        They work today.

a. (muchos) _____   c. (buenos) _____
Muchos trabajan hoy.   Muchos alumnos **buenos** trabajan hoy.
Many work today.   Many good students work today.

b. (alumnos) _____   d. (alegres) _____
Muchos **alumnos** trabajan hoy.   Muchos alumnos buenos y **alegres**
                                      trabajan hoy.
Many students work today.   Many good and happy students work today.

1. Contestan bien.

a. (muchas) _____

b. (alumnas) _____

c. (lindas) _____

d. (amables) _____

2. Hablan hoy.

a. (los muchachos) _____

b. (todos) _____

c. (españoles) _____

d. (inglés) _____

e. (poco) _____

3. Lee aquí.

a. (mi amiga)_____

b. (revistas) _____

c. (varias) _____

d. (interesantes) _____

e. (cómicas) _____

4. Escribe ahora.

a. (el muchacho) _____

b. (mismo) _____

c. (bueno) _____

d. (aplicado) _____

e. (ruso) _____

f. (bastante) _____

V. Write affirmative answers in complete Spanish sentences. Include in *both* your answers all *adjectives* used in the first *question*, changing adjective endings as needed.

Model: ¿Son los *otros* alumnos *aplicados*?   Are the *other* pupils *diligent*?
Los **otros** alumnos son **aplicados.**   The *other* pupils are *diligent*.
¿Y las otras alumnas también?   And the other girl pupils, too?
Las **otras** alumnas son **aplicadas.**   The *other* girl pupils are *diligent*.

1. ¿Trabajan mucho *todos* los chicos *españoles*? ¿Y todas las chicas también? _____

_____

_____

2. ¿Compran ellas sombreros *bonitos* y *baratos*? ¿Y muchas faldas tambien? _____

_____

_____

3. ¿Tiene la familia *otro* coche *nuevo* y *lindo*? ¿Y otra casa también? _____

_____

_____

4. ¿Ven los chicos bastantes ciudades *grandes* y *hermosas*? ¿Y *varios* países también? ____

_____

_____

5. ¿Visitan *muchos* señores *ingleses* varias ciudades *interesantes*? ¿Y unas pocas aldeas españolas también? _____

_____

_____

VI. Oral Proficiency: Act your part (Yo), or role play. *Later* write your part. [Review PALABRAS NUEVAS and ESTRUCTURAS of this WORK UNIT Thirteen]

Situation: Your friend, Elena, wants to know all about the new family, your new neighbors. You describe each one. [Three sentences are good; four very good; five or more are excellent.]

 **Elena:**   ¿Cómo son los nuevos vecinos?
Yo:...

Clues: *Tell whether the family seems nice; which one is going to be your best friend; who has black hair and green eyes; who is tall or short; slender or fat; whether the children are cheerful or difficult; who is hard working and generous.* Other ideas?

PEANUTS © 1995
United Features Syndicate.
Reprinted by permission.

Portrait of Carlitos

Free Composition: Oral or written.

(A) Describe Carlitos and tell all you know about him. Clues: appearance, age, personality, intelligence, ideas, friends and their personalities and relationship to him.

(B) Describe yourself. How are you different from him, or are like him?

Vocabulario: los demás *the others;* **saltan** *jump;* **sus amos vuelven** *their masters return;* **los saltos** *the jumps;* **he visto en mi vida** *I have ever seen.*

*Es un gran honor y placer
poder habler con Vd.*

*How would you like to live more than a
thousand years? It might be interesting.*

El hombre más viejo del mundo

Ahora, queridos amigos de este programa, el canal cincuenta y cinco tiene el gran privilegio de presentar una entrevista con el hombre más viejo del mundo. Tiene cuatro mil años.

Locutor:	Bienvenido, señor. Es un gran honor hablar con Vd.
Viejo:	Bueno. ¿Quiere Vd. hacer unas preguntas? Tengo prisa.
Locutor:	Sí, sí. Claro. . .Vd. no parece tan viejo. ¿Cuál es su secreto?
Viejo:	Pues, duermo mucho, como poco y no miro la televisión.
Locutor:	Ah, ya comprendo. ¿Hay una gran diferencia entre el presente y el pasado?
Viejo:	No hay mucha. Los chicos de hoy llevan el pelo largo como los hombres prehistóricos, y la música de hoy es similar a la música de las cavernas.
Locutor:	¿Qué come Vd.?
Viejo:	En el pasado. . .carne cruda de tigre o de elefante.
Locutor:	¡Ay! ¡Es muy diferente de la comida de hoy! ¿Verdad?
Viejo:	No. Es muy similar a las comidas congeladas T.V. que las mujeres de hoy sirven a sus familias.
Locutor:	Y, ¿quién es el hombre más famoso que Vd. ha conocido?
Viejo:	Es el primer profesor de español en América. Lo conocí en el año mil cuatrocientos noventa y dos.
Locutor:	¡Su nombre, por favor!
Viejo:	Cristóbal Colón.
Locutor:	¿Cristóbal Colón, un profesor de español?
Viejo:	Claro, un professor de español para los indios del Nuevo Mundo. Bueno. Me voy. Tengo una cita con una joven.
Locutor:	¿Una joven? ¿Cuántos años tiene ella?
Viejo:	Solamente cuatrocientos, si ella dice la verdad. Adiós.
Locutor:	Adiós, señor. Buena suerte en su cita.

Palabras Nuevas

SUSTANTIVOS
el canal the channel
la carne the meat
   la carne de elefante
   the elephant meat
   la carne de tigre
   the tiger meat
la caverna the cave
la comida the food
   la comida congelada T.V.
   the frozen T.V. dinner
Cristóbal Colón
   Christopher Columbus
la diferencia the difference
la entrevista the interview
el honor the honor

el locutor the commentator,
   the announcer
el mundo the world
   el Nuevo Mundo
   the New World
el pasado the past
el presente the present *(time)*
el privilegio the privilege
el profesor de español
   the Spanish teacher
el secreto the secret

ADJETIVOS
crudo,a raw
largo,a long
poco,a little *(small amount)*
prehistórico,a prehistoric

primer (o),a first
similar similar, same
viejo,a old

VERBOS
duermo I sleep
ha conocido you *(formal
   sing.)* have known;
   he *(she)* has known
hacer una pregunta
   to ask a question
lo conocí I met him
presentar to present
sirven they serve; you
   (formal pl.) serve
tener. . .años to be. . .
   years old

147

tener prisa to be in a hurry

OTRAS PALABRAS
cincuenta y cinco fifty-five
¿Cuál es. . .? What is. . .?

cuatrocientos four hundred
el hombre más viejo
   del mundo the oldest
   man in the world
mil one thousand

**mil cuatrocientos noventa
   y dos** 1492
solamente only
¿verdad? right?

Ejercicios

I. **(A)** Complete the sentences according to the story.

1. El canal 55 presenta una _____ con el hombre más viejo.

2. Este hombre tiene _____.

3. El secreto del hombre es que _____ poco, _____ mucho y no _____
la televisión.

4. Los chicos de hoy llevan el _____.

5. Las mujeres de hoy sirven _____ a sus familias.

(B) Preguntas personales y generales. Write your answer in a complete Spanish sentence.

1. ¿Quién es la persona más famosa del mundo?
2. ¿Cuál es una diferencia entre el pasado y el presente?
3. ¿Cuál es su comida favorita?
4. ¿Cuántos años tiene Vd.?
5. ¿Con quién tiene Vd. una cita este sábado?

1. _____

2. _____

3. _____

4. _____

5. _____

II. Write the letter of the expression that best completes the sentence.

A		*B*
1. Tenemos el gran privilegio	____	a) que ha conocido.
2. Hay mucha diferencia	____	b) no es similar.
3. Es el hombre más famoso	____	c) de presentar una entrevista.
4. Me voy porque	____	d) tengo una cita.
5. La comida	____	e) entre el pasado y el presente.

III. Picture Match: Choose and write the sentence(s) suggested by each sketch. Then tell something more about each one.

1.

2.

3.

4.

a. —Como poco y duermo mucho.

b. —Tengo una cita con "una joven."

c. Los chicos llevan el pelo largo.

d. La música es similar a la música de las cavernas.

e. Buena suerte en su cita.

f. Es una entrevista con el hombre más viejo del mundo.

1. _____

2. _____

3. _____

_____

1. _____

_____

IV. Compositions: Oral and written.

(A) Look at the picture at the beginning of this Work Unit. Describe the scene in Spanish to a friend.

(B) You are being interviewed by a T.V. announcer because you are over 100 years old. What would you say?

Locutor —Bienvenido a nuestro programa. Es un privilegio hablar con Vd.
Usted —_____
        (Tell how old you are, and whether this is an honor.)

Locutor —¿Quiere usted decirnos el secreto de su larga vida?
Usted —_____
        (Tell how much or little you eat and how many hours you sleep.)

Locutor —Muy interesante. ¿Come usted algo especial?
Usted —_____
        (Tell what you eat.)

Locutor —Muy bien. Usted es una inspiración para nosotros. ¡Buena suerte!
Usted —_____
        (Tell why you are in a hurry to go to your date with a younger woman.)

Estructuras de la Lengua

Cardinal Numbers: 31–1000

A. Learn these paired sets of numbers:

One ending only for the decades 20–100	*Masculine or feminine endings* for 200–900
20 veinte	200 doscientos, -as
30 treinta	300 trescientos, -as
40 cuarenta	400 cuatrocientos, -as
50 cincuenta	500 quinientos, -as
60 sesenta	600 seiscientos, -as
70 setenta	700 setecientos, -as
80 ochenta	800 ochocientos, -as
90 noventa	900 novecientos, -as
100 ciento (cien)	1000 mil
101 ciento uno	1001 mil y un (o, a)

Rules:

1. **Y** is placed after the decades *20 through 90* before adding *one through nine*, e.g., **veinte y uno** (21); **treinta y dos** (32); **cuarenta y tres** (43); **cincuenta y cuatro** (54); **sesenta y cinco** (65); **setenta y seis** (76); **ochenta y siete** (87); **noventa y ocho** (98).

2. **Uno** (1) in compound numbers shortens to **un** before a masculine noun, and becomes **una** before a feminine noun. See the examples below:

> Hay **treinta y un chicos** y **veinte y una chicas** en el club.
> There are thirty-one boys and twenty-one girls in the club.

3. **Ciento** (100) shortens to **cien** before *both masculine and feminine nouns*, but remains **ciento** directly before a smaller number followed by a noun of either gender. *One is un,* expressed before **cien(to). Y** *never* follows **cien(to).**

> Pago **cien dólares** por **cien revistas,**
> Pay one hundred dollars for one hundred magazines,
>
> y **ciento noventa dólares** por **ciento noventa revistas.**
> and one hundred (and) ninety dollars for one hundred (and) ninety magazines.

4. **Doscientos** through **novecientos** (200–900) change their endings to **as** when describing feminine nouns, e.g.,

> Hay **doscientas tres chicas** y **quinientas mujeres** en las clases de aeróbicos.
> There are two hundred and three girls, and five hundred women in aerobics classes.

5. **Quin**ientos, -as (500), **sete**cientos, -as (700), **nove**cientos, -as (900) have special stems.

6. **Mil** (1,000): *One* is *not* expressed before **mil. Y** is *not* generally used after **mil.**

1. Hay casi **mil escuelas** en Nueva York.
   There are almost *one thousand* schools
   in New York.

2. **¿Mil setecientas?**
   Seventeen hundred?
   (one thousand seven hundred)

3. No. **Mil.**
   No. *A thousand.*

B. La fecha (The date).—Two ways.

What is today's date?	Today is April 1st (2nd), nineteen (hundred) ninety six.
1. —**¿A cuántos estamos?**	—**Estamos a primero (dos) de abril de mil novecientos noventa y seis.**
2. —**¿Cuál es la fecha de hoy?**	—**Hoy es el primero (dos) de abril, mil novecientos noventa y seis.**

Rules:

1. **Estamos a** and **Hoy es el** represent *today is;* **el** never follows **estamos a.**

2. **De** or a comma appear between the month and the year.

3. *Nineteen hundred* and other hundreds above one thousand must be expressed as *one thousand nine hundred:* **mil novecientos,** for example.

C. Study the following models that *contrast the numbers below one hundred* with numbers from *200 to 900.*

Preguntas	Respuestas
1. ¿Cuántos chicos hay en las clases de gimnasia? How many pupils are there in the gym classes?	1. **Sesenta y uno.** Tenemos clases de **sesenta y un chicos** o de **sesenta y una chicas.** *Sixty-one.* We have classes of *sixty-one* boys or *sixty-one* girls.
2. ¿Cuántos alumnos hay en su escuela? How many pupils are there in your school?	2. Hay **mil doscientos: seiscientos chicos y seiscientas** chicas. There are *twelve hundred.* There are *six hundred* boys and *six hundred* girls.
3. a. ¿Hay **cincuenta** o **quinientas revistas** allí? Are there *fifty* or *five hundred* magazines there?	3. a. Hay **quinientas revistas** y **quinientos** libros. There are *five hundred* magazines and *five hundred* books.
b. ¿Hay **setenta** o **setecientas páginas?** Are there *seventy* or *seven hundred* pages?	b. Hay **setecientas páginas.** There are *seven hundred* pages.
c. ¿Hay **noventa** o **novecientas gramáticas?** Are there *ninety* or *nine hundred* grammars?	c. Hay **novecientas** gramáticas. There are *nine hundred* grammars.

4. ¿Cuánto paga Vd. por un coche viejo?
   ¿Cien pesetas?

   How much do you pay for an old car?

   One hundred pesetas?

4. No pago **cien pesetas.**
   Pago **cien dólares** ahora y **cinco mil ciento cincuenta dólares** después.
   I don't pay *one hundred* pesetas.
   I pay *one hundred dollars* now and *five thousand one hundred fifty* later.

STUDY THE RULES, EXAMPLES, AND MODELS BEFORE BEGINNING THE EXERCISES!

Exercises

I. You and Javier study Spanish. He reads the question. You say the answer aloud, then write the complete sentence *including the number* in Spanish.

Model: —¿Es **once** o **uno**?　　Is it eleven or one?
　　　　—(11) Es **once.**　　　　It is eleven.

1. ¿Es **setenta** o **setecientos?** (700) _____

2. ¿Es **cincuenta** o **quinientos?** (500) _____

3. ¿Es **noventa** o **novecientos?** (900) _____

4. ¿Es **sesenta y siete** o **setenta y seis?** (67) _____

5. ¿Es **mil quinientos** o **ciento cincuenta?** (150) _____

6. ¿Es **ciento quince** o **mil quinientos** (1500) _____

7. ¿Es **ochocientos nueve** o **novecientos ocho?** (908) _____

8. ¿Es **trescientos treinta** o **mil trescientos?** (330) _____

9. ¿Es **quinientos once** o **ciento quince?** (115) _____

10. ¿Es **quinientos cinco** o **cincuenta y cinco?** (505) _____

II. Write the complete example and the answer in Spanish. Use **y** for **+**; **menos** for **–**; **por** for ×; **dividido** for **÷**.

Model: 20 y 10 son _____ Viente y diez son treinta.

1. (30 + 10 son) _____

2. (80 – 20 son) _____

3. (100 × 2 son) _____

4. (1,000 ÷ 2 son) _____

5. (35 + 36 son) _____

6. (300 – 150 son) _____

7. (600 : 3 son) _____

8. (444 – 40 son) _____

9. (700 – 200 son) _____

10. (700 + 200 son) _____

III. Write the number in Spanish with the noun. Make the number agree with the noun as needed.

Model: 21 diccionarios   **veinte y un** diccionarios   101 casas   **ciento una** casas

1. (41 periódicos) _____

2. (51 sillas) _____

3. (101 mesas) _____

4. (100 estantes) _____

5. (115 papeles) _____

6. (691 tarjetas) _____

7. (200 lecciones) _____

8. (261 alumnos) _____

9. (371 chicos) _____

10. (481 alumnas) _____

IV. Tell the number of people the census counts in nearby towns and cities. Write the number out in Spanish using **Cuentan** _____ **personas** according to the model.

Model: **(601)** Cuentan **seiscientas una personas.**   They count *601 people*.

1. (555) _____

2. (777) _____

3. (991) _____

4. (1,000) _____

5. (1,717) _____

153

V. Write each date in Spanish according to the model.

Model: ¿Cuál es la fecha de hoy?
Hoy es . . .
Feb. 13, 1996

What is today's date?
Hoy es el trece de febrero de mil novecientos noventa y seis.

(A) ¿Cuál es la fecha de hoy?
Hoy es . . . (rewrite)

What is today's date?
Today is . . .

1. Mar. 1, 1999 _____

2. Jan. 31, 1888 _____

(B) ¿Cuál es la fecha de mañana?
Mañana es . . . (rewrite)

What is tomorrow's date?
Tomorrow is . . .

3. August 11, 1666 _____

(C) ¿A cuántos estamos?
Estamos a . . . (rewrite)

What is today's date?
Today is . . .

4. October 15, 1555 _____

5. Dec. 14, 1777 _____

VI. Complete the composition by writing the underlined word(s) or numbers in Spanish.

Tengo _____ años. Mi cumpleaños es
₁
_____. Vivo en
₂
la calle_____, número
₃
_____. Gano entre
₄
_____y _____
₅   ₆
dólares semanales. Ya tengo en el banco _____
₇
_____dólares. Tengo _____
₇   ₈
amigos pero solamente _____ madre. Nací en
₉
_____
₁₀

I am *14* years old. My
₁
birthday is *May 31*. I
₂
live on *115th* Street,
₃
number *1171*. I earn
₄
between *40* and *50*
₅   ₆
dollars a week. I now
have *999* dollars in
₇
the bank. I have *100*
₈
friends but only *one*
₉
mother. I was born in
19 . . . .
₁₀

VII. Oral Proficiency: Act your part (Yo), or role play. *Later* write your part. [Review PALABRAS NUEVAS and ESTRUCTURAS of this WORK UNIT Fourteen]

Situation: On the first school day your club plans outings for each holiday. You hold the calendar. Tell the group the day and date when each holiday begins. [Three sentences are good; four very good; five or more are excellent.]

Amigos(as):   ¡Olé las vacaciones! ¿Cuándo empiezan?
Yo:...

Clues: *EL DIA DE LA RAZA* (Columbus Day); *EL DÍA DE LA ACCIÓN DE GRACIAS* (Thanksgiving); *LA NAVIDAD* (Christmas); *EL AÑO NUEVO* (New Year's Day); *LA PASCUA FLORIDA* (Easter). Other ideas?

He comido tres helados y
tengo dolor de estómago.

It's nice to be able to get away for the summer. What happens to Federico after a week?

Queridos mamá y papá

Federico Caracoles es un muchacho de nueve años. No tiene hermanos y está muy aburrido en el verano. Todos sus buenos amigos pasan las vacaciones lejos de la ciudad. Pobre Federico está solo los veranos. Este año, los padres de Federico deciden enviar al chico a un buen campamento de verano. Así Federico va a pasar un mes al aire libre con otros muchachos de su edad. Es una nueva experiencia. Federico escribe una carta a sus padres todos los días con una descripción de sus actividades.

Primer día:	¡Este campamento es una maravilla! Hay árboles, flores y hierba por todas partes. Hay un lago en el centro con muchos botes. Hugo, el consejero, dice que vamos a hacer algo nuevo todos los días. Podemos jugar al béisbol, al fútbol y al básquetbol. Hay mucho que hacer, pero por la noche pienso en Vds.
Segundo día:	Hay cinco muchachos en nuestro grupo—Jaime, Adelberto, Arnaldo, Inocencio y yo. Adelberto es mi mejor amigo. Es muy gordo y siempre comé de día y de noche. Hoy Adelberto ha comido tres platos de macarrones. El dice que tiene mucha hambre.
Tercer día:	Hoy todo el grupo va a tener una fiesta. Hay muchos problemas porque no hay mesas y es necesario poner la comida en la hierba. Adelberto ha comido tres hormigas con la ensalada de papas y dice que la ensalada está buena.
Cuarto día:	Hoy vamos al lago para nadar. Hay una isla en el lago. Vamos allá en botes. Regresamos con sólo cuatro muchachos. Hugo, el consejero, está muy enojado porque Inocencio está todavía en la isla.
Quinto día:	Hoy es el cumpleaños de Arnaldo y tenemos una buena fiesta. Hay dulces, helado y otros refrescos. Adelberto está muy contento, porque dice que el helado es una de sus cosas favoritas. Yo he comido tres helados y tengo dolor de estómago.
Sexto día:	Es sábado y vemos una película. Todo el mundo grita y tira cosas por el aire. Nadie escucha cuando los actores hablan. Adelberto recibe un golpe en la cabeza. Hugo, el consejero, dice que nunca vamos a ver otra película.
Séptimo día:	¡Una semana aquí! El campamento es una maravilla. Tengo muchos amigos, hago muchas cosas. . .pero. . . ¡Quiero regresar a casa!

Palabras Nuevas

SUSTANTIVOS
Adelberto Adelbert
Arnaldo Arnold
el bote the boat
el campamento (de verano)
   the (summer) camp
el caracol the snail

el consejero the counselor
la descripción the description
el dolor de estómago
   the stomachache
la edad the age
la ensalada de papas
   the potato salad

Federico Frederick
el golpe en la cabeza
   the blow to the head
el grupo the group
la hierba the grass
la hormiga the ant
Inocencio Innocent

la isla the island
Jaime James
el lago the lake
los padres the parents
el plato de macarrones
   the dish of macaroni
la maravilla the marvel,
   the wonder
el refresco the snack

ADJETIVOS
aburrido,a bored
contento,a happy
enojado,a angry

solo,a alone

VERBOS
enviar to send
estar bueno to taste good
ha comido he (she)
   has eaten; you
   (formal sing.) have eaten
he comido I have eaten
jugar al básquetbol
   (al béisbol, al fútbol)
   to play basketball
   (baseball, football)

tener mucha hambre
   to be very hungry
tirar to throw

OTRAS PALABRAS
al aire libre in the open air
de día y de noche
   night and day
lejos (de) far (from)
nunca never
sólo only
todavía still
todos los días everyday

Ejercicios

I. **Preguntas.** Write your answer in a complete Spanish sentence.

1. ¿Por qué está aburrido Federico? _____

2. ¿Adónde va Federico este año? _____

3. ¿Qué hace el muchacho todos los días? _____

4. ¿Qué quiere hacer Federico después de una semana en el campo? _____

II. ¿Cómo se dice en español?

1. They're going to spend their vacation far from the city.
2. We're going to do new things everyday.
3. He's always eating, day and night.
4. Everybody shouts and throws things.

1. _____

2. _____

3. _____

4. _____

III. El mensaje secreto—Inocencio has written a secret message to Federico by leaving out all the letters *o* and *a* from the words. Can you put back these vowels and decipher the code?

Querid__ Federic__,

    V__m__s __l l__g__ est__ n__che. P__dem__s ir __ l__ isl__ c__n un__ de l__s b__t__s. Si el c__nsejer__ s__be, v__ __ estar muy en__j__d__.

                Tu __mig__,

                In__cenci__

IV. Composition: Oral or written.

(A) Tell us *what is happening* in the picture on page 156. Then tell something more about the story and how it ends.

(B) Tell a friend what you are doing this summer. Write a note.

Querido (a)..., Mis vacaciones este verano son una maravilla.
1. Whether you go to camp, or to work in the city. 2. Where you swim or play baseball. 3. What your favorite summer refreshment is. 4. What you do in the evenings. 5. Why you are happy this summer.

Estructuras de la Lengua

Ordinal Numbers: Shortening of Adjectives *bueno* and *malo*

A. *Ordinal* numbers tell the order or place of any item within a series:

1st **primero –a** first	6th **sexto –a** sixth
2nd **segundo –a** second	7th **séptimo –a** seventh
3rd **tercero –a** third	8th **octavo –a** eighth
4th **cuarto –a** fourth	9th **noveno –a** ninth
5th **quinto –a** fifth	10th **décimo –a** tenth

B. *Ordinal* numbers identify the noun by its place in a series.

Cardinal numbers tell "how many."

1. —Estamos en la **Quinta** Avenida?
   Are we on **Fifth** Avenue?

   —Sí. Y tenemos **cinco** días para la visita.
   Yes. And we have **five** days for the visit.

2. —Es nuestro **primer** viaje.
   It is our **first** trip.

   —Hicimos **un** viaje antes.
   We made **one** trip before.

3. —El **tercer** edificio es muy alto.
   The **third** building is very tall.

   —Hay **tres** edificios y **un** parque allí.
   There are **three** buildings and **a** park there.

Rules:

1. The ordinal numbers are widely used from **first** through **tenth** and agree in number and gender with the nouns they precede.

2. **Primero** and **tercero** drop their final **o** and become **primer** and **tercer** before a *masculine singular noun only. Feminine singular and all plural forms never shorten.*

C. Bueno *good,* **malo** *bad,* also drop their **o** *before* a masculine singular noun in common use.

Common Use	*Emphatic Use*

1. —¿Es un **buen** chico?
   Is he a good boy?
	—Sí, es un chico muy **bueno.**
	   Yes, he is a very *good* boy.

2. —Entoces no es un **mal** alumno.
   Then he's not a bad pupil.
	—No es un alumno **malo.**
	   He is not a *bad* pupil.

Rules:

1. **Bueno** and **malo,** being common adjectives, are usually placed *before* the noun, unlike most descriptive Spanish adjectives. In that position **bueno** shortens to **buen; malo** shortens to **mal.** Shortening occurs *only in the masculine singular* forms.

2. For *emphasis* only, **bueno** and **malo** may be placed *after* the noun. In that position **bueno** and **malo** never lose the **o.**

3. Buen**a,** buen**os,** buen**as;** mal**a,** mal**os,** mal**as** never shorten, being feminine or plural forms.

STUDY THE RULES, EXAMPLES, AND MODELS BEFORE BEGINNING THE EXERCISES!

Exercises

I. His friends call him Perico, "the parrot." Perico likes to repeat what he hears, but for fun changes the plural to the *singular*. Rewrite the Spanish sentence in the singular. Make all necessary changes for agreement.

> Model: —Veo los buenos libros.   I see the good books.
>   —Veo el **buen libro.**   I see the good book.

1. Veo los buenos sombreros. _____

2. Ahí van las buenas alumnas. _____

3. Paso los primeros días aquí. _____

4. Leo durante las primeras horas. _____

5. Tiene los malos pensamientos. _____

6. Cuenta las malas cosas. _____

7. Ocupan los terceros asientos. _____

8. Escribe las terceras líneas. _____

II. Your teacher always praises your older brother. You repeat his compliments, but to make them less important and less emphatic place the adjective before the noun.

> Model: *Maestro:* Tu hermano siempre dice   *Tomás:* Siempre dice **buenas** cosas.
>   cosas **buenas.**   He always says good things.
>   He always says good things.

1. Es un chico bueno _____

2. No hace cosas malas _____

3. No tiene un pensamiento malo _____

4. Siempre tiene una idea buena _____

5. No comete errores malos _____

III. You and your friends participated in a Spanish contest. Each one comments on the prize **(premio)** he or she won. Write two Spanish sentences according to the model, using the cardinal number in the first one and its corresponding ordinal number in the second.

Model: (dos)   Soy el número **dos.**   Gano el **segundo** premio.
                I'm number **two.**   I win **second** prize.

1. (uno) _____

2. (tres) _____

3. (cuatro) _____

4. (cinco) _____

5. (siete) _____

IV. Write an answer in a complete Spanish sentence using the *next higher ordinal* number. Make the ordinal number agree with the noun. Use **No. Es____** according to the model.

Model: —¿Es el segundo libro?   Is it the second book?
        —No. Es el **tercer** libro.   No. It's the third book.

1. ¿Es la novena canción? _____

2. ¿Es el quinto piso? _____

3. ¿Es la séptima avenida? _____

4. ¿Es el segundo alumno? _____

5. ¿Es la cuarta casa? _____

V. Write the rejoinder using the appropriate *ordinal* number according to the model. Make the ordinal number agree with the noun in the *singular*. Begin with **Sí, ya es su _____.**

Model: —Escribe *tres* cartas.   He writes *three* letters.
       —**Sí, ya es su tercera carta.**   Yes, it's now his *third* letter.

1. Hace cuatro visitas. _____

2. Compra dos blusas. _____

3. Hace siete preguntas. _____

4. Comete tres faltas. _____

5. Come una hamburguesa. _____

VI. Write the most *logical* answer in a complete Spanish sentence. Use cue words.

1. ¿Desea Vd. *el primer dólar* o *el segundo centavo*? (Deseo) _____

_____

2. ¿Quieres ver *una mala película* o *un buen drama*? (Quiero) _____

_____

3. ¿Deseas *un buen examen fácil* o *un mal examen difícil?* (Deseo) _____

_____

4. ¿Es más fácil *la tercera hora* o *la décima hora* del trabajo? (Es más fácil) _____

_____

5. ¿Escribe Vd. ahora *la sexta frase* o *la quinta frase?* (Escribo) _____

_____

VII. Complete the story about John, writing the appropriate form of the adjective. Make all necessary changes for agreement with the noun.

Juan ocupa la _____ silla en la _____ fila. Es un _____
              1. séptimo   2. sexto   3. bueno

amigo. Nunca hace cosas _____. En los _____ exámenes,
                      4. malo   5. primero

recibe unas _____ notas. Ahora, después del _____ examen,
             6. bueno   7. tercero

es el _____ alumno de la clase. Es uno de los estudiantes muy _____
        8. primero   9. bueno

de la escuela. Yo soy la _____ persona que lo admira; la primera es su mamá.
                    10. segundo

VIII. Oral Proficiency: Act your part (Yo), or role play. *Later* write your part. [Review PALABRAS NUEVAS and ESTRUCTURAS of this WORK UNIT Fifteen]

Situation: Ten friends and you plan a picnic at the lake. You are in charge. Tell what each one brings. [Three sentences are good; four very good; five or more are excellent.]

 Amigos(as):   ¿Qué traemos al lago?
Yo:...

Clues: *Use the ordinal numbers first through tenth, <u>name</u> the person and what he or she brings—some refreshments, hamburgers, ice cream, salads, macaroni, other meat, candy, bread, the baseball, the glove, etc. Other ideas?*

VISTAS DE MEXICO

Mayan Palace at Monte Albán

Courtesy of the Mexican Government Tourism Office, New York.

Archeological Museum, Mexico City

VISTAS DE MEXICO

Beach at Los Cabos

Guadalajara Market

Courtesy of the Mexican Government Tourism Office, New York.

VISTAS DE MEXICO

Palace of Fine Arts, Mexico City

University, Mexico City

Courtesy of the Mexican Government Tourism Office, New York.

165

¡Vaya Vd. allá, y doble Vd.
a la izquierda en la esquina!

If you were lost in the city,
what would you do?

Si está perdido, ¡llame a un policía!

—¿Qué voy a hacer ahora?, piensa Santiago Santurce. Tengo una cita a las ocho con mi jefe. Ya son las ocho menos cuarto y estoy completamente perdido.

En este momento pasa un coche con un policía sentado adentro. Santiago recuerda la palabras de su madre: —Si estás perdido, ¡llama a un policía!

—¡Qué suerte!, piensa, y comienza a gritar:

—¡Oiga, espere Vd. un momento!
—Sí señor, a sus órdenes.
—¿Puede Vd. ayudarme? Busco la avenida Cortés, número 58.
—Creo que está en esa dirección. ¡Siga derecho tres o cuatro cuadras!
—Pero eso es imposible. Vengo de allí, y no hay avenida Cortés.
—Ah, sí, ¿La avenida, dice Vd.? ¡Venga conmigo! ¿Ve Vd. aquel edificio alto? ¡Vaya Vd. allá, y doble Vd. a la izquierda en la esquina! Allí puede Vd. tomar el tren que va hacia el norte.
—¡Hombre, yo no voy al norte! La Avenida Cortés está muy cerca.
—Bueno, en ese caso, ¡pregunte a ese hombre que vende periódicos! El debe saberlo.
—Gracias, pero dígame ¿cómo es posible? ¿Vd., un policía, no sabe absolutamente nada? Generalmente Vds. saben las direcciones.
—Claro, pero yo no soy policía de esta ciudad. Estoy aquí sólo para asistir a una reunión de policías.

Palabras Nuevas

SUSTANTIVOS
el coche the car
la cuadra the block
la dirección the direction
la esquina the street corner
el jefe the chief, the boss
el norte the north
el policía the policeman
Santiago James

ADJETIVOS
aquel, aquella that
perdido,a lost

VERBOS
ayudarme to help me
comienza *(a)* he *(she)* begins; you *(fam. sing.)* begin

deber should, ought
debe saberlo he *(she)* should know it; you *(formal sing.)* should know it
¡dígame! tell me *(formal sing.)*
¡doble! turn *(formal sing.)*
¡espere! wait *(formal sing.)*
¡llama! call *(fam. sing.)*
¡llame! call *(formal sing.)*
¡oiga! listen, hear *(formal sing.)*
¡pregunte! ask *(formal sing.)*
piensa he *(she)* thinks; you *(fam. sing.)* think
recuerda he *(she)* remembers; you *(fam. sing.)* remember

¡siga derecho! continue straight ahead *(formal sing.)*
¡vaya allá! go there *(formal sing.)*
vender to sell
¡venga! come *(formal sing.)*

OTRAS PALABRAS
a sus órdenes at your service
absolutamente absolutely
adentro inside
cerca nearby
completamente completely
generalmente generally
hacia toward
¡hombre! *(exclamation)* man!
ya already

Ejercicios

I. (A) Complete the sentences according to the story.

1. Santiago tiene una cita a _____ con su _____.

2. El policía esta _____ dentro del _____.

3. El policía dice: ¡Siga _____, tres o cuatro _____!

4. Puede tomar el _____ en la _____ que va al _____.

5. El policía asiste a una _____ en esta _____.

(B) Preguntas personales y generales. Write your answer in a complete Spanish sentence.

1. Si está perdido, ¿a quién llama Vd.?
2. ¿Cuántas cuadras hay entre su escuela y su casa?
3. ¿Qué diferencia hay entre una calle y una avenida?
4. ¿Qué hay en la esquina de su escuela?
5. ¿Quién es el alumno (la alumna) a su izquierda en la clase de español?

1. _____

2. _____

3. _____

4. _____

5. _____

II. Write complete sentences according to the story, using the following sets of words.

1. tener   cita   jefe
2. momento   pasar   policía
3. Si   perdido   llamar
4. esquina   tomar   tren
5. preguntar   hombre   periódico

1. _____

2. _____

3. _____

4. _____

5. _____

III. Composition: Oral or written.

(A) Tell us *what is happening* in the picture on page 166. Then tell something more about the story and how it ends.

(B) Tell a friend about a dream of being lost. Write a note.

Querido (a) . . ., Anoche en un sueño estoy perdido (a).

1. Where you look for a policeman. 2. Whom you call at home or ask on the street. 3. What directions each one gives. 4. What place or street you look for. 5. Where you are in the morning.

IV. Picture Match: Choose and write the sentence(s) suggested by each sketch. Then tell something more about each.

1.

2.

3.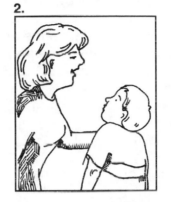

4.

5.

a. —Tengo una cita a las ocho.
b. —¿Ve Vd. aquel edificio alto? ¡Vaya Vd. allá!
c. Si estás perdido, llama a un policía.
d. ¡Pregunte a ese hombre que vende periódicos!

e. —Estoy completamente perdido.
f. Pasa un coche con un policía.
g. Recuerda las palabras de su madre.
h. —¡Oiga, espere Vd. un momento!

1. _____

_____

2. _____

_____

3. _____

_____

4. _____

5. _____

Estructuras de la Lengua

Formation and Use of the Direct Commands

A. Regular direct commands are formed from the *stem* of the first person singular of the present tense but have special command *endings*.

cant**ar** **Canto** bien. I sing well.	¡Cant**e** Vd. bien! Sing well!	¡Cant**en** Vds. bien! Sing well!	¡Cant**emos** bien! Let's sing well!
vend**er** **Vendo** esto. I sell this.	¡Vend**a** Vd. esto! Sell this!	¡Vend**an** Vds. esto! Sell this!	¡Vend**amos** esto! Let's sell this!
viv**ir** **Vivo** aquí. I live here.	¡Viv**a** Vd. aquí! Live here!	¡Viv**an** Vds. aquí! Live here!	¡Viv**amos** aquí! Let's live here!

Rules:

1. Direct commands are orders addressed to the persons who are expected to carry them out: **Vd., Vds.,** and **nosotros.**

2. Remove the **o** from the first person singular of the present tense. Add **e, en, emos,** to stems that come from **ar** verbs. Add **a, an, amos,** to stems that come from **er** and **ir** verbs. In this way, **ar, er,** and **ir** verbs exchange their usual present tense endings to form commands.

3. **Vd.** and **Vds.** follow the command, but **nosotros** is not expressed.

4. Commands usually bear exclamation points before and after them.

B. See the following direct command forms of verbs that are irregular in the first person singular of the present tense.

decir *to say, to tell* Digo más. I say more.	¡Diga Vd. más! Say more!	¡Digan Vds. más! Say more!	¡Digamos más! Let's say more!
hacer *to do, to make* Hago la tarea. I do the chore.	¡Haga Vd. la tarea! Do the chore!	¡Hagan Vds. la tarea! Do the chore!	¡Hagamos la tarea! Let's do the chore!
oír *to hear* Oigo la música. I hear the music.	¡Oiga Vd. la música! Hear the music!	¡Oigan Vds. la música! Hear the music!	¡Oigamos la música! Let's hear the music!
poner *to put* Pongo eso aquí. I put that here.	¡Ponga Vd. eso aquí! Put that here!	¡Pongan Vds. eso aquí! Put that here!	Pongamos eso aquí! Let's put that here!
salir *to leave* Salgo pronto. I leave soon.	¡Salga Vd. pronto! Leave soon!	¡Salgan Vds. pronto! Leave soon!	¡Salgamos pronto! Let's leave soon!

tener *to have*
Tengo paciencia.
I have patience.

¡Tenga Vd paciencia!	¡Tengan Vds. paciencia!	¡Tengamos paciencia!
Have patience!	Have patience!	Let's have patience!

traer *to bring*
Traigo dinero.
I bring money.

¡Traiga Vd. dinero!	¡Traigan Vds. dinero!	¡Traigamos dinero!
Bring money!	Bring money!	Let's bring money!

venir *to come*
Vengo a casa.
I come home.

¡Venga Vd. a casa!	¡Vengan Vds. a casa!	¡Vengamos a casa!
Come home!	Come home!	Let's come home!

ver *to see*
Veo el mapa.
I see the map.

¡Vea Vd. el mapa!	¡Vean Vds. el mapa!	¡Veamos el mapa!
See the map!	See the map!	Let's see the map!

Rule:

Form the **Vd., Vds.,** and **nosotros** commands for the verbs above in the same way as the regular verbs in A. Remove the **o** from the first person singular of the present tense. Add **e, en, emos,** to **ar** verbs. Add **a, an, amos,** to **er** and *ir verbs.*

C. Irregular direct commands

dar *to give*
Doy gracias.
I give thanks.

¡Dé Vd. gracias!	¡Den Vds. gracias!	¡Demos gracias!
Give thanks!	Give thanks!	Let's give thanks!

estar *to be*
Estoy aquí.
I am here.

(location, health, result of action)		
¡Esté Vd. aquí!	¡Estén Vds. aquí!	¡Estemos aquí!
Be here!	Be here!	Let's be here!

ir *to go*
Voy ahora.
I go now.

¡Vaya Vd. ahora!	¡Vayan Vds. ahora!	*¡Vamos ahora!
Go now!	Go now!	Let's go now!

saber *to know*
Sé esto.
I know this.

¡Sepa Vd. esto!	¡Sepan Vds. esto!	¡Sepamos esto!
Know this!	Know this!	Let's know this!

ser *to be*
Soy bueno.
I am good.

¡Sea Vd. bueno!	¡Sean Vds. buenos!	¡Seamos buenos!
Be good!	Be good!	Let's be good!

Rules:

1. The **Vd., Vds.,** and **nosotros** commands of **dar, estar, ir, saber, ser,** are irregular and must be *memorized* because the first person singular of their present tense does not end in **o.**

2. *Let's go* or *let us go* uses **¡vamos!** instead of the **vay** stem of the **vaya Vd. and vayan Vds.** commands.

STUDY THE RULES, EXAMPLES, AND MODELS BEFORE BEGINNING THE EXERCISES!

Exercises

I. **(A)** Isabel is receiving advice from her doctor. Write the *Vd.* command for each expression in parentheses.

   Model: (escuchar bien.)   ¡Escuche Vd. bien!
                                    Listen well!

1. (Comer bien.) _____

2. (Caminar mucho.) _____

3. (Tener paciencia.) _____

4. (Venir a visitarme mucho.) _____

5. (Estar bien.) _____

(B) Isabel leaves, and her two brothers also get advice from the doctor. Write the *Vds.* command for each expression in parentheses.

   Model: (escuchar bien.)   ¡Escuchen Vds. bien!
                                    Listen well!

1. (Tomar asiento.) _____

2. (No fumar.) _____

3. (Hacer ejercicio.) _____

4. (Ir al gimnasio.) _____

5. (No ser perezosos.) _____

(C) When the brothers arrive home they make decisions. Write the *nosotros* command for each expression in parentheses.

   Model: (Comer bien.)   ¡Comamos bien!
                                Let's eat well!

1. (Correr en el parque.) _____

2. (No beber alcohol.) _____

3. (Vivir para siempre.) _____

4. (Ir más al médico.) _____

5. (Dar las gracias al médico.) _____

¡Baile Vd. ahora!

II. Write a response using the appropriate affirmative command according to each model.

(A) Model: —¿Bailo ahora?   **—Sí, ¡baile Vd. ahora!**
                     Shall I dance now?   Yes, dance now!

1. ¿Canto ahora? _____

2. ¿Respondo ahora? _____

3. ¿Escribo ahora? _____

4. ¿Compro ahora? _____

5. ¿Leo ahora? _____

(B) Model: —¿Bailamos ahora?   **—Sí, ¡bailen Vds. ahora!**
                     Shall we dance now?   Yes, dance now!

1. ¿Hablamos ahora? _____

2. ¿Aprendemos ahora? _____

3. ¿Comemos ahora? _____

4. ¿Andamos ahora? _____

5. ¿Corremos ahora? _____

(C) Model: —Vamos a bailar pronto?   **—¡Bailemos ahora mismo!**
                Are we going to dance soon?   Let's dance right now!

1. ¿Vamo a **estudiar** pronto? _____

2. ¿Vamos a **beber** pronto? _____

3. ¿Vamos a **asistir** pronto? _____

4. ¿Vamos a **entrar** pronto? _____

5. ¿Vamos a **leer** pronto? _____

III. Write a response using the appropriate affirmative command according to each model.

(A) Model: —Deseo **salir temprano.**   **—Bueno, ¡salga Vd. temprano!**
                I want to leave early.   Fine, leave early!

1. Quiero **venir tarde.** _____

2. Deseo **oír la música.** _____

3. Necesito **conocer a todos.** _____

4. Debo **hacer el trabajo.** _____

5. Voy a **poner la silla aquí.** _____

6. Me gusta **ser perezoso.** _____

7. Tengo que **dar una fiesta.** _____

(B) Model: —Deseamos **salir hoy.**   **—Bueno, ¡salgan Vds. hoy!**

1. Queremos **saber la verdad.** _____

2. Me gusta **decir la palabra.** _____

3. Pensamos **traer flores.** _____

4. Tenemos que **estar allí a la una.** _____

5. Debemos **tener paciencia.** _____

6. Deseamos **ver esa película.** _____

7. Vamos a **salir pronto.** _____

8. Necesitamos **oír la respuesta.** _____

IV. Complete each sentence in which the teacher gives advice to a new student. Use the appropriate command of the infinitive given in parentheses.

1. Juan: —¿Es necesario estudiar mucho?

   La maestra: —¡ _____ todos los días! (estudiar / Vd.)

2. Juan: —¿Cuándo hago la tarea?

   La maestra: —¡ _____ la tarea por la tarde! (hacer / Vd.)

3. Juan: —¿Tengo clases todos los días?

La maestra: —¡ _____ a las clases cinco días! (asistir / Vd.)

4. Juan: —¿Y en la clase?

La maestra: —¡ _____ un buen alumno! (ser / Vd.)

5. Juan: —¿Y los libros?

La maestra: —¡ _____ siempre los libros! (traer / Vd.)

6. Juan: —¿Son difíciles las lecciones?

La maestra: —¡ _____ las lecciones muy bien! (saber / Vd.)

7. Juan: —¿Y por la tarde?

La maestra: —¡ _____ a hablarme un poco! (venir / Vd.)

8. Juan: —¿No es posible mirar la televisión por la noche?

La maestra: —¡ _____ a la cama a las diez! (ir / Vd.)

9. Juan: —¿Y los domingos por la tarde?

La maestra: —¡ _____ a muchos amigos! (conocer / Vd.)

10. La maestra: —¡ _____ paseos con ellos! (dar / Vd.) ¡Buena suerte!

V. Oral Proficiency: Act your part (Yo), or role play. *Later* write your part. [Review PALABRAS NUEVAS and ESTRUCTURAS of this WORK UNIT Sixteen]

Situation: Señor Lorca, a new neighbor, asks you for walking directions to the post office. You direct him. [Three sentences are good; four very good; five or more are excellent.]

Señor Lorca: ¿Dígame cómo puedo llegar al correo?
Yo:...

Clues: *Using command forms for Vd. tell him how many blocks to continue straight ahead; at which street to turn to the right; to what avenue to walk; at which corner to turn to the left, what he should (debe) do if he is lost.*

Pero Señora López, su hija no es así.

Did you ever forget someone's name?
Think what a job it must be for a teacher
with so many pupils.

Su hija es una alumna excelente

Es el día de entrevistas entre padres y maestros. Una vez al año los padres vienen a la escuela para hablar con los profesores acerca del progreso de sus hijos. El profesor Yerbaverde es un joven en su primer año de enseñanza. El espera nerviosamente la visita de los padres. Pero, ¡atención! ahí viene una madre.

Profesor:	Buenos días, señora. ¿En qué puedo servirla?
Madre:	Buenos días. Yo soy la señora de López. Vd. tiene mi hija, Sonia, en su clase de biología.
Profesor:	(Piensa un momento porque tiene muchas alumnas en sus clases.) Ah, sí. Sonia López. Es una alumna excelente. Siempre sale bien en los exámenes. Va a sacar una nota buena en mi clase.
Madre:	¡Ay, qué bueno! ¿Hace siempre mi hija su tarea?
Profesor:	Sí, sí. Claro. En la escuela no hay muchas como ella. Siempre prepara sus lecciones y contesta mis preguntas. Trae sus libros y su pluma todos los días. Su trabajo es excelente.
Madre:	¡Oh, gracias a Dios! Vd. es el primer profesor que me dice eso. Todos los otros profesores dicen que mi hija es una tonta, que Sonia nunca quiere hacer nada, que ella pasa todo el día sin estudiar y que sólo piensa en los muchachos.
Profesor:	No, señora, su hija no es así. Los otros profesores están equivocados.
Madre:	Gracias, señor profesor. Muchísimas gracias. Adiós. (Ella se va.)
Profesor:	Después de cinco minutos, entra otra madre.
Madre:	Buenos días, señor. Yo soy la señora de Gómez. Mi hija, Sonia, está en su clase de biología.
Profesor:	(completamente sorprendido) ¡Sonia Gómez! Ay, ¡Dios mío! ¡Es su Sonia la alumna excelente! El equivocado soy yo. ¡Hay dos Sonias en mis clases!

Palabras Nuevas

SUSTANTIVOS
la clase de biología
   the biology class
el día de entrevistas entre padres y maestros
   Open School Day
la enseñanza the teaching
el equivocado the one
   who made a mistake
los hijos the sons and
   daughters, the children
el progreso the progress
la sala de clase the
   classroom
la Sra. de López
   Mrs. Lopez

la tarea the homework
la tonta the fool
la visita the visit

VERBOS
esperar to wait for
sacar una nota
   to get a mark
salir bien en los exámenes
   to pass tests
se va he *(she)* leaves; you
   (formal sing.) leave
traer to bring

ADJETIVOS
excelente excellent

OTRAS PALABRAS
acerca de about
ahí viene una madre
   here comes a mother
¡atención! attention
como like
¡Dios mío! Heavens!
¿En qué puedo servirle?
   What can I do for you?
nerviosamente nervously
¡qué bueno! how good!
   great!
una vez al año *once a year*

Ejercicios

I. (A) Complete the sentences according to the story.

1. Una _____ al año, los padres vienen a _____ con los _____.

2. El profesor es un joven en su _____ año de _____.

3. La hija de la señora de López está en la clase de _____.

4. El profesor dice que Sonia va a sacar una _____ _____.

5. La señora de Gómez tiene una hija que se llama _____ también.

(B) Preguntas personales y generales. Write your answer in a complete Spanish sentence.

1. ¿Qué nota va Vd. a sacar en la clase de español?
2. ¿Qué dicen todos los profesores de Vd.?
3. ¿Cuántas veces al año viene su padre a la escuela?
4. ¿Quién siempre sale bien en los exámenes?
5. ¿Por qué debe Vd. hacer siempre su tarea?

1. _____

2. _____

3. _____

4. _____

5. _____

II. Acróstico

1. teach
2. mark
3. homework
4. thanks
5. test
6. time
7. always
8. to get (a mark)
9. so many
10. to appear

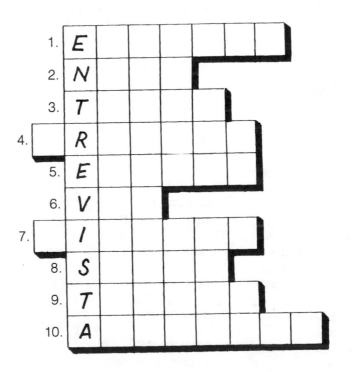

III. Compositions: Oral or written.

(A) Look at the picture at the beginning of this Work Unit. Describe the scene in Spanish to a friend.

(B) Tell about your work in school. Include the following:

Mi trabajo en la escuela

I. Whether you want to attend college (**la universidad**). 2. What kind of marks you need. 3. Whether you always do the homework. 4. What kind of student you are. 5. What you want to be.

Estructuras de la Lengua

Possessive Adjectives. The five possessive adjectives below tell who the owner is.

A. Agreement with singular nouns:

With Masculine Singular Nouns

Mi cuarto es bonito.	*My room* is pretty.
Tu cuarto es bonito.	*Your room* (fam. sing. address)
Su cuarto es bonito.	*His room* (*her, its, their room*).
	Your room (formal sing. & pl. address)
Nuestro cuarto es bonito.	*Our room* is pretty.
Vuestro cuarto es bonito.	*Your room* (fam. pl. address—used in Spain)

Rules:

1. Possessive adjectives precede the noun.

2. **Su** has five meanings: *his, her, its, their, your.* **Su** meaning *your* is used when speaking to one or more persons in a formal way.

3. **Tu** *your* is distinguished from **tú** *you* by dropping the accent mark. **Tu(s)** is used when speaking to *one person* in a familiar way.

4. **Vuestro(s)** *your* is used largely in Spain when speaking to *more than one person* in a familiar way.

B. Agreement with plural nouns:

With Masculine Plural Nouns

Mis cuartos son bonitos.	*My rooms* are pretty.
Tus cuartos son bonitos.	*Your rooms* (fam. sing. address)
Sus cuartos son bonitos.	*His rooms* (*her, its, their rooms*)
	Your rooms (formal sing. & pl. address)
Nuestros cuartos son bonitos.	*Our rooms* are pretty.
Vuestros cuartos son bonitos.	*Your rooms* (fam. pl. address—used in Spain)

Rules:

1. Add **s** to each possessive adjective when the following noun is plural.

2. Adding **s** does not change the meaning of the possessive adjective; **su amigo** may mean *their friend*, **sus amigos** may mean *his friends*.

C. Agreement with feminine nouns:

Feminine Singular: **nuestra** and **vuestra**

Nuestra casa es bonita.	Our house is pretty.
Vuestra casa es bonita.	Your house (fam. pl.—in Spain).

Feminine Plural: **nuestras** and **vuestras**

Nuestras casas son bonitas.	Our houses are pretty.
Vuestras casas son bonitas.	Your houses (fam. pl.—in Spain).

Rules:

1. **Nuestro** *our* and **vuestro** *your* change **o** to **a** before a feminine singular noun. **Nuestra** and **vuestra** add **s** before a feminine plural noun.

2. The other possessive adjectives do *not* have distinctive feminine forms:

> **mi casa, tu casa, su casa**
> **mis casas, tus casas, sus casas**

D. De él, de ella, de Vd., de Vds., de ellos-as, instead of su and sus.

1. **¿Son sus amigas?** may mean: Are they *his, her, its, your,* or *their* friends?

2. For clarity, *instead* of **su** and **sus,** use the appropriate definite article **(el, la, los,** or **las)** *before* the noun, followed by **de** and the *personal pronoun* that represents the owner *clearly.*

Son **las** amigas **de él**	They are *his* friends.
. . . . **de ella.**	. . . . *her* friends.
. . . . **de Vd.**	. . . . *your* friends
. . . . **de Vds.**	. . . . *your* friends.
. . . . **de ellos-as**	. . . . *their* friends.

Rule:

De él, de ella, de Vd., de Vds., de ellos-as, always *follow* the noun.

STUDY THE RULES, EXAMPLES, AND MODELS BEFORE BEGINNING THE EXERCISES!

Exercises

I. Perico is at it again. Now he plays with the noun and its possessive plural! Write Perico's sentence giving the *plural* of the expression in *italics*.

Model: —Tengo *mi* papel.   —Tengo **mis papeles.**
            I have my paper.   I have my papers.

1. Tengo *mi cuaderno.* _____

2. Los vecinos venden *su casa.* _____

3. Invitas a *nuestra clase.* _____

4. Escribo *mi respuesta.* _____

5. ¿Hablas a *tu tío?* _____

6. ¿Están los niños en *su cuarto?* _____

7. No tenemos *nuestro periódico.* _____

8. No preparas *tu comida.* _____

9. Juana aprende *su lección.* _____

10. Vds. miran *su programa.* _____

II. Write the response using the appropriate form of the possessive adjective **nuestro.** Use **No.**

Model: —¿Es su escuela?   —**No. Es nuestra** escuela.
            Is it their school?   No. It's our school.

1. ¿Es su profesor? _____

2. ¿Es su coche? _____

3. ¿Son sus padres? _____

4. ¿Son sus amigas? _____

5. ¿Son sus amigos? _____

III. Write the affirmative response, *changing the possessive adjective appropriately.* Use **Sí.**

Model: —¿Usas (fam.) mi reloj?   —**Sí. Uso tu (fam.)** reloj.
            Are you using my watch?   Yes. I'm using your watch.

       —¿Usa Vd. (formal) mi reloj?   —**Sí. Uso su (formal)** reloj.
              Are you using my watch?   Yes. I'm using your watch.

1. ¿Usas mi abrigo? _____

2. ¿Usa Vd. mis pantalones? _____

3. ¿Abre Vd. su puerta? _____

4. ¿Desea Vd. sus lecciones? _____

5. ¿Necesitas mis radios? _____

IV. Write the *double* response, using the clarifying possessives **de él** and **de ella** instead of **su** and **sus. Use No son (ese)** _____ **de él. Son (es)** _____ **de ella.**

Model: —¿Son sus cuadernos?　　　—**No son** los cuadernos **de él.**　　　**Son de ella.**
　　　　Are they his notebooks?　　　They are not *his* notebooks.　　　They are *hers*.

1. ¿Son sus lápices? _____

_____

2. ¿Son sus camisas? _____

_____

3. ¿Es sus amiga? _____

_____

4. ¿Es su reloj? _____

_____

5. ¿Son sus hermanos? _____

_____

V. Write the *double* rejoinder, using the clarifying possessives **de Vds.** and **de ellos.** See model.

Model: —Es nuestro dinero.　　　—**No es** el dinero **de Vds.**　　　**Es** el dinero **de ellos.**
　　　　It is our money.　　　Is is not *your* money.　　　It's *their* money.

1. Es nuestro coche. _____

_____

2. Es nuestra pelota. _____

_____

3. Son nuestras chaquetas. _____

_____

4. Son nuestros abrigos. _____

_____

5. Es nuestra familia. _____

_____

VI. Rewrite the sentence, substituting the appropriate form of the possessive adjective given in parentheses in place of the word in *italics*.

Model:　Compro *las* flores.　　　　　　(our) Compro **nuestras** flores.
　　　　I buy the flowers.　　　　　　　I buy our flowers.

1. Vendo *los* coches. (my) _____

2. Escribimos *las* cartas. (our) _____

3. Estudian *las* lecciones. (his) _____

4. Entran en *los* cuartos. (her) _____

5. Salen de *la* casa. (your *fam.*) _____

6. Explican *el* examen. (their) _____

7. Buscan *el* mapa. (our) _____

8. Deseas *la* respuesta. (their) _____

9. Miran *la* casa. (your *formal*) _____

10. Responden a *las* preguntas. (your *formal*) _____

VII. Complete the dialog between the brothers, Paul and Anthony. (Use the familiar **tu** for *your*.)

¡Es mi fútbol!

1. Pablo:—¿Tienes _____ fútbol?
                           (my)

2. Antonio:—¿Por qué dices _____ fútbol?
                                      (your)

3. Pablo:—Tú sabes, el fútbol que nos dieron _____ tías.
                                                      (our)

   Eres mi hermano y _____ cosas son _____ cosas.
                            (your)   (my)

4. Antonio:—Pues bien, ¡quiero en seguida "_____" diez dólares que
                                                    (our)

   las tías te dieron ayer!

VIII. Oral Proficiency: Act your part (Yo), or role play. *Later* write your part. [Review PALABRAS NUEVAS and ESTRUCTURAS of this WORK UNIT Seventeen]

Situation: You are "baby-sitting." Your young brother and sister are crying. Each claims the other's toys. You tell them to whom each thing belongs. [Three sentences are good; four very good; five or more are excellent.]

Los hermanitos: ¿De quién es todo esto?
Yo:...

Clues: *Using* tu *and* tus *tell Ofelia* it is *her doll,* it is *her bicycle, tell Mario* they are *his trains,* they are *his baseball gloves. But also tell them what is or what are* ours, *e.g., the dogs, the televisions, the house, the garden. Other ideas?*

¿No está interesado en comprar esta casa?

*The house seems like a good buy. Is Carlos
interested in buying it?*

Casa a la venta

Cuando pasa por la calle, Carlos ve este letrero delante de una casa.

Toca a la puerta y espera unos momentos. Pronto, un hombre viejo abre la puerta y lo saluda.

Hombre:	Buenos días señor, ¿en qué puedo servirle?
Carlos:	Veo que esta casa está a la venta. ¿Puedo verla?
Hombre:	Sí, cómo no. ¡Pase Vd.! Yo soy Pedro Piragua.
Carlos:	Mucho gusto en conocerlo. Me llamo Comequeso, Carlos Comequeso.
Hombre:	Bueno, señor Comequeso, Mire Vd, esta sala. Está recién pintada. Ahora vamos a pasar a la cocina. Ese refrigerador y esa estufa son nuevos.
Carlos:	Ya veo. Parecen estar en excelentes condiciones. ¿Dónde están los dormitorios?
Hombre:	Hay tres y están en el piso de arriba. Vamos allá ahora. . .
Carlos:	¡Qué hermosos! Estos cuartos son grandes y claros.
Hombre:	Además, hay otro cuarto de baño que es completamente nuevo.
Carlos:	¡Dígame algo del vecindario!
Hombre:	Es excelente. La casa está cerca de los trenes y autobuses y Vd. puede ir de compras en aquella próxima calle. Ahora, ¿quiere Vd. saber el precio? Es muy barato.
Carlos:	No, gracias.
Hombre:	¿Cómo que no? ¿No está Vd. interesado en comprar esta casa?
Carlos:	No. Es que voy a poner mi casa a la venta esta semana y quiero saber el mejor método de hacerlo.

Palabras Nuevas

SUSTANTIVOS
el cuarto de baño
    the bathroom
el dormitorio the bedroom
la estufa the stove
el letrero the sign
Pedro Peter
el piso de arriba
    the floor above, upstairs
el precio the price
el queso the cheese
el refrigerador the refrigerator
el vecindario
    the neighborhood

ADJETIVOS
barato,a inexpensive, cheap

claro,a light, clear
hermoso,a beautiful
interesado,a interested
(recién) pintado,a
    (recently) painted
próximo,a next

VERBOS
ir de compras
    to go shopping
pasar por la calle to walk
    along the street
¡pida informes!
    ask for information
    (formal sing.)
saludar to greet
ver to see

ya veo now I see,
    indeed I do understand

OTRAS PALABRAS
a la venta for sale
¡cómo no! of course
¿Cómo que no? What do
    you mean by "no"?
en aquella próxima calle
    on that next street
es que the fact is that
lo him, it, you *(masc.)*
mucho gusto en conocerlo
    pleased to meet you
pronto soon
¡Qué hermosos!
    How beautiful!

Ejercicios

I. **(A) Preguntas.** Write your answer in a complete Spanish sentence.

1. ¿Qué ve Carlos delante de una casa? _____

2. ¿Por qué quiere ver Carlos la casa? _____

3. ¿Qué hay en la cocina? _____

4. ¿Cómo son los dormitorios? _____

5. ¿Qué va a hacer Carlos esta semana? _____

(B) Preguntas personales y generales. Write your answer in a complete Spanish sentence.

1. ¿Qué hay generalmente en una cocina?
2. ¿Cuántas habitaciones hay en su casa o apartamiento? ¿Cuáles son?
3. Describa Vd. el vecindario donde vive Vd.
4. ¿Qué pone Vd. en un letrero para vender una casa?
5. ¿Qué dice Vd. para saludar a una persona?

1. _____

2. _____

3. _____

4. _____

5. _____

II. Write the words from group B that match the words in group A.

A

1. La ventana se usa para _____

2. La puerta se usa para _____

3. La sala se usa para _____

4. El tren se usa para _____

5. La estufa se usa para _____

6. El refrigerador se usa para _____

7. El dormitorio se usa para _____

8. El baño se usa para _____

B

a) lavarse
b) descansar y mirar la televisión
c) dormir
d) mantener fría la comida

e) entrar y salir
f) preparar la comida
g) dejar entrar el aire fresco
h) viajar

III. ¿Cómo se dice en español?

1. House for sale, inquire within.
2. He knocks on the door and waits a few minutes.
3. Good morning, what can I do for you?
4. I'm very pleased to meet you.
5. Tell me something about the neighborhood.

1. _____

2. _____

3. _____

4. _____

5. _____

IV. Picture Match: Choose and write the sentence(s) suggested by each sketch. Then tell something more about each one.

1.

2.

3.

4.

5.

a. —Vamos a la cocina.

b. —Mire Vd. esta sala; está recién pintada.

c. Toca a la puerta y espera unos momentos.

d. Hay tres dormitorios grandes.

e. —La casa está cerca de los trenes y autobuses.

f. Un hombre viejo abre la puerta.

g. —El refrigerador y la estufa son nuevos.

h. —Puede ir de compras en la próxima calle.

1. _____

_____

2. _____

_____

3. _____

4. _____

5. _____

_____

V. Compositions: Oral or written.

(A) Tell us *what is happening* in the *picture* on page 184. Then tell something more about the story and how it ends.

(B) Tell a new friend about where you live. Write a note.

Querido (a) . . ., ¿Cómo es tu vecindario?

1. Where you live; on what street, in an apartment or house. 2. Why there are enough (bastantes) rooms for your family. 3. Whether your bedroom is small, large, light. 4. Where you go shopping. 5. What is beautiful in the neighborhood.

Estructuras de la Lengua

Demonstrative Adjectives

A. *This, these:* The speaker uses the following to indicate a person, place, or thing (or persons, places, things) *close to himself*, i.e., *close to the speaker*.

Este (masc.); **esta** (fem.) — *this*

1. Este perrito cerca de mí es mono.
   This puppy near me is cute.

2. Esta rosa que tengo es roja.
   This rose which I'm holding is red.

Estos (masc.); **estas** (fem.) — *these*

1. Estos perritos aquí son más monos.
   These puppies over here are cuter.

2. Estas rosas que tengo son blancas.
   These roses which I have are white.

Rules:

1. **Este** (masc.) and **esta** (fem. sing.), *this*, are used respectively before a masculine singular noun and before a feminine singular noun.

2. **Estos** (masc. pl.) and **estas** (fem. pl.), *these*, are used respectively before masculine plural nouns and before feminine plural nouns. Note that **estos** is the irregular plural of **este.**

3. Closeness to the speaker may be indicated by additional expressions such as: **aquí,** *here;* **cerca de mí,** *near me;* **que tengo,** *which I hold (have).*

B. *That, those:* The speaker uses the following to indicate that a person, place, or thing (or persons, places, things) is (are) *close to the listener.*

Ese (masc.); **esa** (fem.) — *that*	**Esos** (masc.); **esas** (fem.) — *those*
1. Ese perrito está cerca de ti (Vd., Vds.). That puppy is near you.	1. Esos perritos están cerca de ti (Vd., Vds.). Those puppies are near you.
2. Esa rosa que tienes ahí es rosada. That rose which you have there is pink.	2. Esas rosas que tienes ahí son rojas. Those roses which you have there are red.

Rules:

1. **Ese, esa,** *that,* are formed by dropping the *t* from **este, esta** (*this*). **Esos, esas,** *those,* are formed by dropping the *t* from **estos, estas** (*these*).

2. **Ese** (masc. sing.) and **esa** (fem. sing.), *that,* are used respectively before a masculine singular noun and before a feminine singular noun.

3. **Esos** (masc. pl.) and **esas** (fem. pl.), *those,* are used respectively before masculine plural nouns and before feminine plural nouns. Note that **esos** is the irregular plural of **ese.**

4. Closeness to the listener may be indicated by additional expressions such as: **ahí,** *there near you;* **cerca de ti (Vd., Vds.),** *near you;* **que tienes (Vd. tiene; Vds. tienen),** *which you hold (have).*

C. *That, those;* indicating *distance from both the listener and the speaker.*

Aquel (masc.); **aquella** (fem.) — *that*	**Aquellos** (masc.); **aquellas** (fem.) — *those*
1. Aquel parque está lejos de ti y de mí. That park is far from you and me.	1. Aquellos parques están lejos de nosotros. Those parks are far from us.
2. Aquella casa allí es magnífica. That house over there is magnificent.	2. Aquellas casas allí son magníficas. Those houses over there are magnificent.

Rules:

1. Unlike English, the speaker of Spanish insists on making a distinction between *that, those,* **aquel,** etc., *distant from the listener;* and *that, those,* **ese,** etc., *near the listener.*

2. **Aquel** (masc. sing.) and **aquella** (fem. sing.), *that,* are used respectively before a masculine singular noun and before a feminine singular noun.

3. **Aquellos** (masc. pl.) and **aquellas** (fem. pl.), *those,* are used respectively before masculine plural nouns and before feminine plural nouns.

4. Distance from the listener may be indicated by additional expressions such as: **allí,** *over there, yonder,* and **lejos de nosotros-as,** *far from us.*

STUDY THE RULES, EXAMPLES, AND MODELS BEFORE BEGINNING THE EXERCISES!

Exercises

I. Alicia is buying furniture and materials for her new art studio. She tells the salesperson what she needs. Rewrite each model sentence, substituting the noun in parentheses for the noun in *italics*. Make the necessary change in the demonstrative adjectives (*this, that,* etc.).

Model: Necesito este *libro*.   I need this book.
      (pluma) Necesito **esta pluma.**   I need this pen.

(A) Compro este *papel*. I'm buying this paper.

1. (tiza) _____

2. (plumas) _____

3. (lápiz) _____

4. (papeles) _____

5. (pintura) _____

(B) The salesperson suggests several items. ¿Deseas ese *libro* ahi? Do you want that book there (near you)?

1. (silla) _____

2. (escritorio) _____

3. (periódicos) _____

4. (libros) _____

5. (plumas) _____

(C) She follows a guided tour at a museum afterwards. Miren Vds. aquel *cuadro* allí. Look at that picture over there.

1. (fotografías) _____

2. (pinturas) _____

3. (obra de arte) _____

4. (cuadro) _____

5. (estatua) _____

II.   Rewrite the sentence, changing the words in italics to the singular, e.g., *esos usos*, **ese uso.**

1. Reciben *estos papeles* y *aquellos libros*. _____

_____

2. Estudian *estas palabras* y *esas frases*. _____

_____

3. Contestan a *esos profesores* y a *aquellos alumnos*. _____

_____

4. Abren *esas puertas* y *aquellas ventanas*. _____

_____

5. ¿Admiran *estos pañuelos* y *esos zapatos*? _____

_____

III. Rewrite the sentence changing the words in *italics* to the *plural*, e.g., *ese uso,* **esos usos**.

1. Leemos *este periódico* y *ese artículo*. _____

2. Deseamos *esta silla* y *aquella cama*. _____

3. Admiramos *este sombrero* y *aquel vestido*. _____

4. Preferimos *esa clase* y *aquel profesor*. _____

5. Queremos *ese vestido* y *aquella falda*. _____

IV. Write a response according to the model. Use the correct form of **este-a, estos-as.**

Model: —¿Es interesante **ese libro** suyo?　　**—¿Este libro? Sí, gracias.**
　　　　Is *that* book of yours interesting?　　*This* book? Yes, thank you.

1. ¿Está contento ese amigo suyo? _____

2. ¿Es interesante esa revista suya? _____

3. ¿Son fantásticos esos cuentos suyos? _____

4. ¿Son excelentes esas fotos suyas? _____

5. ¿Es importante ese papel suyo? _____

V. Write a response according to the model. Use the correct form of **ese-a; esos-as.**

Model: —¿Desea Vd. [Deseas] **este** cuarto?　　**—¿Ese cuarto? No, gracias.**
　　　　Do you want *this* room?　　*That* room (near you)? No, thanks.

1. ¿Desea Vd. este postre? _____

2. ¿Quieres esta gramática? _____

3. ¿Necesita Vd. estos libros? _____

4. ¿Prefiere Vd. estas manzanas? _____

5. ¿Invita Vd. a estos amigos? _____

VI. Complete in Spanish the dialogue between Luisita and her mother in which Luisita insists on having her brother's ice cream, candy, cookies, and soda.

Remember: Este _____ aquí;
..... cerca de mí;
...... que tengo.

Ese _____ ahí;
....cerca de ti;
....que tienes.

Aquel _____ allí;
..... cerca de él;
.... que él tiene.

¿Cuál prefieres?

---

1. La mamá: ¿Que prefieres _____ helado a vainilla que tengo o _____
                          (this)   (that)

   helado a chocolate que tú tienes?

2. Luisita: Prefiero _____ helado que Juan tiene allí.
                          (that)

3. La mamá: Entonces, Juan te da su plato. ¿Y qué prefieres como dulces, _____
                                                             (these)

   dulces aquí o _____ dulces que están cerca de ti?

4. Luisita: Quiero también _____ dulces que Juan come allí.
                               (those)

5. La mamá: ¿Lo mismo con _____ galleticas y _____ gaseosa que
                                 (those)   (that)

   Juan toma?

6. Luisita: Sí, lo mismo. No me gustan _____ galleticas ni _____
                                     (these)   (this)

   gaseosa mía.

7. La mamá: ¡Ay! ¡Qué difícil es _____ hija mía!
                                      (that)

8. Luisita: ¡Ay! ¡Qué difíciles son _____ mamás de hoy!
                                          (those)

VII. Oral Proficiency: Act your part (Yo), or role play. *Later* write your part. [Review PALABRAS NUEVAS and ESTRUCTURAS of this WORK UNIT Eighteen]

Situation: You work weekends in a department store. Roberto is looking for a gift for his girl-friend, something pretty but inexpensive. You make suggestions. [Three sentences are good; four very good; five or more are excellent.]

 Roberto: Busco algo hermoso pero barato.
Yo:...

Clues: *Using este, esta, estos, estas, sugiero, ¿quieres?, ¿deseas?, ¿prefieres?, and ¿compras? show Roberto hats, gloves, skirts, blouses, flowers, books, and other beautiful things for sale at low prices.* Tell Roberto's answers.

Estampillas Americanas

El lobo también tiene los
dientes grandes y blancos.

Sure, everybody's heard the story of Little Red
Riding Hood. But what happens to it on TV?

¡Qué dientes tan grandes tienes!

Es la hora de los niños. Todos los chicos esperan impacientemente su programa favorito de televisión. Esta tarde van a ver una versión moderna del clásico "Caperucita Roja." Vamos a escuchar.

Locutor:	Y ahora niños, vamos a ver el capítulo final. Como Vds. ya saben, Caperucita Roja va a la casa de su abuela, con una cesta llena de frutas y dulces. Ya es tarde y quiere llegar antes de la noche. La casa está lejos y dentro de un bosque oscuro. Caperucita Roja anda mucho por el bosque. Al fin llega a la casa de su abuela. Ella no sabe que el lobo ha comido a la abuela y está en su cama. Caperucita toca a la puerta y canta alegremente.
Lobo:	¿Quién es?
Caperucita Roja:	Soy yo, abuelita, y te traigo unos dulces y unas frutas.
Lobo:	Pasa, pasa, hija mía. La puerta está abierta. Yo estoy enferma y no puedo bajar de la cama.
Caperucita Roja:	Oh, mi pobre abuelita. . . . Pero abuelita, ¡qué orejas tan grandes tienes!
Lobo:	Para oírte mejor, hija mía. ¡Ven, ven cerca de la cama!
Caperucita Roja:	Aquí tienes los dulces. . . . Pero abuelita, ¡qué ojos tan grandes tienes!
Lobo:	Para verte mejor, hija mía. Pero ¡ven más cerca, un poco más!
Caperucita Roja:	Pero abuelita, ¡qué dientes tan grandes tienes!
Locutor:	Sí, el lobo tiene los dientes grandes y blancos también. Y si Vds. quieren tener la sonrisa que encanta, usen nuestro producto, la pasta dentífrica— Blanco Fantástico—y Vds. van a notar la diferencia.

Palabras Nuevas

SUSTANTIVOS
la abuelita the granny
el bosque to woods
Caperucita Roja
    Little Red Riding Hood
el capítulo the chapter
la cesta the basket
el diente the tooth
los dulces the candy
la fruta the fruit
la hora de los niños
    the children's hour
el lobo the wolf
el ojo the eye
la oreja the ear
la pasta dentífrica
    the toothpaste

la sonrisa the smile
  la sonrisa que encanta
  the charming smile

ADJETIVO
lleno,a de full of, filled with

VERBOS
bajar de to get off,
    to go down from
llegar to arrive
notar to notice
oírte to hear you *(fam. sing.)*
pasar to enter, to pass
    ¡pasa! enter! *(fam. sing.)*
(no) puedo I can *(not)*
soy yo it's I

vamos a. . . let us. . .
¡ven más cerca! come closer
    (fam. sing.)
verte to see you *(fam. sing.)*

OTRAS PALABRAS
alegremente cheerfully
antes (de) before
hija mía my child
impacientemente impatiently
¡Qué orejas (ojos, dientes)
    tan grandes! What big
    ears (eyes, teeth)!
ya es tarde it's late now
    (already)

Ejercicios

I. **(A)** ¿**Cierto** (true) **o falso** (false)?

1. Es el primer capítulo de Caperucita Roja. _____

2. Caperucita lleva una cesta a la casa de su abuela. _____

3. La chica pasa por unas calles oscuras. _____

4. La abuela está en la cama porque ella ha comido al lobo. _____

5. Caperucita dice: —¡Qué manos grandes tienes! _____

6. El lobo tiene los dientes blancos porque usa una buena pasta dentífrica. _____

(B) **Preguntas personales y generales.** Write your answer in a complete Spanish sentence.

1. ¿Qué contesta Vd. si la persona dentro de la casa pregunta: —¿Quién es?
2. Para tener los dientes blancos, ¿qué usa Vd. todos los días?
3. ¿Hay mucha diferencia entre las pastas dentífricas?
4. ¿Cuál es un buen nombre para una pasta dentífrica?
5. ¡Mencione Vd. un animal que tiene los dientes grandes!

1. _____

2. _____

3. _____

4. _____

5. _____

II. Compositions: Oral or written.

(A) Look at the picture at the beginning of this Work Unit. Describe the scene in Spanish to a friend.

(B) You are Little Red Riding Hood, and you meet the wolf. What would you say to him?

Lobo: Buenos días, señorita. ¿Adónde vas?

Cap. Roja: _____

Lobo: Oh, ¿está enferma la pobre vieja?

Cap. Roja: _____

Lobo: ¿Qué tienes en esa cesta?

Cap. Roja: _____

Lobo: Eres una niña muy buena. Adiós, Caperucita. Hasta pronto.

Cap. Roja: _____

III. Caperucita Roja has a number of things in her basket. Can you unscramble the words to find out what they are?

1. unas _ _ _ _ _ _ (tuarfs)

2. unos _ _ _ _ _ _ (selcud)

3. una _ _ _ _ (lorf)

4. un _ _ _ _ _ (vueho)

5. un _ _ _ _ _ _ (hadleo)

**Buenos días, señorita.
¿Adónde vas tan de prisa?**

Estructuras de la Lengua

Common Adverbs; Exclamatory ¡Qué!

A. Common adverbs of time, place, and manner.

Learn the following paired opposites.

1. **ahora**	now	6. **hoy**	today
más tarde	later	**mañana**	tomorrow
2. **allí**	there	7. **más**	more
aquí	here	**menos**	less
3. **antes (de)**	before; previously	8. **mucho**	a great deal
después (de)	after; afterwards	**poco**	little
4. **bien**	well	9. **siempre**	always
mal	badly	**nunca**	never
5. **cerca (de)**	near; nearby	10. **temprano**	early
lejos (de)	far; faraway	**tarde**	late

B. ¡Qué! in an exclamation.

How! (before adjectives)	What a . . . . ! (before nouns)
1. **¡Qué bonita** es ella! How pretty she is!	1. **¡Qué chica!** What a girl!
2. **¡Qué bien** canta ella! How well she sings!	2. **¡Qué chica tan bonita!** What a pretty girl!

Rules:

1. Before adjectives and adverbs **¡qué!** means *How!* in an excited or exclamatory sense.

2. Before nouns **¡que!** means *what!* or *what a . . . !* in an excited or exclamatory sense. Do *not* use **un** or **una** after **¡qué!**

197

3. When both a noun and an adjective are present, the *noun* is generally stated *first,* followed by **tan** and the adjective.

4. Write an accent mark on **qué,** and place exclamation points *before* and *after* the statement.

5. The subject is placed *after* the verb in exclamations as in questions.

STUDY THE RULES, EXAMPLES, AND MODELS BEFORE BEGINNING THE EXERCISES!

Exercises

I. Luis' mother wants to know all about his day in school. He says "yes" to everything. Write his affirmative answers in complete Spanish sentences, using the adverbs in italics.

Model: —¿Trabajas tú bien hoy?   —Trabajo bien hoy.
             Are you working well today?   I am working well today.

1. ¿Entras *tarde hoy*? _____

2. ¿Terminas *temprano y bien*? _____

3. ¿Hablas *poco allí*? _____

4. ¿Aprendes *mucho ahora*? _____

5. ¿Contestas *más después*? _____

6. ¿Comes *mal aquí*? _____

7. ¿Viajas *lejos mañana*? _____

8. ¿*Siempre* tomas leche *antes*? _____

9. ¿Llegas *más tarde*? _____

10. ¿Gritas *menos* cuando la profesora está *cerca*? _____

II. Write a rejoinder that states the *opposite* of the expression in *italics*. See the paired opposites on page 197.

Model: —Luis vive *cerca*.   —No. Luis vive **lejos.**
             Louis lives nearby.   No. Louis lives far away.

1. Juan estudia *mucho*. _____

2. Mi amiga viene *más tarde*. _____

3. *Siempre* toman café. _____

4. Gritan *más* en casa. _____

5. La escuela está *lejos*. _____

6. *Hoy* es otro día. _____

7. La casa está *aquí*. _____

8. Comemos *antes*. _____

9. Regresamos *temprano*. _____

10. María escribe *bien*. _____

III. Complete the exclamation according to the Palabras Nuevas for this Work Unit.

Model: How slowly you speak! ¡ _____ habla Vd! **¡Qué despacio** habla Vd!

1. How well you dance! ¡ _____ baila Vd.!

2. How badly they study! ¡ _____ estudian ellos!

3. How late John eats! ¡ _____ come Juan!

4. How near the house is! ¡ _____ está la casa!

5. How far the park is! ¡ _____ está el parque!

IV. Write an exclamation in affirmative response. Begin with **¡Qué!** Make all necessary changes in word order according to the model. Use exclamation points.

Model: —¿Trabajan ellos tarde? **¡Qué tarde** trabajan ellos!
        Do they work late?   How late they work!

1. ¿Llega ella tarde? _____

2. ¿Habla Vd. bien? _____

3. ¿Estudian ellos mal? _____

4. ¿Viene Rosa temprano? _____

5. ¿Vive Juan lejos? _____

6. ¿Vive Ana cerca? _____

7. ¿Está ella cansada? _____

8. ¿Es él pobre? _____

9. ¿Son ellos ricos? _____

10. ¿Es Luisa bonita? _____

V. Write two exclamations in response to each statement, according to the model. Make all necessary changes in word order, *omitting* the verb and the article. Include **tan.**

Model: —La chica es inteligente. ¿Verdad? **—¡Qué chica! ¡Qué chica tan inteligente!**
        The girl is intelligent. Isn't she?   What a girl! What an intelligent girl!

1. —Las casas son altas. ¿Verdad? _____

2. —Su madre es buena. ¿Verdad? _____

3. —Los niños son lindos. ¿Verdad? _____

4. —El cielo está azul. ¿Verdad? _____

5. —Esta escuela es grande. ¿Verdad? _____

VI. Write the Spanish equivalent in the *correct word order* according to the model. Use cues.

Model: What a fine day!
         bonito / día   **¡Qué día tan bonito!**

1. What an interesting day!

   interesante / día _____

2. What an important year!

   importante / año _____

3. What a nice boy!

   simpático / muchacho _____

4. What kind teachers!

   amables / profesores _____

5. What good classes!

   buenas / clases _____

VII. **Oral Proficiency:** Act your part (Yo), or role play. *Later* write your part. [Review PALABRAS NUEVAS and ESTRUCTURAS of this WORK UNIT Nineteen]

Situation: Your friend, Rosa, admires your charming smile. You give advice. [Three sentences are good; four very good; five or more are excellent.]

 **Rosa:**   ¡Qué sonrisa tan encantadora tienes!
            Yo:...

Clues: *Tell her what a charming smile she is going to have; what you never eat; what you always drink; what toothpaste you use after each meal (cada comida); how many times a (al) year you visit the dentist who lives far away.*

ARTE ESPAÑOL

Pablo Picasso. *The Gourmet.*

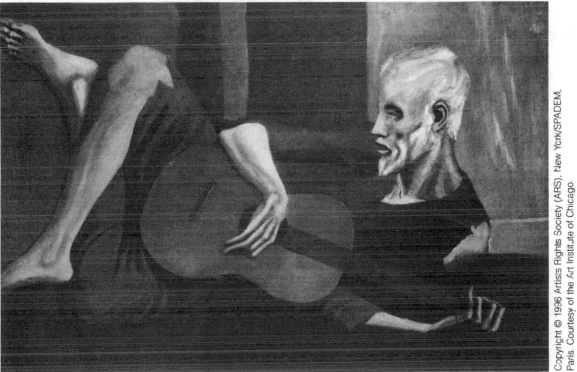

Pablo Picasso. *The Old Guitarist.*

Es una carta urgente.

Do you believe in horoscopes? Sometimes
they contain surprises.

¿Qué dice el horóscopo?

¿Es Vd. una persona supersticiosa? ¿Es posible saber qué va a pasar en el futuro? Hay muchas personas en este mundo que creen en los horóscopos. Uno de ellos es nuestro héroe, Patricio Pisapapeles. Cuando recibe el periódico por la mañana, no empieza a mirar ni las noticias ni los deportes. Sólo le interesa su horóscopo. Así empieza a leer su fortuna y piensa en sus planes para el día. Busca su signo de Acuario.

Piscis: (20 febrero–21 marzo)
                       ¡No pierda el tiempo! Su oportunidad está aquí ahora.

Aries: (22 marzo–20 abril)
                       ¡Defienda sus derechos! ¡No sea tímido!

Tauro: (21 abril–21 mayo)
                       Su fortuna comienza a cambiar. Va a tener suerte.

Géminis: (22 mayo–21 junio)
                       Vd. puede hacer todo ahora. Su signo es favorable.

Cáncer: (22 junio–23 julio)
                       Si encuentra algún dinero, ¡no lo gaste todo!

Leo: (24 julio–23 agosto)
                       ¡Recuerde a sus amigos! Ellos pueden ayudarlo.

Virgo: (24 agosto–23 septiembre)
                       ¡Vuelva a su casa pronto!

Libra: (24 septiembre–23 octubre)
                       ¡No cierre los ojos a oportunidades nuevas!

Escorpión: (24 octubre–22 noviembre)
                       ¡Entienda sus deseos! ¡Tenga paciencia!

Sagitario: (23 noviembre–23 diciembre)
                       Si llueve hoy, Vd. pronto va a ver el sol.

Capricornio: (23 diciembre–20 enero)
                       La fortuna juega con nuestras vidas. Es necesario ser valiente.

Acuario: (21 enero–19 febrero)
                       Hoy viene una noticia importante. Puede cambiar su vida.

¡Dios mío, una noticia importante! ¿Qué puede ser? ¡La lotería, quizás! Voy a ganar la lotería. Sí, sí, eso es. Voy a recibir dinero, mucho dinero.

En este momento suena el timbre. Patricio corre a la puerta. Es el cartero con una carta urgente. Es de la madre de su mujer. Patricio la abre en un segundo y lee:

> Queridos Patricio y Alicia:
>   Voy a tu casa para visitarlos la semana próxima. Pienso pasar tres semanas agradables con mis hijos favoritos.
>   Cariñosamente,
>   Mamá.

Palabras Nuevas

SUSTANTIVOS
el cartero the letter carrier
el deporte the sport
el derecho the right
el deseo the wish, the desire
la fortuna the fortune
el horóscopo the horoscope
la lotería the lottery
la noticia the news
Patricio Patrick
la persona the person
el pisapapeles
  the paperweight
el signo de Acuario
  the sign of Aquarius
el timbre the bell

VERBOS
cambiar to change

cerrar *(ie)* to close
comenzar *(ue)* to begin
defender *(ue)* to defend
empezar *(ue)* to begin
encontrar *(ue)* to find,
  to meet
entender *(ue)* to understand
ganar to win
gastar to spend *(money)*
***(le)* interesa** interests *(him)*
jugar *(ue)* to play
llover *(ue)* to rain
perder *(ue)* to lose
  perder el tiempo
  to waste time
pensar *(ue)* to think, to intend
poder *(ue)* to be able to, can
recordar *(ue)* to remember
¡sea! be! *(formal sing.)*

sonar *(ue)* to ring
tener paciencia to be patient
tener suerte to be lucky

ADJETIVOS
favorable favorable
supersticioso,a superstitious
tímido,a timid
urgente urgent
valiente brave, valiant

OTRAS PALABRAS
algún dinero some money
cariñosamente affectionately
quizás perhaps, maybe

Ejercicios

I. **(A)** Complete the sentences according to the story.

1. Hay muchas personas que creen en los horóscopos. Son personas _____.

2. El horóscopo dice la _____ de una persona.

3. Patricio no lee ni las _____ ni los _____ en el periódico.

4. La fortuna de Patricio está bajo el signo de _____.

5. Una persona que nace el 22 de junio no debe_____.

(B) Preguntas personales y generales. Write your answer in a complete Spanish sentence.

1. ¿Qué parte del periódico lee Vd. generalmente?
2. ¿Cuál es el día se su nacimiento (birth)?
3. ¿Cuál es su signo del Zodíaco?
4. ¿Cuánto dinero puede Vd. ganar en la lotería?
5. ¿Qué hace un cartero?

1. _____
2. _____
3. _____
4. _____
5. _____

II. Unscramble the letters in the boxes below and see the advice given in your horoscope

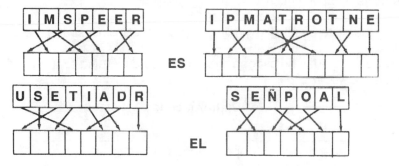

ES

EL

III. Picture Match: Choose and write the sentence(s) suggested by each sketch. Then tell something more about each one.

1.

2.

3.

4.

5.

a. Voy a ganar la lotería.
b. Es el cartero con una carta.
c. —Voy a tu casa la semana próxima.
d. ¡Defienda sus derechos! ¡No sea tímido!

e. Empieza a leer su horóscopo.
f. Patricio lee la carta.
g. —Pienso pasar tres semanas con mis hijos favoritos.
h. Recibe el periódico por la mañana.

1. _____

_____

2. _____

3. _____

_____

4. _____

5. _____

IV. Compositions: Oral or written.

(A) Look at the picture at the beginning of this Work Unit. Describe the scene in Spanish to friend.

(B) Tell about a five-day horoscope, giving advice according to the word cues. *Change infinitives to commands.*

Su horóscopo

1. **lunes:** _____
    ¡No *perder* tiempo! Su oportunidad está aquí.

2. **martes:** _____
    ¡*Defender* sus derechos! ¡No sea tímido!

3. **miércoles:** _____
    ¡*Cambiar* su fortuna! Vd. tiene suerte.

4. **jueves:** _____
    ¡*Tener* Vd. paciencia! Su signo es favorable.

5. **viernes:** _____
    ¡No *gastar* Vd. mucho dinero!

Add two more horoscopes in Spanish: **El fin de semana:**

6. **sábado:** _____

7. **domingo:** _____

Estructuras de la Lengua

Stem-Changing Verbs of *Ar* and *Er* Infinitives

A. ar Infinitives

	e>ie	o>ue
	pensar to think	**contar** to count
	I think so.	I count the money.
1. yo	**Pienso** que sí.	**Cuento** el dinero.
2. tú	**piensas**	**cuentas**
3. él, ella, Vd.	**piensa**	**cuenta**
4. nosotros-as	**Pensamos** que sí.	**Contamos** el dinero.
5. vosotros-as	**pensáis**	**contáis**
6. ellos-as, Vds.	**piensan**	**cuentan**
Commands	**¡Piense** Vd.!	**¡Cuente** Vd.!
	¡Piensen Vds.!	**¡Cuenten** Vds.!
	¡Pensemos!	**¡Contemos!**

B. **er** Infinitives

	e>ie	o>ue
	entender to understand	**volver** to return
	I understand very well.	I'm returning home.
1. yo	**Entiendo** muy bien.	**Vuelvo** a casa.
2. tú	**entiendes**	**vuelves**
3. él, ella, Vd.	**entiende**	**vuelve**
4. nosotros-as	**Entendemos** muy bien.	**Volvemos** a casa.
5. vosotros-as	**entendéls**	**volvéis**
6. ellos-as, Vds.	**entienden**	**vuelven**
Commands	**¡Entienda** Vd.!	**¡Vuelva** Vd.!
	¡Entiendan Vds.!	**¡Vuelvan** Vds.!
	¡Entendamos!	**¡Volvamos!**

Rules:

1. **o>ue** The **o** in the stem of some **ar** and **er** infinitives changes to **ue** in the present tense, in persons 1, 2, 3, 6, and in the commands, **Vd.** and **Vds.**

2. **e>ie** The **e** in the stem of some **ar** and **er** infinitives changes to **ie** in the present tense, in persons 1, 2, 3, 6, and in the commands, **Vd.** and **Vds.**

C. Learn these stem-changing verbs:

ar infinitives

e>ie		o>ue	
cerrar	to close	**almorzar**	to lunch
comenzar	to begin	**contar**	to tell, count
empezar	to begin	**encontrar**	to meet, to find
pensar	to think; to intend	**mostrar**	to show
		recordar	to remember
nevar	to snow	**volar**	to fly

er infinitives

e>ie		o>ue	
defender	to defend	**mover**	to move
entender	to understand	**poder**	to be able
perder	to lose	**volver**	to return
querer	to want	**llover**	to rain

D. **Llover (ue)** and **nevar (ie)** are meaningful only in the **third** person singular:

llueve it rains   **nieva** it snows

E. Jugar is the only verb that changes the infinitive stem's **u** to **ue** in persons 1, 2, 3, 6 of the present tense.

jugar to play (a game)

u>ue

		I play football (soccer)
	1. yo	**Juego** al fútbol.
	2. tú	**juegas**
	3. él, ella, Vd.	**juega**
	4. nosotros-as	**Jugamos al fútbol.**
	5. vosotros-as	**jugáis**
	6. ellos-as Vds.	**juegan**

STUDY THE RULES, EXAMPLES, AND MODELS BEFORE BEGINNING THE EXERCISES!

Exercises

I. **(A)** Everyone plans to start a vacation. Tomás wants to know when. Tell him. Use the appropriate form of the verb. Clues: *ahora, hoy, pronto, (más) tarde, esta noche, mañana.*

Model: *Yo* pienso ir mañana.　　　　(Ellos) **Ellos piensan ir el lunes.**
　　　　I intend to go tomorrow.　　　　　They intend to go on Monday.

1. (Tú) _____

2. (Diego) _____

3. (Diego y María) _____

4. (Tú y yo) _____

5. (Vds.) _____

6. (Yo) _____

(B) Tomás wants to know who can have lunch with him. He asks at what *different times* we all eat on the new schedule.

Model: ¿Almuerzas *tú* a las doce?　　　(Vds.) **¿Almuerzan Vds. a las doce?**
　　　　Do you (fam. sing.) lunch at 12:00?　　Do you (formal pl.) lunch at 12:00?

1. (Vd.) _____

2. (Vd. y yo) _____

3. (Las mujeres) _____

4. (Mi amiga) _____

5. (Yo) _____

6. (Tú) _____

II. Rewrite the sentence substituting the appropriate form of the verb given in parentheses. Keep the same subject.

    Model: Yo encuentro a mis amigos.   (perder) **Yo pierdo a mis amigos.**
             I meet my friends.   I lose my friends.

1. Ellos empiezan el examen. (comenzar) _____

2. ¿Cuentas tú el dinero? (encontrar) _____

3. Ana y él pierden el libro. (entender) _____

4. Él cierra la revista. (empezar) _____

5. Vds. no pueden leer. *(volver a) _____

6. Ella quiere la música. (perder) _____

7. Vd. no lo piensa bien. (cerrar) _____

8. Yo encuentro el disco. (recordar) _____

9. ¿No lo comienzan ellas? (empezar) _____

10. Nosotros almorzamos mal. (contar) _____
    *again

III. Write an affirmative answer in a complete Spanish sentence using the words in *italics* and the appropriate form of the verb used in the question.

    Model: ¿A dónde volvemos?   *Vds. / a casa* **Vds. vuelven a casa.**
             Where are we returning?   You are returning home.

1. ¿Cuándo comenzamos a estudiar?   *Vds. / a las cuatro*

_____

2. ¿A qué hora cerramos los libros?   *Vds. / a las diez*

_____

3. ¿Cuándo podemos venir a la casa?   *Vds. / venir temprano*

_____

4. ¿A dónde volamos mañana?   *Vds. / a Madrid*

_____

5. ¿Cómo quieren Vds. viajar?   *Nosotros / viajar en coche*

_____

6. ¿Entienden Vds. la novela?   *Nosotros no / la novela*

_____

7. ¿Dónde encuentran Vds. comida?   *Nosotras / en la cafetería*

_____

8. ¿Cuentas el dinero?   *Yo nunca / los dólares*

_____

9. ¿Cuánto dinero pierdes?   *Yo / dos dólares*

_____

10. ¿Con quiénes vuelvo yo a casa?   *Tú / a casa con nosotros.*

_____

Barron's has been authorized to use the chart
"Consuma Diariamente Los Cuatro Alimentos Básicos"
by Del Monte Corporation, San Francisco, California, its creator.
DEL MONTE is the registered trademark of Del Monte Corporation.

IV. Write an answer in *two* complete Spanish sentences: a) a NEGATIVE answer using **Nosotros;** b) an affirmative answer using **Ella sí que . . .** according to the model.

Model: —¿Piensan Vds. leer?   —**Nosotros no** pensamos leer. —**Ella sí que** piensa leer.
   Do you intend to read?   We don't intend to read.   She surely intends to read.

1. ¿Empiezan Vds. la comida ahora? _____

_____

2. ¿Almuerzan Vds. en un restaurante chino? _____

_____

3. ¿Entienden Vds el chino? _____

_____

os Cuatro Alimentos Básicos

grupo de carnes   panes y cereales

2 o más porciones   4 o más porciones

4. ¿Comienzan Vds. a comer? _____

_____

5. ¿Mueven Vds. la boca? _____

_____

6. ¿Cierran Vds. la boca? _____

_____

7. ¿Quieren Vds. tomar un helado? _____

_____

8. ¿Pueden Vds. comer más? _____

_____

9. ¿Vuelven Vds. a la escuela mañana cuando llueve? _____

_____

10. ¿Juegan Vds. en la calle cuando nieva? _____

_____

V. Write the appropriate NEGATIVE command in a complete Spanish sentence as a response to the question.

Models:	¿Pierde(n) Vd(s.) paciencia?	**¡No pierda(n) Vd(s.) paciencia!**
	Are you losing patience?	Don't lose patience!
	¿Perdemos paciencia?	**¡No perdamos paciencia!**
	Are we losing patience?	Let us not lose patience!

1. ¿Pierde Vd.? _____

2. ¿Perdemos? _____

3. ¿Piensan Vds.? _____

4. ¿Pensamos? _____

5. ¿Cuenta Vd.? _____

6. ¿Contamos? _____

7. ¿Defienden Vds. al amigo? _____

8. ¿Defendemos a los amigos? _____

9. ¿Vuelve Vd.? _____

10. ¿Volvemos? _____

VI. Complete the story about doing some "tough" homework. Use the subject **yo** with the *appropriate form of the verb*, and the vocabulary provided in parentheses.

1. (pensar en el trabajo) _____

2. (comenzar el trabajo) _____

3. (no entender los ejercicios) _____

4. (perder la paciencia) _____

5. (cerrar los libros) _____

6. (querer una fruta) _____

7. (almorzar en la cocina) _____

8. (recordar el trabajo) _____

9. (volver al escritorio) _____

10. (mostrar paciencia) _____

VII. Oral Proficiency: Act your part (Yo), or role play. *Later* write your part. [Review PALABRAS NUEVAS and ESTRUCTURAS of this WORK UNIT Twenty]

Situation: You are the fortune teller at a school carnival. Pepe asks you about luck in money, friends, love. You predict how his luck is going to change. [Three sentences are good; four very good; five or more are excellent.]

Pepe: ¿Cómo va a cambiar mi suerte? Mi signo es...
Yo:...

Clues: *Tell when Pepe is beginning a new life; where he meets a new love; how much money he finds and where; how lucky he already is with friends who understand him; why he should (**debe**) remember not to lose old friends.*

Quiero casarme con una millonaria.

Teodoro thinks he's found a way
to be rich and happy without working.
Do you agree?

Quiero ser rico

Este junio va a ser un mes especial para Teodoro Tacones. Después de pasar cinco años en la escuela secundaria, finalmente va a graduarse. Teodoro es un muchacho de poco talento pero de mucha ambición. Sabe que tiene que encontrar trabajo lo más pronto posible. Así va a la oficina de empleos de la escuela para pedir ayuda.

Consejero: ¿Qué tal, Teodoro? Al fin va a graduarse.
Teodoro: Sí, señor. Por eso estoy aquí. Necesito su consejo. Busco un empleo.
Consejero: Ah, bueno. ¿Qué clase de trabajo desea?
Teodoro: Pues, un puesto con buen sueldo. Quiero ganar mucho dinero; quiero ser rico.
Consejero: Entonces, Vd. debe ir a la universidad para estudiar más. Tiene que aprender una profesión como médico o como abogado.
Teodoro: No, eso es mucho trabajo. Quiero un empleo fácil. Así puedo descansar y no hacer nada. Quiero viajar por el mundo y ver a la gente de otros países.
Consejero: Entonces, ¿por qué no estudia para ser piloto? Así Vd. puede ganar un buen sueldo y puede viajar también.
Teodoro: No, tengo miedo de los aviones. Y además, los pilotos trabajan largas horas y tienen muchas responsabilidades.
Consejero: Bueno, tengo la solución. Vd. debe casarse con una millonaria.
Teodoro: ¡Perfecto! ¡Ésta es la solución ideal! ¿Para qué trabajar?
Consejero: Sí, pero sólo hay un problema.
Teodoro: ¿Cuál?
Consejero: Todas las chicas millonarias quieren casarse con millonarios.

Palabras Nuevas

SUSTANTIVOS
el abogado the lawyer
la ambición the ambition
el avión the airplane
la chica the girl
el consejo the advice
el empleo the job, the employment
la escuela secundaria the high school, the secondary school
la oficina de empleos the employment office
el millonario the millionaire
el piloto the pilot

el puesto the job, the position
la responsabilidad the responsibility
la solución the solution
el sueldo the salary
el tacón the heel
el talento the talent
Teodoro Theodore

VERBOS
casarse (con) to marry, to get married (to)
ganar dinero to earn money
graduarse the graduate
pedir (i) ayuda to ask for help

tener miedo to be afraid
tener que to have to

OTRAS PALABRAS
además besides
al fin finally
¿Cuál? Which? What?
finalmente finally
lo más pronto posible as soon as possible
¿Para qué? For what purpose? Why?
por eso therefore, because of that
¿Qué clase de? What kind of?

Ejercicios

I. **(A) Preguntas.** Write your answer in a complete Spanish sentence.

1. ¿Por qué es un día especial para Teodoro Tacones? _____

2. ¿Cuántos años está en la escuela secundaria? _____

3. ¿Qué quiere ser el muchacho? _____

4. ¿Por qué no quiere ser piloto? _____

(B) Preguntas personales y generales. Write your answer in a complete Spanish sentence.

1. ¿Cuándo va Vd. a terminar la escuela?
2. ¿Cuál es su ambición?
3. ¿Quiere Vd. ser rico? ¿Por qué?
4. ¿En qué clase de trabajo va Vd. a recibir un buen sueldo?

1. _____

2. _____

3. _____

4. _____

II. ¿Cómo se dice en español?

1. He's finally going to graduate.
2. He wants to find work as soon as possible.
3. I want to earn a lot of money.
4. I want an easy job in order to rest.

1. _____

2. _____

3. _____

4. _____

III. Compositions: Oral or written.

(A) Look at the picture at the beginning of this Work Unit. Describe the scene in Spanish to a friend.

(B) You're looking for a job and are discussing the possibilities with the employment counselor.

Consejero—Bueno, ¿qué clase de trabajo busca Vd.?

1. Usted: _____
(Mention a profession: consejero, analista de computadoras, etc.)

Consejero—Para ese empleo, va a necesitar ir a la universidad.

2. Usted: _____
(Explain why you need a job now.)

Consejero—Es una posibilidad. ¿Cuánto quiere ganar por semana?

3. Usted: _____
(Mention a reasonable salary amount you need to earn.)

Consejero—En ese caso, creo que no hay ninguna dificultad. ¡Venga a verme mañana!

4. Usted: _____
(Thank him for his help and say goodbye.)

Estructuras de la Lengua

The complementary infinitive. The infinitive after *ir a*, *tener que*, and *para*.

A. The complementary infinitive completes the thought:

After verbs of some obligation—**deber, necesitar**

1. —¿Qué **debes hacer?** What should you do?	—**Debo saber** la lección. I should know the lesson.
2. —¿Qué **necesitas hacer?** What do you need to do?	—**Necesito estudiarla.** I need to study it.

After verbs of wanting and planning—**desear, querer, pensar**

1. —¿Qué **quieres (deseas) hacer?** What do you want to do?	—**Quiero (deseo) escuchar** mis discos. I want to listen to my records.
2. —¿Qué **piensas hacer?** What do you plan (intend) to do?	—**Pienso escucharlos** ahora. I plan (intend) to listen to them now.

After verbs of being able—**poder, saber**

---

1. —¿No puedes andar hoy?
   Can't you walk today?

   —Puedo andar un poco.
   I can (am able to) walk a little.

2. —¿Sabes leer el español?
   Do you know how to (can you)
   read Spanish?

   —Sé escribirlo también.
   I know how to (can) write it, too.

Rules:

1. Only the first verb agrees with the subject.

2. **Deber, necesitar, desear, querer, pensar, poder, saber,** are completed by the infinitive form of the verb that follows. Infinitives end in **ar, er,** or **ir.**

3. **Poder** means *can, to be able* in a strictly physical sense. **Saber** means *can* or *to know how* in the sense of possessing a skill or talent

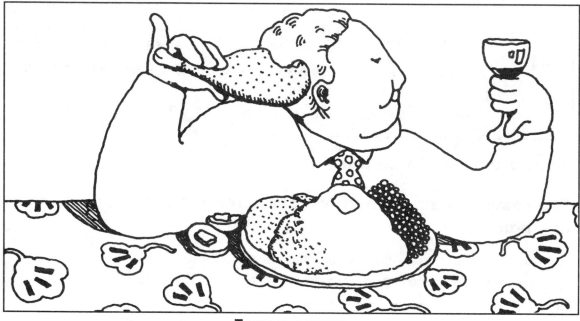

Tengo que comer

B. The infinitive form of the verb follows **ir a** and **tener que.**

---

1. —¿Qué tienes **que** hacer?
   What do you have to (must you) do?

   —**Tengo que comer.** (strong obligation)
   I have to (must) eat.

2. —¿Cuándo vas **a** comer?
   When are you going to eat?

   —**Voy a comer** ahora.
   I am going to eat now.

Rules:

1. **Tener que** followed by the infinitive means *to have to* or *must* and indicates strong obligation. **Deber** (should, ought) is milder. **Tener** agrees with its subject. **Que** has no English translation in this idiomatic expression.

2. **Ir a** followed by the infinitive tells what you are going to do in the immediate future. **Ir** agrees with its subject. **A** has no translation here.

3. For the present tense forms of **ir** and **tener** see Work Unit 7.

C. Para: *in order (to)* indicates purpose and introduces a complementary infinitive.

1. —¿**Para** qué trabajas?	—**Trabajo para tener dinero.**
For what purpose do you work?	I work to (in order to) have money.
2. —¿**Para** qué comen Vds.?	—**Comemos para vivir.**
For what purpose (why) do you eat?	We eat to (in order to) live.

STUDY THE RULES, EXAMPLES, AND MODELS BEFORE BEGINNING THE EXERCISES!

Exercises

I. You, the coach, say, "Time out for lunch." Everyone has to eat something now. Rewrite the model sentence using the subject in *italics*. Make necessary changes in the verb. Clues: *fruta, ensalada, chocolate, helado, pan, sopa, hamburguesas.*

Modelo: **Nosotros tenemos que comer.**   *Ella:* **Ella tiene que comer.**
        We have to eat.   She has to eat.

1. *Yo* _____   4. *Vds.* _____

2. *Tú* _____   5. *Vd.* _____

3. *Juan* _____   6. *Ana y yo* _____

           7. *Juan y Ana* _____

II. The family is tired after a big picnic. Tell what we are *not* going to do tonight. Use the subject in *italics*. Make necessary changes in the verb. Clues: *salir, jugar, visitar, charlar, estudiar, leer, comer.*

Model: **Yo no voy a leer esta noche.**   Tomás: **Tomás no va a comer esta noche.**
       I'm not going to read tonight.   Thomas isn't going to eat tonight.

1. *Los tíos* _____

2. *Susana* _____

3. *Tú* _____

4. *Vds.* _____

5. *Marta y yo* _____

6. *Yo* _____

7. *Él* _____

III. Rewrite the model question substituting the verbs in parentheses for the verbs in *italics*.

Model: ¿*Comemos* para *vivir*?   (escribir / practicar) **¿Escribimos** para **practicar?**
       Do we eat in order to live?   Do we write in order to practice?

1. (Estudiamos / comprender) _____

2. (Leemos / saber) _____

3. (Hablamos / practicar) _____

4. (Escuchamos / aprender) _____

5. (Trabajamos / comer) _____

IV. Rewrite the model sentence substituting the verb in parentheses for the one in *italics*. Use the appropriate preposition (**a, para,** or **que**) *if* one is necessary.

Model: *Quieren* hacerlo.   (Voy) **Voy a hacerlo.**
       They want to do it.   I'm going to do it.

1. (Necesita) _____   6. (Tengo) _____

2. (Deben) _____   7. (Trabaja) _____

3. (Tiene) _____   8. (Quiero) _____

4. (Puedes) _____   9. (Vamos) _____

5. (Sé) _____   10. (Desean) _____

V. Complete the story. Insert the appropriate word (**a, para**, or **que**) *if one is needed*. Write a dash (—) if no additional word is needed.

1. Yo deseo _____ pasar un rato con mis amigos. 2. Uso el teléfono _____ invitarlos. 3. Los amigos, Pepe y Luisa, van _____ venir a mi casa. 4. Ellos tienen _____ llamar a la puerta dos veces. 5. No pueden _____ esperar mucho tiempo. 6. Yo voy _____ abrir la puerta. 7. Queremos _____ escuchar música. 8. Pepe va al centro _____ comprar más discos. 9. Sabemos _____ bailar muy bien a la música popular. 10. No tenemos mucho tiempo porque los amigos deben _____ regresar a casa a las diez.

VI. Complete the story with the correct form of an appropriate verb from those provided below.

1. Hoy _____ _____ estudiar para un examen. (I have to) 2. Yo _____ pasar dos horas con mis libros. (I should) 3. Primero, _____ _____ comer una fruta. (I'm going to) 4. Tomo mi pluma _____ _____ el vocabulario. (in order to write) 5. Mi madre me llama dos veces pero yo no _____ _____ ahora. (want to eat) 6. Ella _____ _____ esperar más. (cannot) 7. Finalmente ella _____ _____ gritar. (has to) 8. —Nosotros _____ comer _____ _____. (need; in order to live) 9. Respondo: —Voy porque ya _____

_____ todo el vocabulario. (I know how to write)   10. Me gusta _____ y luego

_____. (to study; to eat)

VOCABULARIO: **comer, deber, escribir, estudiar, ir a, necesitar, no, para, poder, querer, oaber, tcncr quc, vivir.**

VII. Write an affirmative response in a complete sentence using the words given in parentheses.

> Model: —¿Cuándo vas a llegar?   (hoy) —**Voy a llegar hoy.**
>   When are you going to arrive?   I'm going to arrive today.

1. ¿A qué hora tienes que llegar al trabajo?   (a las tres después de la escuela)

_____

2. ¿Qué sabes tú hacer allí?   (vender ropa)

_____

3. ¿Cuántas horas tienes que trabajar?   (tres horas después de la escuela)

_____

4. ¿Cuándo vas a casa a comer?   (un poco antes de las seis)

_____

5. ¿Cuándo puedes salir temprano?   (los sábados)

_____

6. ¿No deseas jugar por la tarde?   (siempre)

_____

7. ¿Para qué trabajas?   (tener dinero)

_____

8. ¿Para qué necesitas dinero?   (ir a estudiar en la universidad)

_____

9. ¿Debe trabajar tu hermano?   (sí, también)

_____

10. ¿Van Vds. a estudiar?   (sí, por la noche)

_____

VIII. Oral Proficiency: Act your part (Yo), or role play. *Later* write your part. [Review PALABRAS NUEVAS and ESTRUCTURAS of this WORK UNIT Twenty-one]

Situation: You have an interview with your counselor who asks what ideas you have for your future. You explain. [Three sentences are good; four very good; five or more are excellent.]

  Consejero(a):   ¿Qué ambiciones tienes para tu futuro?
Yo:...

Clues: *Tell what you are going to be; what you have talent(s) for (para); what school(s) you should attend; what you have to do to earn money; whether you have to be a millionaire or can be content with a good job and salary.* Other ideas?

Yo creí que traías una mala noticia.

*We all love a sad story. It gives us a chance
to have a good cry.*

¡Qué vida tan cruel!

A las doce en punto, todas las mujeres de la ciudad ponen un programa de televisión, "La vida feliz de Alfonso y Adela." En este programa las personas sufren terriblemente. Todos los días hay un nuevo capítulo triste. Yolanda González está loca por este programa. Durante toda la hora, llora constantement. Pero al día siguiente, lo mira otra vez. Vamos a escuchar el capítulo de hoy. Alfonso regresa de su trabajo y habla con su mujer.

Adela:	Ay, mi vida. Estás tan triste. ¿Qué te pasa?
Alfonso.	Adela, mi amor, tengo una mala noticia para ti. Ya no puedo trabajar. Cierran la oficina mañana y todos tenemos que buscar otro empleo.
Adela:	No es tan serio, Alfonsito. Pronto vas a encontrar trabajo.
Alfonso:	Imposible, mi cielo. Estoy muy enfermo y el médico dice que necesito una operación. Tengo que ir mañana al hospital.
Adela:	Oh, no. ¡Y mañana viene la abuela a vivir con nosotros porque ella no puede pagar su alquiler! ¡No tenemos más dinero! ¿Qué vamos a hacer?
Alfonso:	Es necesario ser valiente. ¿Dónde están nuestros hijos adorables, Raúl y Rodrigo? Quiero hablar con ellos.
Adela:	Oh, Alfonso. ¿No recuerdas? Están en la prisión por robar un automóvil.
Alfonso:	Sí, sí. Un coche patrullero con el policía adentro. Nuestros hijos son adorables pero estúpidos.
Adela:	¡Ay, qué vida tan miserable y cruel!

En ese momento, Gustavo González, el esposo de Yolanda, abre la puerta y entra en la sala. Completamente sorprendida, Yolanda le pregunta:

Yolanda:	Gustavo, ¿Qué te pasa? Por qué vuelves a casa tan temprano?
Gustavo:	Yolanda, tengo una mala noticia para ti. Tengo un resfriado y no puedo trabajar más hoy. Además perdí mi cartera con veinte dólares. (Yolanda comienza a reír.) Pero, ¿estás loca? ¿Por qué ríes?
Yolanda:	¿Es eso todo? ¿Cuál es la mala noticia?

Palabras Nuevas

SUSTANTIVOS
Adela Adele
Alfonso Alphonse
   Alfonsito
     little Alphonse, "Alfie"
el alquiler the rent
la cartera the wallet
(mi) cielo (vida, amor)
   (my) darling
el coche (patrullero)
   the *(patrol)* car
la operación the operation
la prisión the prison, the jail
el resfriado the cold *(illness)*

ADJETIVOS
adorable adorable
cruel cruel
estúpido stupid
miserable miserable
serio,a serious
valiente brave

VERBOS
llorar to cry
perdí I lost
recordar (ue) to remember
reír to laugh
   ríes you *(fam. sing.)*
   are laughing
robar to steal

OTRAS PALABRAS
al día siguiente
   on the following day
constantemente constantly
durante toda la hora
   for the whole hour
estar loca,a por
   to be crazy about
lo it *(m.)*
otra vez again
para ti for you *(fam. sing.)*
¿Qué te pasa? What is the
   matter with you? *(fam. sing.)*
terriblemente terribly
valiente brave
ya no no longer

223

Ejercicios

I. **(A)** Write the word that makes the sentence correct, replacing the word in italics.

1. A las doce todas las mujeres escuchan un programa en *la radio*. _____

2. Alfonso y Adela llevan una vida *feliz*. _____

3. En este capítulo del programa, Alfonso trae una *buena* noticia. _____

4. Raúl y Rodrigo están ahora en la *universidad*. _____

5. Gustavo vuelve *tarde* a la casa. _____

(B) Preguntas personales y generales. Write your answer in a complete Spanish sentence.

1. ¿Qué hace su papá cuando regresa del trabajo?
2. ¿Qué tiene Vd. que hacer si tiene un resfriado?
3. ¿Qué hay dentro de su cartera?
4. ¿Qué puede Vd. comprar con veinte dólares?
5. ¿Cuál es un ejemplo de una mala noticia?

1. _____

2. _____

3. _____

4. _____

5. _____

II. Unscramble the words in the boxes to form complete sentences.

1.

llora	durante	la
constantemente	hora	toda

2.

mala	para	noticia
ti	tengo	una

3.

nuestros	estúpidos	son
adorables	pero	hijos

4.

tenemos	empleo	buscar
que	todos	otro

1. _____

2. _____

3. _____

4. _____

III. Picture Match: Choose and write the sentence(s) suggested by each sketch. Then tell something more about each one.

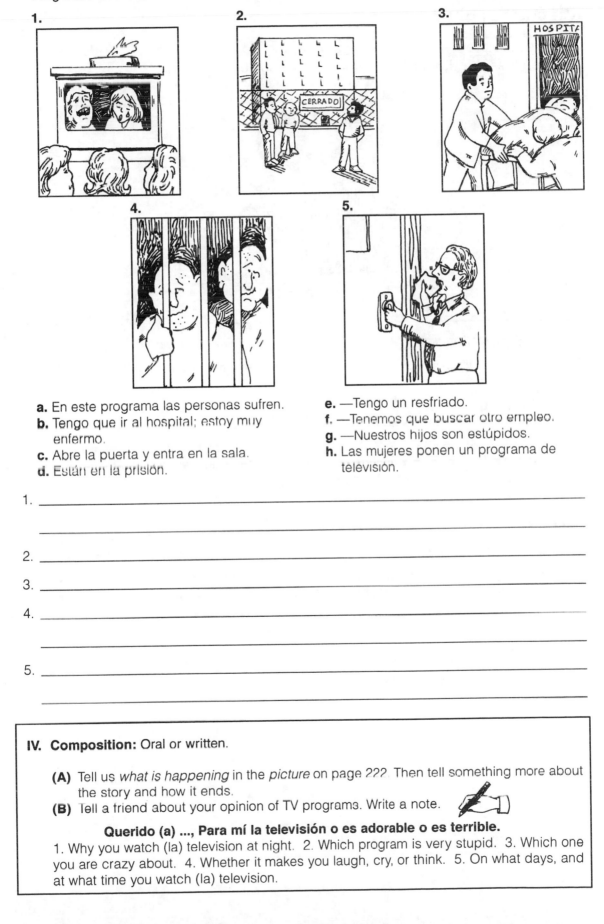

a. En este programa las personas sufren.
b. Tengo que ir al hospital; estoy muy enfermo.
c. Abre la puerta y entra en la sala.
d. Están en la prisión.

e. —Tengo un resfriado.
f. —Tenemos que buscar otro empleo.
g. —Nuestros hijos son estúpidos.
h. Las mujeres ponen un programa de televisión.

1. _____

_____

2. _____

3. _____

4. _____

_____

5. _____

_____

IV. Composition: Oral or written.

(A) Tell us *what is happening* in the *picture* on page ???. Then tell something more about the story and how it ends.

(B) Tell a friend about your opinion of TV programs. Write a note.

Querido (a) ..., Para mí la televisión o es adorable o es terrible.

1. Why you watch (la) television at night. 2. Which program is very stupid. 3. Which one you are crazy about. 4. Whether it makes you laugh, cry, or think. 5. On what days, and at what time you watch (la) television.

Estructuras de la Lengua

Prepositional Pronouns

A. After the prepositions **a, para, sin, sobre, de,** and compounds of **de** (**cerca de,** etc.), use **mí, ti,** and forms that look like subject pronouns.

¡Para ti!

Singular Persons	Plural Persons
1. El regalo es **para mí.** The present is for me.	4. Sale **sin nosotros, -as** He leaves without us.
2. Corre **a ti.** He runs to you (*fam. sing.*).	5. Vivo cerca de **vosotros, -as** I live near you (*fam. pl.*).
3. Hablo **de él, de ella** y **de Vd.** I speak of him (it *masc.*), of her (it *fem.*), and of you (*formal sing.*).	6. Estoy **con ellos -as** y **con Vds.** I am with them and you.

Rules:

1. Learn these prepositions: **a** *to*, **de** *from*, **sin** *without*, **con** *with*, **para** *for*, **cerca de** *near*.

2. Except for **mí** and **ti,** the pronouns that follow the above prepositions are identical with these subject pronouns: **él, ella, Vd., nosotros, -as, vosotros, -as, ellos, ellas, Vds.**

3. After a preposition **él, ella,** may mean *it*, as well as *her*, *him*. **Ellos, –as** mean *them* for things as well as persons.

4. **Mí** *me* is distinguished from **mi** *my* by the accent mark.

5. **De él** *of him* does not contract, unlike **del** *of the*.

B. The preposition **con** *with* combines with **mí** and **ti** to form **conmigo** *with me,* and **contigo** *with you.*

---

1. Trabajan **conmigo.**
   They work *with me.*

2. Estudian **contigo.**
   They study *with you* (fam. sing.).

3. Come **con él, con ella, con Vd.**
   They eat with *him* (is *masc.*), with *her* (it *fem.*) *with you.*

4. Juegan **con nosotros, -as.**
   They play *with us.*

5. Hablan **con vosotros, -as.**
   They speak *with you* (fam. pl.).

6. Van **con ellos-as** y **con Vds.**
   They are going *with them* and *with you* (pl.).

Rule:

Con *must* combine to form **conmigo, contigo. Con** remains separate from the following. **él, ella, Vd., nosotros, -as, vosotros, -as, ellos, -as, Vds.**

STUDY THE RULES, EXAMPLES, AND MODELS BEFORE BEGINNING THE EXERCISES!

Exercises

I. This Christmas los Señores García take the whole family to the store to select the gifts each one really wants. Rewrite the sentence substituting for each of the two expressions in italics the appropriate form of the word in parentheses. Use **con** and **para** in each sentence.

Model: Compran el regalo *conmigo* y es para *mí.*
    They buy the present with me and it is for me.

   (ella) Compran el regalo con **ella** y es para **ella.**
    They buy the present with her and it is for her.

Compran el regalo *conmigo* y es para *mí.*

1. (él) _____

2. (ellos) _____

3. (ella) _____

4. (ellas) _____

5. (mí) _____

6. (ti) _____

7. (Vds.) _____

8. (nosotros) _____

9. (vosotros) _____

10. (Vd.) _____

II. Rewrite the sentence, substituting ONE appropriate prepositional pronoun for the expression in *italics*.

   Model: Están cerca de Luis y de mi.   Están cerca de **nosotros.**
            They are near Louis and me.   They are near us. (*m.*)

1. Vivo cerca del *centro y del tren*. _____

2. Los niños vienen sin *su abuela y sin Juan*. _____

3. Compras dulces para *Luisa y para su amiga*. _____

4. Los perritos corren a *Pedro y a Vd*. _____

5. Las chicas bailan *conmigo y con mis amigos*. _____

III. Write an affirmative answer, substituting the appropriate prepositional pronoun for the expression in *italics*. Begin with **Sí**.

   Model: —¿Vive Vd. (Vives) en *la casa grande*?   —**Sí,** vivo en **ella.**
            Do you live in the large house?   Yes, I live in it.

1. ¿Vive Vd. cerca de *la ciudad*? _____

2. ¿Lo prepara Vd. para *las fiestas*? _____

3. ¿Desea Vd. escribir sin *lápiz*? _____

4. ¿Estás sentado en *el banco*? _____

5. ¿Juegas cerca de *los árboles*? _____

IV. Write a response using the preposition and the appropriate prepositional pronoun suggested by the word(s) in *italics*: ¿_____? Gracias.

   Model: —El regalo es *para Vd*.   —**¿Para mí? Gracias.**
            The present is for you.   For me? Thanks.

1. Compro una bicicleta *para Vd*. _____

2. Vamos a estudiar *con Vd*. _____

3. Hacemos el trabajo *sin ti*. _____

4. Vamos a comer *cerca de Vds*. _____

5. ¡Coma Vd. *con nosotros*! _____

V. Write a rejoinder in a complete Spanish sentence. Use **con** and the appropriate prepositional pronoun in your answer. Begin with **Sí**.

   Model: —Van contigo, ¿verdad?   —**Sí. Van conmigo.**
            They're going with you. Right?   Yes. They're going with me.

1. Asisten contigo, ¿verdad? _____

2. Juegan con Vds., ¿verdad? _____

3. Van con Vd., ¿verdad? _____

4. Trabajan con nosotros, ¿verdad? _____

5. Comen conmigo, ¿verdad? _____

VI. Write the equivalent in a complete Spanish sentence using the vocabulary provided.

1. They buy the present for me and for him. _____
   Ellos compran / regalo para / y para /

2. The child plays with me and with my friend. _____
   El niño juega con / y / mi amigo

3. She runs to him, not to you *(formal)*. _____
   Ella corre a / ,no a /

4. The man works without us and without her. _____
   El hombre trabaja sin / y sin /

5. She lives near you *(fam.)*, Peter, and near them. _____
   Ella vive cerca de / ,Pedro, y cerca de /

VII. **Oral Proficiency:** Act your part (Yo), or role play. *Later* write your part. [Review PALABRAS NUEVAS and ESTRUCTURAS of this WORK UNIT Twenty-two]

Situation: Your friend notices that you look sad, and asks what is the matter and what bad news you have. You tell your friend all the bad news. [Three sentences are good; four very good; five or more are excellent.]

 Amigo(a): ¿Qué te pasa? ¿Qué mala noticias traes?
Yo:...

Clues: *Tell whether it is difficult not to cry; which best friend is now going to live far from you; how crazy you are about him or her; also, tell what you lost today; and tell who has to go to the hospital and why.* Other ideas?

La construcción de la casa está terminada.

Some people are never satisfied.
What could Esmeralda want now?

¡Vamos a construir una casa!

¡Qué día tan triste! Esmeralda, una niña de seis años, está sola en casa con su abuelo. Su padre trabaja, sus hermanos mayores están en la escuela, y su madre está en la casa de una vecina enferma. Quiere ir a jugar afuera pero no puede porque hace mal tiempo. Hace frío y llueve. Esmeralda ya está cansada de jugar con su muñeca, Pepita, y está muy triste.

Esmeralda: Ay, abuelito, ¿qué vamos a hacer? Estoy tan aburrida.
Abuelo: Bueno, niña. Dime, ¿dónde vive tu Pepita?
Esmeralda: ¿Cómo? Pepita vive aquí, conmigo, por supuesto.
Abuelo: Ah, pero no tiene su propia casa, ¿verdad? ¡Vamos a construirla!
Esmeralda: Oh, ¡qué buena idea! Sí, vamos a construir una casa para Pepita.
Abuelo: Primero, necesitamos una caja, así

la tapa

una caja

en lado

Esmeralda: Sí, los lados de la caja pueden ser las paredes de la casa. ¡Haga Vd. un techo de la tapa y póngalo en la casa!

el techo

la ventana

Esmeralda: Ahora, ¡ponga una puerta en el frente de la casa y unas ventanas en las paredes!
Abuelo: ¿Qué más necesitamos?
Esmeralda: Bueno, ¡haga una chimenea y póngala en el techo! Necesitamos también un jardin con unos árboles de cartón.

Después de media hora, la construcción está terminada.

la chimenea

el árbol

el techo

la ventana

la hierba
(el césped)

la puerta

Abuelo: Aquí tienes tu casa, niña. ¿No estás contenta ahora?

Esmeralda: No, abuelito, porque es la única casa en el vecindario y Pepita va a estar sola. Ahora, tenemos que hacer otra cosa necesaria. . . . ¡Construir más casas!

Palabras Nuevas

SUSTANTIVOS
el abuelito the grandpa
la caja the box
el cartón the cardboard
la construcción
   the construction
la chimenea the chimney
el frente the front
el jardín the garden
el lado the side
la pared the wall
Pepita Josie,
   little Josephine
la tapa the cover
el techo the roof, the ceiling

la vecina the neighbor
el vecindario
   the neighborhood

ADJETIVOS
aburrido,a bored
mayor older
propio,a own
terminado,a finished
único,a only

VERBOS
construir to build,
   to construct
¡dime! tell me! *(fam. sing.)*

hace frío it is cold *(weather)*
hace mal tiempo
   it is bad weather
¡haga! make! *(formal sing.)*
llueve it rains
¡póngalo(la)! put it
   (formal sing.)
¡vamos! let's go!

OTRAS PALABRAS
afuera outside
después de media hora
   after a half hour
por supuesto of course

Ejercicios

I. **(A) Preguntas.** Write your answer in a complete Spanish sentence.

1. ¿Cuántos años tiene Esmeralda?
2. ¿Por qué está triste hoy?
3. ¿Dónde está la familia de Esmeralda?
4. ¿Por qué no puede jugar afuera?
5. Después de ver la casa, ¿por qué no está contenta Esmeralda?

1. _____

2. _____

3. _____

4. _____

5. _____

(B) Preguntas personales y generales. Write your answer in a complete Spanish sentence.

1. ¿Qué hace Vd. en casa cuando hace mal tiempo?
2. ¿En qué clase está Vd. aburrido? ¿Por qué?
3. ¿Para qué sirve la puerta de una casa?
4. ¿Vive Vd. en un apartamiento o en su propia casa?
5. ¿Qué hay en las paredes de su clase?

1. _____

2. _____

3. _____

4. _____

5. _____

II. Fill in the missing words.

Instrucciones para construir una casa para muñecas.

Primero, es necesario encontrar una _____ de cartón. Los _____ de la caja
1   2

van a ser las _____ de la casa. Después, hacemos el _____ de la tapa de la caja. En
3   4

el frente de la casa, ponemos una _____. Las personas _____ y _____ de la
5   6   7

casa por esta _____. En las paredes ponemos dos _____. Así pueden entrar luz y
8   9

_____. Terminamos el trabajo con un jardín con hierba y con unos _____.
10   11

III. Compositions: Oral or written.

(A) Tell us *what is happening* in the *picture* on page 230. Then tell something more about the story and how it ends.

(B) Tell a friend about this rainy week. Write a note.

Querido (a)..., Esta semana llueve durante los siete días.

1. What you do when it rains everyday. 2. What you then do when you are alone and bored with everything in the house. 3. Whom you invite to your house. 4. What kind of weather you prefer. 5. Why.

Estructuras de la Lengua

Direct Object Pronouns

A. The direct object *pronoun* stands for the noun, and agrees with it in number and gender.

THINGS

The *noun* as object of the verb.	The *pronoun* used in place of the noun.
1. ¿Tiene Anita **el libro?** Does Anita have the book?	Anita **lo** tiene. Anita has *it*.
2. ¿Tiene Anita **la tiza?** Does Anita have the chalk?	Anita no **la** tiene. Anita does not have *it*.
3. ¿Aprende Juan **los números?** Does John learn the numbers?	Sí, Juan **los** aprende. Yes, John learns *them*.
4. ¿Aprende Luis **las reglas?** Does Louis learn the rules?	Luis no **las** aprende. Louis does not learn *them*.

Rules:

1. Meanings: **lo** (masc.), **la** (fem.) *it;* **los** (masc.), **las** (fem.) *them.*

2. **Lo, la, los,** or **las** (the direct object pronouns) are placed *before* the verb. When **no** is present, it is placed before **lo, la, los,** or **las.**

B. Direct object pronouns representing PERSONS.

Juan **me** ve	a (mí)	John sees	*me*	
te ve	(a ti)		*you* (familiar sing.)	
lo ve	(a él)		*him*	
la ve	(a ella)		*her*	
lo, la ve	(a Vd.)		*you* (formal: masc. sing., fem. sing.)	
Juan **nos** ve	(a nosotros)	John sees	*us*	
os ve	(a vosotros)		*you* (familiar pl.)	
los ve	(a ellos)		*them* (masc.)	
las ve	(a ellas)		*them* (fem.)	
los ve	(a Vds.)		*you* (formal, masc.; plural)	
las ve	(a Vds.)		*you* (formal, fem.; plural)	

Rules:

1. *All* direct object pronouns are placed directly *before* the conjugated verb.

2. Multiple English meanings for **lo:** *him, you* (masc.), *it* (masc.); for **la:** *her, you* (fem.), *it* (fem.).

3. **A mí, a ti, a él, a ella, a Vd.; a nosotros, a vosotros, a ellos, a ellas, a Vds.,** are omitted under ordinary circumstances. They *are* used for *emphasis*, and to *clarify the meanings* of **lo, la, los,** and **las.**

4. **Le** is reserved for the indirect object pronouns *to him, to her, to you,* in this book.

C. Direct object pronouns are *attached to the end of*

Direct object pronouns are placed *before*

AFFIRMATIVE COMMANDS

1. **¡Cómalo** Vd. ahora!
   Eat It now!

2. **¡Apréndanla** Vds. bien!
   Learn it right!

3. **¡Comprémoslos** aquí!
   Let's buy them here!

NEGATIVE COMMANDS

1. **¡No lo coma** Vd. después!
   Don't eat it later!

2. **¡No la aprendan** Vds. mal!
   Don't learn it wrong!

3. **¡No los compremos** allí!
   Let's not buy them there!

Rules:

1. The accent mark is written after attaching the object pronoun to the end of the affirmative command. The mark is placed on the stressed vowel of the third syllable from the end of the combined word. This written accent preserves the original stress on the verb for the reader.

2. No attachment is possible on negative commands; no accent mark is needed.

No lo veo.

D. The position of object pronouns varies in the presence of a conjugated verb which is followed by an INFINITIVE.

---

1. Anita no **lo quiere comer.**

2. Anita no **quiere comerlo.**

Anita does not want to eat it.

Rules:

1. Direct object pronouns may be placed either (1) before the conjugated verb or (2) attached to the infinitive, when both conjugated verb and complementary infinitive are present.

2. Direct object pronouns MUST be attached to the end of the infinitive when no conjugated verb is seen *before* it, e.g.,

> Para **comerlo** necesito una cuchara.
> In order *to eat it* I need a spoon.

3. No accent mark is written when attaching one object pronoun to an infinitive.

STUDY THE RULES, EXAMPLES, AND MODELS BEFORE BEGINNING THE EXERCISES!

Exercises

I. Pablo complains a lot. Paulina, the optimist, responds according to the model. Write a complete sentence, substituting the appropriate direct object pronoun for the noun in *italics*. Use <Sí que . . . >

Model: Pablo—Yo no tengo *los guantes.*   Paulina—Sí que **los tienes.**
I don't have the gloves.   Of course, you have them.

1. Yo no tengo *los libros.* _____

2. Los abuelos no toman *el avión.* _____

3. Juan no tiene *la pelota.* _____

4. Mi profesora no sabe *las repuestas.* _____

5. Los niños no desean *helado.* _____

II. Write an affirmative answer in a complete Spanish sentence using the object pronoun before the verb and the emphatic phrase after.

Model: ¿A quién observan allí?   (lo/a él) **Lo** observan a **él** allí.
Whom do they observe there?   They observe *him* there.

1. ¿A quién necesitan en el jardín?
(me/a mí) _____

2. ¿A quién ven en el supermercado?
(la/a Vd.) _____

3. ¿A quién visitan en aquel país?
(lo/a Vd.) _____

4. ¿A quién observan en la calle?
(lo/a él) _____

5. ¿A quién permiten en la casa?
(te/a ti) _____

6. ¿A quiénes hallan en la sala?
(los/a Vds.) _____

7. ¿A quiénes describen en la foto?
(nos/a nosotros) _____

8. ¿A quiénes miran por la avenida?
(las/a ellas) _____

9. ¿A quién escuchan en su clase de historia?
   (la/a ella) _____

10. ¿A quiénes comprenden en el cine?
    (los/a ellos) _____

III. Write an affirmative response using the appropriate direct object pronoun and emphasizing phrase. Begin each response with **Sí que . . .** (certainly) or **Sí . . .** (yes), according to the models.

    (A) Model:—¿La observan a *María*?   —Sí que **la** observan **a ella.**
             Are they watching Mary?   They certainly are watching her.

1. ¿La invitan a *la niña*? _____

2. ¿Lo prefieren a *este profesor*? _____

3. ¿Las quieren a *Marta* y a *Luisa*? _____

4. ¿Los ven a *los hombres*? _____

5. ¿Los escuchan a *Ana* y a *Tomás*? _____

    (B) Model:—**¿Nos** invitan **a nosotros?**   —Sí, **los** invitan **a Vds.**
             Are they inviting *us*?   Yes, they are inviting *you* (pl.).

1. ¿Nos ven a nosotros? _____

2. ¿Me necesitan a mí? _____

3. ¿Te comprenden a ti? _____

4. ¿Los visitan a Vds.? _____

5. ¿La observan a Vd.? _____

IV. Rewrite the sentence, changing the position of the object pronoun according to the models.

    (A) Model: No lo debo estudiar.   I must not study it.
               No debo estudiarlo.

1. No lo deseo leer.   4. ¿No nos pueden ver?

_____   _____

2. ¿No los quiere visitar?   5. No me deben mirar.

_____   _____

3. No te vamos a comer.   6. No la voy a construir.

_____   _____

    (B) Model: No puedo estudiarlo.   I cannot study it.
               No lo puedo estudiar.

1. No esperamos verte.   3. No prefiere contestarla.

_____   _____

2. ¿No sabes hacerlas?   4. ¿No pueden comprenderme?

_____   _____

V. You have a new *camioneta* (van). All your friends want a lift. Answer their questions affirmatively using the *correct object pronoun*.

Model: Dorotea: —¿Quieres llevarme?   —Sí, te llevo.
          Do you want to take me?   Yes, I'll take you.

1. José y Ana: —¿Quieres llevarnos? _____

2. Inés: —¿Deseas llevarlas a Ana y a Sara? _____

3. Doctora: —¿Puedes llevarme? _____

4. Las tías: —¿Quieres llevarnos? _____

5. Mamá: —¿Deseas llevarla a tu hermana? _____

VI. Write the appropriate NEGATIVE command. Make all necessary changes in the position of the object pronoun and the use of the accent mark.

Model: ¡Cómprelo Vd.!   or   ¡Cómprenlo Vds.!   or   ¡Comprémoslo!
          Buy it!   Buy it!   Let's buy it!

          ¡No lo compre Vd.!   ¡No lo compren Vds.!   ¡No lo compremos!
          Don't buy it!   Don't buy it!   Let's not buy it!

1. ¡Enséñelo Vd.! _____

2. ¡Llámeme Vd.! _____

3. ¡Visítenla Vds.! _____

4. ¡Mírennos Vds.! _____

5. ¡Invitémoslos! _____

VII. Write the appropriate AFFIRMATIVE command. Make all necessary changes. (Study the affirmative models seen in Exercise VI.)

1. ¡No lo visite Vd.! _____

2. ¡No nos miren Vds.! _____

3. ¡No la contestemos! _____

4. ¡No los use Vd.! _____

5. ¡No me imiten Vds.! _____

VIII. Complete the dialog, using the Spanish vocabulary provided in parentheses. Be sure to supply the missing direct object pronoun where indicated by the slash.

Model: My father takes us to the park. (Mi padre/lleva al parque.)
          Mi padre **nos** lleva al parque.

¡Saludémosla juntos!

Luis: ¿La ve Vd. a María en la escuela?

1. Pablo: _____

Yes, I see *her.*   (Sí, yo/veo)

Luis: ¿Lo saluda ella a Vd.?

2. Pablo: _____

No, she doesn't look at *me.*   (No, ella no/mira)

Luis: ¿A quién saluda ella entonces? ¿A Jorge?

3. Pablo: _____

Yes. She greets *him (emphatic).*   (Sí. Ella/saluda/)

Luis: ¡No me digas! ¿Por qué?

4. Pablo: _____

He takes *her* to the movies often.   (El/lleva mucho al cine)

Luis: ¿Y sus padres?

5. Pablo: _____

Her parents don't know *it.*   (Sus padres no/saben)

Luis: ¡Salúdela Vd. de mi parte mañana!

6. Pablo: _____

I don't want to greet *her.*   (No quiero saludar/)

Luis: ¡Claro!

7. Pablo: _____

Greet *her* yourself!   (¡Salude/Vd.!)

Luis: Bueno. Si Vd. lo desea.

8. Pablo: _____

No. Don't greet *her*!   (No. ¡No/salude Vd.!)

I will, tomorrow.   (Yo voy a saludar/mañana)

9. Luis: _____

Let us greet *her* together, then!   (Entonces, ¡saludemos/juntos!)

IX. Oral Proficiency: Act your part (Yo), or role play. *Later* write your part. [Review PALABRAS NUEVAS and ESTRUCTURAS of this WORK UNIT Twenty-three]

Situation: You and your friend are day-dreaming about the ideal home you hope one day to have. You tell your friend about the house of your dreams. [Three sentences are good; four very good; five or more are excellent.]

 Amigo(a):   ¿Cómo es tu casa ideal?
Yo:...

Clues: *How many rooms (cuartos), windows, doors, chimneys your house has, its color, what there is outside; what buildings there are nearby; who is going to live in your house; who is going to buy it. Other ideas?*

¡No vaya tan de prisa! ¡Espéreme!

Some people never trust anyone.
Have you ever met a person like Ernesto?

Un hombre moral

Ernesto Cenicero es un hombre de alta moralidad. El cree, como su padre y su abuelo, que la cosa más importante en esta vida es el trabajo.

—El hombre nace para trabajar—él les dice muchas veces a sus amigos. —Tengo sesenta años y todo el dinero que tengo es de mi propia labor. En este mundo, nada es gratis. Es necesario sudar para poder vivir.

Ernesto, un viejo solterón, trabaja en la oficina de un abogado. Trabaja largas horas, los seis días de le semana. El abogado le da varios papeles legales y Ernesto tiene que clasificarlos, ponerlos en orden, y llevarlos a la corte. Un día Ernesto está en la oficina hasta las siete y media de la noche. Quiere volver a casa lo más pronto posible para comer. Cuando pasa por una calle, nota en la esquina a un hombre pobre y mal vestido. —Ah, otro vago—dice Ernesto. —Esos vagos nunca trabajan. Todo el mundo les da dinero. Pero yo no. Yo tengo que trabajar como un perro para vivir—. Decide sacar la cartera de su chaqueta y la mete en el bolsillo del pantalón.

Nota que el vago lo mira. —Ajá—piensa Ernesto y empieza a andar más rápido.
—Señor, señor, —le grita el vago. —¡Espere, un momento!
Ernesto dobla la esquina para perderlo. Pero el vago dobla la esquina también y lo sigue.
—Señor, señor, —grita el vago. —Por favor, ¡espere!
Ernesto corre ahora. El vago corre también.
—Señor, señor. ¡No corra Vd.! ¡Espéreme!
Ernesto no puede más. Está cansado.
—Bueno, bueno. ¿Qué quiere Vd? ¿Por qué no trabaja Vd. en vez de molestar a la gente decente?
—Perdone la molestia, señor. Pero Vd. dejó caer su cartera. Aquí la tiene—. Y le da la cartera a Ernesto.

Palabras Nuevas

SUSTANTIVOS
el abogado the lawyer
el bolsillo the pocket
el cenicero the ashtray
la chaqueta the jacket
la corte the court
Ernesto Ernest
la esquina the corner
la labor the work
la molestia the bother
la moralidad the morality
el orden the order
los pantalones the trousers
el solterón the bachelor
el vago the tramp,
   the vagabond

ADJETIVOS
decente decent
gratis free of cost
(mal) vestido,a
   (badly) dressed

VERBOS
clasificar to classify, to file
dejó caer (he) dropped
doblar la esquina
   to turn the corner
meter to put in
molestar to bother
nacer to be born
no puede más
   he (she) can't stand it any
   longer; you (formal sing.)
   can't stand it any longer

notar to notice
sacar to take out
(lo) sigue
   he (she) follows him;
   you (formal sing.)
   follow him
sudar to sweat

OTRAS PALABRAS
en vez de instead of
muchas veces often, many
   times
nunca never

Ejercicios

I. Complete the sentences according to the story.

1. Ernesto cree que la cosa más importante es _____.

2. Ernesto trabaja en el _____ de un _____.

3. El abogado le da _____ _____ y Ernesto tiene que _____.

4. Nota en la _____ a un hombre pobre y _____ _____.

5. Toma la _____ y la mete en el _____ del _____.

6. Ernesto _____ _____ la cartera.

II. Place the following sentences in the order in which they occurred.

1. Está en la oficina hasta las siete y media.
2. Nota a un hombre pobre en la esquina.
3. —Aquí tiene Vd. su cartera.
4. —Señor, señor ¡Espere un momento!
5. Quiere volver a casa para comer.

1. _____

2. _____

3. _____

4. _____

5. _____

III. Antónimos—Next to column A write the word selected from column B that has the *opposite* meaning.

A.	B.
1. ahora	_____ a. joven
2. más	_____ b. la derecha
3. mal	_____ c. voy
4. viejo	_____ d. bajo
5. meter	_____ e. lejos
6. la izquierda	_____ f. después
7. vengo	_____ g. algo
8. siempre	_____ h. sacar
9. allí	_____ i. menos
10. alto	_____ j. comprar
11. el vago	_____ k. la mujer
12. el hombre	_____ l. aquí
13. cerca	_____ m. bien
14. vender	_____ n. el trabajador
15. nada	_____ o. nunca

IV. Picture Match: Choose and write the sentence(s) suggested by each sketch. Then tell something more about each one.

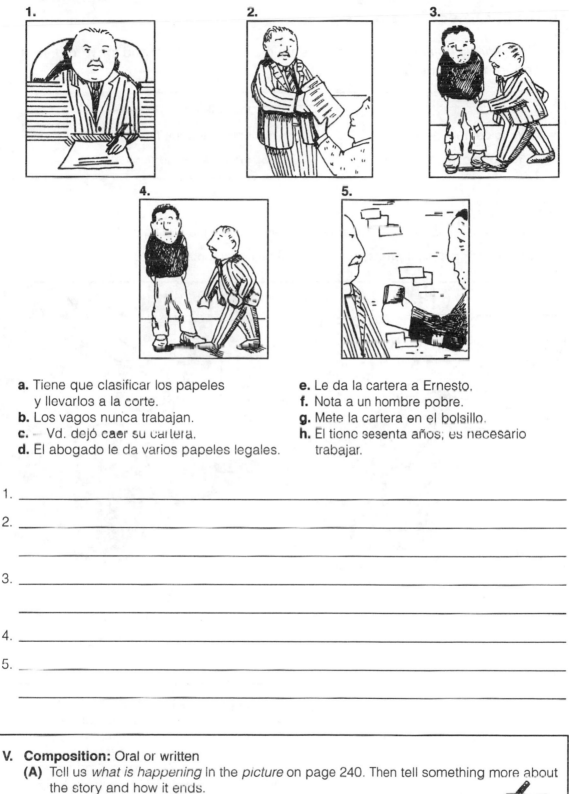

1. **2.** **3.**

4. **5.**

a. Tiene que clasificar los papeles
   y llevarlos a la corte.
b. Los vagos nunca trabajan.
c. — Vd. dejó caer su cartera.
d. El abogado le da varios papeles legales.

e. Le da la cartera a Ernesto.
f. Nota a un hombre pobre.
g. Mete la cartera en el bolsillo.
h. El tiene sesenta años; es necesario
   trabajar.

1. _____

2. _____

   _____

3. _____

   _____

4. _____

5. _____

   _____

V. Composition: Oral or written
   (A) Tell us *what is happening* in the *picture* on page 240. Then tell something more about
   the story and how it ends.
   (B) Tell a friend about a reward for something you lost. Write a *reward* notice.
                    Recompensa (reward) por algo que perdí.
   1. What you are looking for. 2. Where and when you lost it. 3. Why it is important to find
   it. 4. How much you are going to give as (como) reward. 5. What your telephone number is.

Estructuras de la Lengua

Indirect Object Pronouns

A. The *indirect object pronoun* represents the noun to *whom* and for *whom*, to *which* and *for which*, the action is intended.

1. Yo **le** doy el libro.	1. I give the book to *him*.
2. Yo **le** compro el libro.	2. I buy the book *from him*.
3. Yo **no le** escribo el libro.	3. *I don't* write the book *for him*.

Rules:

1. The indirect object pronoun **le** is placed directly *before* the conjugated verb.
2. When **no** is present, it *precedes* the indirect object pronoun **le.**

Yo les doy el dinero.

B. All forms of indirect object pronouns

María **me** de el libro (a mí).		Mary gives the book *to me*.
te da	(a ti).	*to you* (fam. sing.).
le da	(a él).	*to him*.
le da	(a ella).	*to her*.
le da	(a Vd.).	*to you* (formal sing.).
María **nos** da el libro (a nosotros).		Mary gives the book *to us*.
os da	(a vosotros).	*to you* (fam. pl.).
les da	(a ellos).	*to them* (masc.).
les da	(a ellas).	*to them* (fem.).
les da	(a Vds.).	*to you* (formal pl.).

Rules:

1. All indirect object pronouns are placed directly *before* the conjugated verb.

2. Note all the meanings of **le:** *to him; to her; to you* (formal sing.); and of **les:** *to them* (masc. and fem.); *to you* (formal pl.).

3. **A mí, a ti, a él,** etc., are omitted under ordinary circumstances. They are used to *emphasize* the indirect object pronoun.

El me escribe **a mí;** no te escribe **a ti.**
He writes *to me;* he does not write *to you.*

---

4. **Le** (to him, to her, to you *formal sing.*) is clarified by adding **a él, a ella,** or **a Vd.; les** (to them, to you *formal pl.*) is clarified by adding **a ellos, a ellas, a Vds.**

5. **Le** and **les** have, also, a special untranslatable use. When the indirect object pronoun is stated in the sentence, **le** or **les** just refers to and agrees with that noun, without **le** or **les** having any translatable meaning.

---

1. **Le** leo al **niño.**
   I read to the child.

2. No **les** leo **a sus padres.**
   I don't read to his parents.

C. Indirect object pronouns in the attached position

---

1. Señorita, ¡**escríbale** Vd. una carta!
   Miss, write a letter to him!

2. ¡**No le escriba** una tarjeta!
   Don't write a card to him!

3. Para **escribirle** necesito papel.
   To write to him I need paper.

4. Sí Vd. no **le quiere escribir,**
   yo **voy a escribirle.**

   If you don't want to write to him,
   I am going to write to him.

Rules:

1. The indirect object pronouns are attached to AFFIRMATIVE COMMANDS like the direct object pronouns. A written accent mark is then placed over the vowel of the syllable that was stressed in speech, frequently the next to last before attachment of the pronoun.

2. Indirect object pronouns are placed *before* NEGATIVE COMMANDS as well as before conjugated verbs, like direct object pronouns.

3. If an infinitive *follows a conjugated* verb, the indirect object pronoun may be placed *either before the conjugated verb* or *attached to the end of the infinitive.* No accent mark is needed when attaching one object pronoun to the infinitive.

Anita no **le quiere hablar.**   Anita no **quiere hablarle.**
                    Anita does not want to talk to him.

STUDY THE RULES, EXAMPLES, AND MODELS BEFORE BEGINNING THE EXERCISES!

Exercises

I. You and Paco are following a Mariachi band on a street in Mexico. Supply the appropriate indirect object pronoun *suggested* by the words in parentheses to answer the question in the model. (Do *not* write the words in parentheses.)

Model: —¿A quién(es) cantan los Mariachis?　　(a Paco y a mí)—Los Mariachis nos cantan.
　　　　　To whom do the Mariachis sing?　　　　　　　　　　The Mariachis sing to us.

1. (a mí) _____

2. (a él) _____

3. (a Vd.) _____

4. (a ti) _____

5. (a ella) _____

6. (a nosotros) _____

7. (a ellos) _____

8. (a ellas) _____

9. (a Vds.) _____

10. (a él y a ella) _____

II. Write an answer in a complete Spanish sentence using the appropriate indirect object pronoun. *Include* the word cues in parentheses.

(A) Model: —¿A quién vende Vd. el perro?　　(a Juan)　—**Le vendo el perro a Juan.**
　　　　　　　To whom do you sell the dog?　　　　　　　　I sell the dog to John.

1. ¿A quién lee Vd. la novela?

　(a Tomás) _____

2. ¿A quién muestra Vd. la casa?

　(a la señora) _____

3. ¿A quién enseña Vd. el abrigo?

　(a Vd.) _____

4. ¿A quién escribe Vd. la carta?

　(a ti) _____

5. ¿A quién canta Vd. esa canción?

　(a mí) _____

(B) Model: —¿A quiénes vende él la casa?　　　　To whom does he sell the house?
　　　　　　　(A Juan y a María)
　　　　　　　—**El les vende la casa a Juan y a María.**　He sells the house to John and Mary.

1. ¿A quiénes da él el violín?

(a Pedro y a Anita) _____

2. ¿A quiénes dice ella la frase?

(a los alumnos) _____

3. ¿A quiénes escriben ellos sus ideas?

(a Ana y a María) _____

4. ¿A quiénes traen ellas el regalo?

(a nosotros) _____

5. ¿A quiénes explica la profesora esa regla?

(a Elisa y a Vd.) _____

III. Write an affirmative answer. Substitute the appropriate phrase **a él, a ella, a ellos, a ellas** for the expression in *italics*.

Model: —¿Le mandan ellos el dinero *a Juan*?　　—Sí, ellos le mandan el dinero **a él.**
　　　　Do they send the money *to John*?　　　Yes, they send the money *to him.*

1. ¿Le muestran ellos el examen *al profesor*? _____

2. ¿Le escribe él las cartas *a Inés*? _____

3. ¿Les enseñan ellas la historia *a sus hermanitas*? _____

4. ¿Les lee ella el periódico *a Miguel y a su hermano*? _____

5. ¿Les explica la profesora las palabras *a Luisa y a Luis*? _____

IV. Rewrite the sentence changing the position of the indirect object pronoun, according to the models.

(A) Model: No quiero hablarle.
　　　　No le quiero hablar.
　　　　I don't want to speak to him.

1. No deseo leerles. _____

2. No quieren hablarnos. _____

3. No puede mostrarte. _____

4. ¿No van a cantarme? _____

5. ¿No debemos decirle? _____

(B) Model: No le debo hablar.
　　　　No debo hablarle.
　　　　I must not speak to him.

1. No les quiero hablar. _____

2. No le deseo cantar. _____

3. No me espera escribir. _____

4. No te pueden explicar. _____

5. No nos van a cantar. _____

V. Rewrite the command in the appropriate AFFIRMATIVE form. Make all necessary changes.

Model: ¡No les hable Vd.!   ¡No les hablen Vds.!   ¡No les hablemos!
        Don't speak to them!   Don't speak to them!   Let's not speak to them!

        ¡Hábleles Vd.!   ¡Háblenles Vds.!   ¡Hablémosles!
        Speak to them!   Speak to them!   Let's speak to them!

1. ¡No me hable Vd.! _____

2. ¡No nos escriba Vd.! _____

3. ¡No nos respondan Vds.! _____

4. ¡No nos lean Vds.! _____

5. ¡No le vendamos! _____

VI. Rewrite the command in the appropriate NEGATIVE form. Make all necessary changes. [Study the affirmative models seen in Exercise V.]

1. ¡Muéstrenos Vd.! _____

2. ¡Léanos Vd.! _____

3. ¡Enséñenme Vds.! _____

4. ¡Escríbanles Vds.! _____

5. ¡Respondámosle! _____

VII. Write as a question in Spanish, using the appropriate indirect object pronoun.

Model: /Dan un regalo a Juan.   —¿**Le** dan un regalo a Juan?
                                        Are they giving John a present?

1. /Dan una carta a María. _____

2. /Mandan dinero a Pablo y a Juan. _____

3. /Enseñan el libro a los chicos. _____

4. /Dicen la verdad a Juan y a la chica. _____

5. /Escriben la carta a Pablo y a Vd. _____

VIII. Complete the dialogue using the Spanish vocabulary provided in parentheses. Be sure to supply the missing indirect object pronoun where indicated by the slash.

Model: He tells *me* the story. (El/dice el cuento.)
         El **me** dice el cuento.

¡Es un reloj de oro!

Pablo: Hermanita, ¡tengo una sorpresa para ti!

1. Ana: ¡ _____ !
           Please tell *me*. What is it? (Favor de decir/¿Qué es?)
   Pablo: ¡Es un reloj de oro!

2. Ana: _____

           Of course! Dad always gives *you* (*fam.*) money (¡Claro! Papá siempre/da dinero)
   Pablo: No, chica. Yo me gano dinero en un supermercado.

3. Ana: ¿ _____ ?
           And you give presents to *me*? (Y tú/das regalos)
   Pablo: Me gusta dar regalos a la familia.

4. Ana: _____

           Yes, that does give *us* joy. (Sí, eso es dar/alegría)
   Pablo: ¡Y a nuestros padres también!

5. Ana: ¡ _____ !
           Please give something fantastic *to them*. (Favor de dar/algo fantástico)
   Pablo: ¡Claro, hermanita!

IX. Oral Proficiency: Act your part (Yo), or role play. *Later* write your part. [Review PALABRAS NUEVAS and ESTRUCTURAS of this WORK UNIT Twenty-four]

Situation: You are *el hombre* (or *la mujer*) *moral* of the story in this Work Unit. It is late. The tramp returns your wallet and asks why you are running. You explain why. [Three sentences are good; four very good; five or more are excellent.]

Vago: Aquí tiene Vd. su cartera ¿Por qué corre Vd.?
Yo:...

Clues: *Thank him for giving you (por dar...) the wallet; why you have to work late; of whom you are afraid at night; what time it already (ya) is; why you are hungry; with whom you have a date for dinner at home.* Other ideas?

Dicen en el menú que la paella es
la especialidad de la casa.

Julio wants to impress his girlfriend.
The only problem is that he has no money.

No me gustan las hamburguesas

Es sábado por la noche y Julio y Beatriz salen del cine. Julio está muy contento porque le gusta Beatriz. Ésta es la primera cita. Naturalmente, Julio quiere causar una buena impresión y dice:

—Bueno, Beatriz. No es muy tarde. No son todavía las diez. ¿Tienes hambre? ¿Quieres ir a tomar algo? ¿Un refresco, un helado? (En realidad Julio no tiene mucho dinero.)
—Pues sí, tengo hambre Julio. Vamos a ese restaurante "La Paella."

Los dos entran en el restaurante y toman asiento. El camarero les trae la lista de platos. Julio mira el menú. ¡Qué precios! Y la paella es el plato más caro. ¡Cuesta veinte dólares! Julio tiene solamente diez dólares en el bolsillo y menciona otros platos menos caros.

—Beatriz, dicen que las hamburguesas y las papas fritas son muy buenas aquí.
—No, no me gustan las hamburguesas. Dicen en el menú que la paella es la especialidad de la casa. ¿De qué es?
—Oh, es un plato de arroz, pollo, mariscos y legumbres. Personalmente prefiero comida más sencilla. ¿No te gustan los huevos? Preparan excelentes huevos duros aquí.

En ese momento entra el camarero.

Camarero:	¿Están Vds. listos para ordenar?
Julio:	Sí, yo quiero una tortilla a la española y una Coca Cola.
Beatriz:	Y yo quiero la paella.
Julio:	Ay, Beatriz, tengo una confesión.
Camarero:	Lo siento, señorita, pero no hay más paella.
Beatriz:	No importa. ¿Qué confesión, Julio?
Julio:	Nada, nada. ¿No hay más paella? Oh, ¡qué lástima!

Palabras Nuevas

SUSTANTIVOS
el arroz the rice
Beatriz Beatrice
el camarero the waiter
la confesión the confession
la especialidad the specialty
la hamburguesa
   the hamburger
los huevos duros
   the hard-boiled eggs
Julio Julius
la legumbre the vegetable
la lista de platos the menu
el marisco the shellfish
la paella the paella
   (a Spanish specialty of
   rice, seafood, chicken,
   and vegetables)

las papas fritas
   the french fries
el pollo the chicken
la tortilla (*a la española*)
   the (*Spanish*) omelette

ADJETIVOS
caro,a expensive
sencillo,a simple

VERBOS
(no) **me gusta(n)**
   I do (*not*) like
¿No te gusta(n)?
   Don't you like?

(no) **importa**
   it does (*not*) matter
mencionar to mention
ordenar to order
lo siento I am sorry about it

OTRAS PALABRAS
causar una buena impresión
   to create a good
   impression
¿De qué es?
   What is it made of?
menos less
¡Qué lástima! What a pity!

Ejercicios

I. **(A) Preguntas.** Write your answer in a complete Spanish sentence.

1. ¿Por qué está contento Julio?
2. ¿Qué le pregunta Julio a Beatriz?
3. ¿Por qué no quiere ordenar Julio la paella?
4. ¿De qué es la paella?
5. ¿Cuál es la confesión de Julio?

1. _____
2. _____
3. _____
4. _____
5. _____

(B) Preguntas personales y generales. Write your answer in a complete Spanish sentence.

1. ¿Cuál es su comida favorita?
2. ¡Mencione Vd. algunos refrescos!
3. ¿Qué come Vd. generalmente con una hamburguesa?
4. ¿Cuánto dinero necesita Vd. para comprar una comida buena en un restaurante?

1. _____
2. _____
3. _____
4. _____

II. Word Hunt

Find the words in Spanish.

1. shell fish
2. rice
3. waiter
4. egg
5. plate
6. hard (boiled)
7. expensive
8. night
9. Saturday
10. movie
11. more
12. year
13. very
14. what
15. a (masc.)
16. eye

M	A	R	I	S	C	O	S
A	R	C	P	L	A	T	O
B	R	M	U	Y	M	A	S
N	O	C	H	E	A	D	A
Q	Z	I	C	A	R	O	Ñ
U	N	N	H	U	E	V	O
E	F	E	D	U	R	O	S
S	A	B	A	D	O	J	O

III. Compositions: Oral or written.

(A) Look at the picture at the beginning of this Work Unit. Describe the scene in Spanish to a friend.

(B) Tell about going to a restaurant. Include the following:

En el restaurante

1. Where you like to eat. 2. Who brings the menu. 3. What favorite dish you order. 4. Whom you go with. 5. Why it is necessary to have a great deal of money for the restaurant.

Estructuras de la Lengua

Gustar to be pleasing, to like is not like other verbs. It is generally used only in the third persons: gusta or gustan.

A. Gustar really means *to be pleasing*, but it is often used to convey the meaning of the English verb *to like*.

B. Gustar's subject *is the thing(s) that (are) pleasing*. Its subject generally appears *after* **gustar**.

C. The indirect *personal* object pronouns **(me, te, le, nos, os, les)** *tell to whom* the thing is pleasing and always stand *before* **gustar**.

Gusta before a *singular* subject	**Gustan** before a *plural* subject
Me gusta la flor. The flower is pleasing to me. I like the flower.	**Me gustan las flores.** The flowers are pleasing to me. I like the flowers.
Te gusta la flor. The flower is pleasing to you (fam. sing.). You (fam. sing.) like the flower.	**Te gustan** las flores. The flowers are pleasing to you. You (fam. sing.) like the flowers.
Le gusta la flor. The flower is pleasing to you (to him, to her). You (formal sing.) like the flower. He (she) likes the flower.	**Le gustan** las flores. The flowers are pleasing to you (to him, to her). You (formal sing.) like the flowers. He (she) likes the flowers.
Nos gusta la flor. The flower is pleasing to us. We like the flower.	**Nos gustan** las flores. The flowers are pleasing to us. We like the flowers.
Os gusta la flor. The flower is pleasing to you. You like the flower (fam. pl. in Spain).	**Os gustan** las flores. The flowers are pleasing to you. You like the flowers (fam. pl. in Spain).
Les gusta la flor. The flower is pleasing to them (to you). You (formal pl.) like the flower. They (masc., fem.) like the flower.	**Les gustan** las flores. The flowers are pleasing to them (to you). You (formal pl.) like the flowers. They (masc., fem.) like the flowers.

Rules:

1. The noun(s) *after* **gusta** and **gustan** are the subjects of **gusta** and **gustan. Gusta** stands *before a singular subject.* **Gustan** stands *before a plural subject.*

2. **Me, te, le, nos, os,** or **les** must always precede **gustar.** They indicate *who* "likes" or "is pleased" and are called indirect object pronouns. (See Unit 23 for a review of indirect object pronouns.)

D. Gustar's Spanish subject pronouns for *it* and *them (they)* are generally *not expressed.*

Me gusta.	**Me gustan.**
I like *it.*	I like *them.*
(It is pleasing to me.)	(They are pleasing to me.)
Les gusta.	**Les gustan.**
They like *it.*	They like *them.*
(It is pleasing to them.)	(They are pleasing to them.)

E. Interrogative **gustar** and negative **gustar. Gustar** before infinitives, used as subjects.

1. ¿**No** te gusta estudiar?	—**No** me gusta mucho.
Don't you like to study?	I don't like it very much.
2. ¿**No** le gustan las ensaladas?	—**No** me gustan mucho.
Don't you like salads?	I don't like them very much.

Rules:

1. To form the question simply place question marks both *before and after* the sentence. No change in word order is necessary.

2. To form the negative place **no** before **me, te, le, nos, os,** or **les**.

3. Infinitives (see **estudiar E.** 1. above) denoting actions that are liked or not liked will be the *subjects* of **gusta.**

F. Emphatic or clarifying expressions before **me, te, le, nos, os, les,** give clarity and emphasis to "the person(s) who likes (like)."

Emphatic or Clarifying Expressions	
A mí me gustan.	*I like them.* (They are pleasing *to me.*)
A ti te gustan.	*You* (fam. sing.) like them.
A Vd. le gustan. [Clarifies **le.**]	*You* (formal sing.) like them.
A él le gustan. [Clarifies **le.**]	*He* likes them.
A ella le gustan. [Clarifies **le.**]	*She* likes them.
A nosotros-as nos gusta.	*We* like it. (It is pleasing *to us.*)
A vosotros-as os gusta.	*You* (fam. pl.) like it.
A Vds. les gusta. [Clarifies **les.**]	*You* (formal pl.) like it.
A ellos les gusta. [Clarifies **les.**]	*They* (masc.) like it.
A ellas les gusta. [Clarifies **les.**]	*They* (fem.) like it.

Rules:

1. **A mí, a ti, a él, a ella, a Vd., a nosotros-as, a vosotros-as, a ellos-as, a Vds.,** are the forms that appearing before **me, te, le, nos, os, les,** emphasize or clarify them.

2. **Me, te, le, nos, os,** or **les** must stand before **gustar** even when the emphatic expressions are used.

G. **Gustar** with personal *object* nouns.

A María le gustan las flores.	Mary likes the flowers.
A la chica le gustan las flores.	The girl likes the flowers.
A Juan y a Pedro les gusta.	John and Peter like it.
A los chicos les gusta.	The boys like it.

Rules:

1. **A** precedes the person who likes, who is pleased (the objective form). Note that **a** precedes *each* person when there are more than one.

2. The corresponding indirect object pronoun, **le** or **les,** for example, must continue to stand before the forms of **gustar,** but it is *not* translatable, even when the noun—the person(s) who is (are) pleased—is stated.

STUDY THE RULES, EXAMPLES, AND MODELS BEFORE BEGINNING THE EXERCISES!

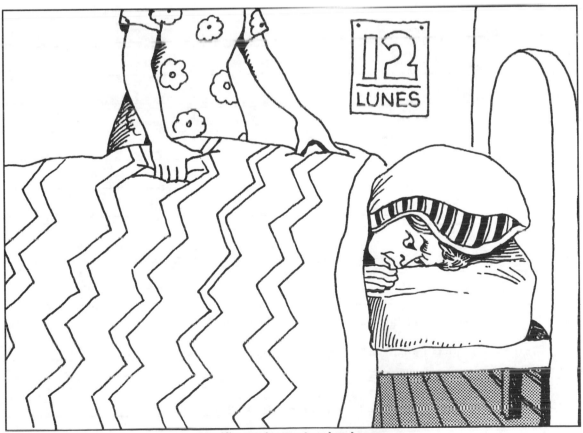

Al niño no le gustan los lunes.

Exercises

I. Beto will spend a week at his friend's house. Tell his mother what Beto does not like. Rewrite the model sentence *replacing the subject after* **gustar** with the new Spanish subject given in parentheses. Make the necessary change in the form of **gustar.**

Model: No le gustan los huevos.   (la fruta) No le **gusta la fruta.**
He doesn't like eggs.   He doesn't like fruit.

1. (el arroz) _____

2. (las legumbres) _____

3. (los mariscos) _____

4. (la tortilla) _____

5. (las hamburguesas) _____

II. Rewrite the model sentence *replacing the person before* **gustar** with the one given in parentheses. Make the necessary change in the indirect object *pronoun.*

Model: *A mí* no me gustan las peras.   (A Juan) **A Juan no le gustan las peras.**
I don't like pears.   John doesn't like pears.

1. (A nosotros) _____

2. (A Vd.) _____

3. (A Vds.) _____

4. (A mis hermanas) _____

5. (A su amigo) _____

6. (A Luisa y a Juan) _____

7. (A ti) _____

8. (A mí) _____

9. (A Pedro) _____

10. (A Lola) _____

III. Complete each emphatic statement affirmatively using the appropriate indirect object pronoun.

Model: A Juana no le gusta el béisbol.   Pero a ellos . . . sí **les** gusta el béisbol.
Joan does not like baseball.   But *they . . . they* certainly do like baseball.

1. A María no le gusta tomar café. **Pero a nosotras** _____

2. A ellos no les gusta el tenis. **Pero a Juan** _____

3. A Ana no le gustan las clases. **Pero a las maestras** _____

4. A nosotros no nos gusta ir al cine. **Pero a mi amiga** _____

5. A los chicos no les gustan los sábados. **Pero a mí** _____

6. A la chica no le gustan las fiestas. **Pero a tí** _____

7. A mí no me gustan las rosas. **Pero a Vd.** _____

8. A ti no te gusta el helado. **Pero a los chicos** _____

9. A Vd. no le gustan las comedias. **Pero a nosotros** _____

10. A ella no le gusta bailar. **Pero a Vds.** _____

IV. Write an appropriate affirmative response *replacing the words after* **gustar** with the expression **mucho.**

Models: —¿A Vds. les gusta el pan?   **—Nos gusta mucho.** We like it very much.
     Do you (pl.) like bread?

     —¿A Vd. le gustan los perros?   **—Me gustan mucho.** I like them very much.
     Do you (sing.) like dogs?

1. ¿A Vd. le gusta la playa? _____

2. ¿A Vds. les gusta aprender? _____

3. ¿A ti te gustan aquellos zapatos? _____

4. ¿A Vds. les gustan las películas? _____

5. ¿A ti te gusta este sombrero? _____

V. Write a NEGATIVE answer omitting all nouns. Use the appropriate emphatic expressions and **gusta** or **gustan** as needed.

Model: —¿A Ana y a Vd. les gusta eso?   **—A nosotros no nos gusta.**
     Do Ann and you like that?   We don't like it.

1. ¿A Luis y a Vd. les gusta la clase? _____

2. ¿A Juan le gusta ir al centro? _____

3. ¿A Elsa le gustan las frutas? _____

4. ¿A los alumnos les gustan los exámenes? _____

5. ¿A las chicas les gusta estudiar? _____

VI. Complete each sentence of the dialogue in Spanish.

1. What do you like to do?—A Vd. ¿qué _____ _____ hacer?

2. I like to walk. —A mí _____ _____ caminar.

3. Do your friends like to walk, too? —¿ _____ sus amigos _____ caminar también?

4. *He* (emphatic) doesn't like to walk but *she* (emphatic) does. —A _____ no _____ caminar pero a _____ sí _____ gusta.

5. Fine. *I* (emphatic) like it, too. —Bueno. A _____ _____ _____ también.

VII. Oral Proficiency: Act your part (Yo), or role play. *Later* write your part. [Review PALABRAS NUEVAS and ESTRUCTURAS of this WORK UNIT Twenty-five]

Situation: You invited Laura and others to a restaurant. You order the main course, beverage, and dessert knowing what each one likes. [See menu: La Habana.] [Three sentences are good; four very good; five or more are excellent.]

| | **Camarero(a):** | ¿Qué le gusta ordenar? |
| | **Yo:...** | |

Clues: *Como platos principales: a mi amiga Laura le gusta(n)...; a los otros amigos les gusta(n)...; y a mí, me gusta(n). ...Para postre, a todos nos gusta(n)... Para bebida(s) nos gusta(n)... ¿Es todo caro pero bueno?* Other ideas?

RESTAURANTE LA HABANA

RESTAURANTE HISPANO-AMERICANO

Menú

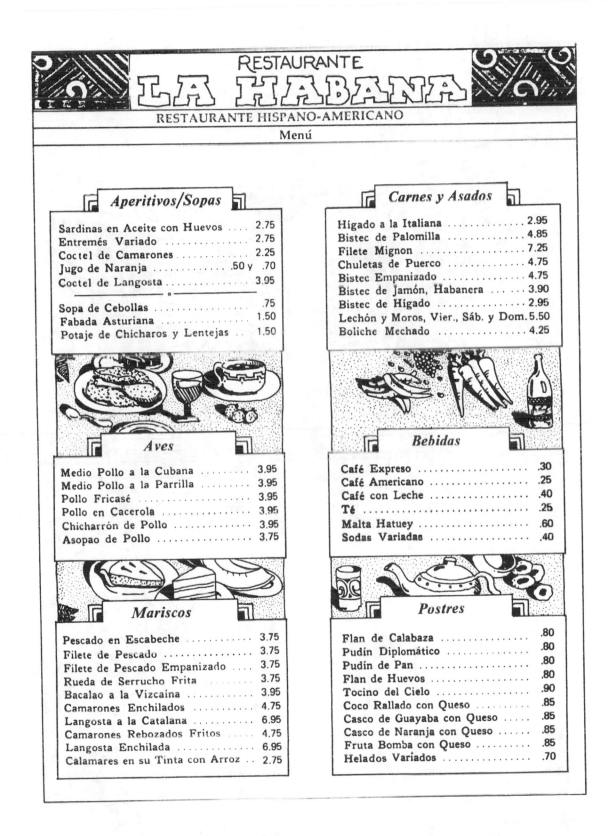

Aperitivos/Sopas

Sardinas en Aceite con Huevos	2.75
Entremés Variado	2.75
Coctel de Camarones	2.25
Jugo de Naranja	.50 y .70
Coctel de Langosta	3.95
Sopa de Cebollas	.75
Fabada Asturiana	1.50
Potaje de Chícharos y Lentejas	1.50

Carnes y Asados

Hígado a la Italiana	2.95
Bistec de Palomilla	4.85
Filete Mignon	7.25
Chuletas de Puerco	4.75
Bistec Empanizado	4.75
Bistec de Jamón, Habanera	3.90
Bistec de Hígado	2.95
Lechón y Moros, Vier., Sáb. y Dom.	5.50
Boliche Mechado	4.25

Aves

Medio Pollo a la Cubana	3.95
Medio Pollo a la Parrilla	3.95
Pollo Fricasé	3.95
Pollo en Cacerola	3.95
Chicharrón de Pollo	3.95
Asopao de Pollo	3.75

Bebidas

Café Expreso	.30
Café Americano	.25
Café con Leche	.40
Té	.25
Malta Hatuey	.60
Sodas Variadas	.40

Mariscos

Pescado en Escabeche	3.75
Filete de Pescado	3.75
Filete de Pescado Empanizado	3.75
Rueda de Serrucho Frita	3.75
Bacalao a la Vizcaína	3.95
Camarones Enchilados	4.75
Langosta a la Catalana	6.95
Camarones Rebozados Fritos	4.75
Langosta Enchilada	6.95
Calamares en su Tinta con Arroz	2.75

Postres

Flan de Calabaza	.80
Pudín Diplomático	.80
Pudín de Pan	.80
Flan de Huevos	.80
Tocino del Cielo	.90
Coco Rallado con Queso	.85
Casco de Guayaba con Queso	.85
Casco de Naranja con Queso	.85
Fruta Bomba con Queso	.85
Helados Variados	.70

Faltaba un gran número de palabras.

Nowadays the news is often confusing;
especially if many of the words are missing!

Una noticia confusa

Todas las noches, cuando regresa del trabajo, Antonio toma asiento en el sillón más cómodo de la casa, fuma su pipa, y lee las últimas noticias en el periódico. Pero esta noche ¿qué pasa? Cuando empieza a leer el artículo más importante de la primera página, nota que falta un gran número de palabras. Teresita, su hija de cinco años, encontró un par de tijeras y cortó una docena de palabras del artículo. Ahora es casi imposible leerlo. Afortunadamente, la niña guardó todas las palabras y Antonio tiene que ponerlas en los espacios apropiados. ¿Puede Vd. ayudarlo? Aquí tiene Vd. el artículo.

Se escaparon tres ⬚ **peligrosos. Los Angeles,** ⬚ **de septiembre 1996.**
1.   2.

El jefe de policía reveló hoy que tres hombres se escaparon de la ⬚
3.

anoche. Estos hombres están armados y ⬚ . Los tres salieron ayer del
4.

garaje de la prisión vestidos de mecánicos. (Más tarde ⬚ a tres
5.

mecánicos atados en ⬚ .) El departamento de policía envió fotos y
6.

⬚ a todas las estaciones. El jefe del grupo tiene
7.

⬚ años y debe servir una sentencia de ⬚
8.   9.

años por asesinato. Los otros dos son ⬚ y deben estar en la prisión por
10.

cometer robo armado. Salieron del garaje en un viejo coche Chevrolet. Pero las autoridades creen

que robaron otro ⬚ más tarde. Los periódicos recibieron muchas
11.

llamadas telefónicas con información pero hasta ahora el trío está en ⬚
12.

Selection: desesperados   descubrieron   21   el garaje
  libertad   criminales   la prisión   ladrones
  36   cien   descripciones   automóvil

Palabras Nuevas

SUSTANTIVOS

el artículo the article
el asesinato the murder
el automóvil the automobile
el coche the car
el departamento
    the department
el espacio the space
la estación the station
la foto the snapshot
el garaje the garage
el jefe the chief, the leader
el ladrón the thief
la libertad the freedom,
    the liberty
la llamada telefónica
    the telephone call
el mecánico the mechanic

el par the pair
la prisión the prison
el robo armado
    armed robbery
la sentencia the sentence
el sillón the armchair
Teresita Tessie, little Theresa
las tijeras the scissors

ADJETIVOS

apropiado,a appropriate
atado,a tied up
cómodo,a comfortable
desesperado,a desperate
peligroso,a dangerous
último,a last

VERBOS

cometer to commit

cortó he *(she)* did cut;
    you *(formal sing.)* did cut
encontró he *(she)* found,
    met; you *(formal sing.)*
    found, met
envió he *(she)* sent;
    you *(formal sing.)* sent
se escaparon they escaped;
    you *(formal pl.)* escaped
faltar to be missing, to lack
fumar to smoke
guardó he *(she)* kept;
    you *(formal sing.)* kept
recibieron they received;
    you *(formal pl.)* received
robaron they stole; you
    (formal pl.) stole
salieron they left;
    you *(formal pl.)* left

Ejercicios

I. **Preguntas.** Write your answer in a complete Spanish sentence.

1. ¿Qué hace Antonio todas las noches?
2. ¿Qué nota en la primera página del periódico?
3. ¿Qué cortó Teresita?
4. ¿Qué tiene que hacer Antonio ahora?
5. En el artículo, ¿cómo se escaparon los tres criminales?

1. _____

2. _____

3. _____

4. _____

5. _____

II. Match the two columns to form sentences. Write the correct letter.

A		*B*
1. Toma asiento en el sillón	_____	a) vestidos de mecánicos.
2. Nota que falta	_____	b) a todas las estaciones.
3. Los tres criminales salieron	_____	c) un gran número de palabras.
4. El jefe envió fotos	_____	d) de cien años.
5. Debe servir una sentencia	_____	e) más cómodo de la casa.

III. Emiliano has just seen a robbery. He is being questioned later by the police. What would you say in Spanish if you were Emiliano?

Policía: ¿Qué pasó aquí?

1. *Emiliano:* _____

Policía: ¿Cuándo ocurrió el robo?

2. *Emiliano:* _____

Policía: ¿Puede Vd. darnos una descripción del criminal?

3. *Emiliano:* _____

Policía: ¿Quién es Vd.? ¿Cuál es su nombre y dirección?

4. *Emiliano:* _____

Policía: Muchas gracias. Vd. nos ayudó mucho.

IV. **Picture Match:** Choose and write the sentence(s) suggested by each sketch. Then tell something more about each one.

1.

2.

3.

4.

5.

a. Lee las últimas noticias en el periódico.
b. Cortó las palabras de artículo.
c. Salieron del garaje vestidos de mecánicos en un coche viejo.
d. Tres hombres se escaparon de la prisión.

e. Los hombres están armados.
f. Robaron otro automóvil.
g. La niña encontró un par de tijeras.
h. Toma asiento en el sillón.

1. _____

_____

2. _____

3. _____

_____

4. _____

5. _____

Estructuras de la Lengua

The Preterite Indicative: Regular Verbs

A. The preterite tense denotes an action or actions that were begun in the past or that were completed in the past.

B. Learn the *two sets* of regular endings.

AR	**ER** and **IR** share one set of preterite endings.	
cantar *to sing*	**comer** *to eat*	**escribir** *to write*
I sang yesterday.	I ate last night.	I wrote last Saturday.
I did sing yesterday.	I did eat last night.	I did write last Saturday.
Cant**é** ayer.	Com**í** anoche.	Escrib**í** el sábado pasado.
cant**aste**	com**iste**	escrib**iste**
cant**ó**	com**ió**	escrib**ió**
Cant**amos** ayer.	Com**imos** anoche.	Escrib**imos** el sábado pasado.
cant**asteis**	com**isteis**	escrib**isteis**
cant**aron**	com**ieron**	escrib**ieron**

Rules:

1. The characteristic vowel in the endings of the regular **ar** preterite is **a** except for the first person singular, which is **é**, and the third person singular, which is **ó**.

2. The characteristic vowel in the endings of the regular **er** and **ir** preterite is **i**.

3. Written accent marks appear on the final vowels of the first and third persons singular of the regular preterite tense except for **vi** and **vio** of the verb **ver**.

C. Use of the Preterite Tense

> 1. **Anoche en la fiesta María cantó pero Pablo sólo comió.**
>   Last night at the party Mary sang, but Paul only ate.
>
> 2. **Ellas bailaron ayer pero Vd. no las vio.**
>   They danced yesterday, but you did not see them.

Rule:

When expressions of completed past time such as **ayer** *yesterday*, **anoche** *last night*, **el año pasado** *last year* appear in the sentence, they are additional cues to indicate the use of the preterite tense, because they show that the action was begun or was terminated in the past.

STUDY THE RULES, EXAMPLES, AND MODELS BEFORE BEGINNING THE EXERCISES!

Exercises

I. We visited Osvaldo in the hospital. He was always sleepy. We left very soon. Rewrite the model sentence in the *preterite* tense substituting the subject in parentheses for the one in *italics*. Make the necessary changes in the verbs.

Model: *Yo* **entré** a las tres y **salí** a las tres y cuarto. (El) **El entró a la(s) . . . y salió a la(s) . . .**
I entered at 3:00 and left at 3:15. He entered at . . . and left at . . .

1. (Juan) _____

2. (Tú) _____

3. (Tú y yo) _____

4. (Vd.) _____

5. (Vds.) _____

6. (Mis amigos) _____

7. (Yo) _____

II. Rewrite the MODEL sentence in the *preterite* tense substituting the appropriate form of the verb in parentheses for the expression in *italics*.

Model: *Yo* **escribí** la carta anoche. (El / enviar) **El envió** la carta anoche.
I wrote the letter last night He sent the letter last night.

1. (Vd. / recibir) _____

2. (Yo / cortar) _____

3. (Yo / romper) _____

4. (Nosotros / encontrar) _____

5. (María / buscar) _____

6. (Vds. / terminar) _____

7. (Pedro y Juan / escribir) _____

8. (Tú / responder) _____

9. (El y yo / perder) _____

10. (Tú / describir) _____

III. Write an affirmative answer in a complete Spanish sentence in the *preterite*. See models.

Model: a. —¿Comprendiste el libro? —**Sí, comprendí el libro**.
Did you understand the book? Yes, I understood the book.

b. —¿Y Elisa? —**Elisa comprendió el libro también**.
And Elisa? Elisa understood the book, too.

1. a. ¿Usaste el sombrero? _____

b. ¿Y tu madre? _____

2. a. ¿Aprendiste el pretérito? _____

   b. ¿Y tu hermano? _____

3. a. ¿Invitó Vd. al amigo? _____

   b. ¿Y los padres? _____

4. a. ¿Recibió Vd. el paquete? _____

   b. ¿Y yo? _____

5. a. ¿Bailaron ellos el tango anoche? _____

   b. ¿Y tu prima? _____

6. a. ¿Bebieron Vds. café ayer? _____

   b. ¿Y las chicas? _____

7. a. ¿Visitó Juan el museo? _____

   b. ¿Tú y yo? _____

8. a. ¿Lo comió todo? _____

   b. ¿Y ellas? _____

¿Lo comió todo?

9. a. ¿Saludaron los primos a la tía? _____

   b. ¿Y tú? _____

10. a. ¿Recibí yo el regalo? _____

   b. ¿Y Vds.? _____

IV. Rewrite each sentence in the *preterite* telling what happened yesterday.

1. Juan *entra* en la cocina. _____

_____

2. *Toma* pan y un vaso de leche. _____

_____

3. *Come* el pan y *bebe* la leche despacio. _____

_____

4. Pedro y Jorge *llegan* a su casa. _____

_____

5. *Comen* un poco de pan con Juan. _____

_____

6. Luego todos *salen* para la escuela donde *aprenden* mucho. _____

_____

7. *Escuchan* a la maestra en la clase y *practican* mucho en casa. _____

_____

8. Juan y yo *contestamos* muy bien. _____

_____

9. *Aprendemos* mucho cuando *escribimos* ejercicios. _____

_____

10. Yo también *estudio* y *asisto* a las clases. _____

_____

V. **Oral Proficiency:** Act your part (Yo), or role play. *Later* write your part. [Review PALABRAS NUEVAS and ESTRUCTURAS of this WORK UNIT Twenty-six]

Situation: You return home to find that a robbery occurred. The police officer asks for a complete report. [Three sentences are good; four very good; five or more are excellent.]

 Policía: ¿Cómo pasó este robo?
Yo:...

Clues: *When you left the house; whether you closed the doors and windows; at what time you returned; what or whom you found when you returned; how much they stole; whether you received dangerous calls; who called police. Other ideas?*

VISTAS DE ESPAÑA

Plaza Mayor, Madrid

Puerta de Alcalá, Madrid

Courtesy of the Spanish National Tourist Office, New York.

VISTAS DE ESPAÑA

Santuario de Loyola en Azpeitia (Guipúzcoa)

Catedral de Jaén (Andalucía)

Courtesy of the Spanish National Tourist Office, New York.

Nadie quiso darle un asiento a la anciana.

*Is today's generation really as bad as some
say? See if you agree with the article.*

¡Los muchachos de hoy son horribles!

Gregorio entra en la sala donde su padre lee una revista. Tiene un artículo en la mano y está muy excitado.

—Papá, ¡la semana pasada Vd. nos dijo que la generación de hoy es terrible! Pues tengo algo aquí que seguramente va a ser interesante para Vd.

—Bueno, hijo. A ver si ese artículo expresa mis opiniones.

—Pues, ¡escuche Vd.! El artículo comienza así:

Ayer, en el tren, vi algo que me molestó. Esa noche no pude dormir. Cinco o seis jóvenes tomaron asiento en el coche cuando entró una señora de unos setenta años. Nadie quiso darle el asiento a la anciana. ¡Absolutamente nadie! ¿Qué hicieron? Pues sacaron sus periódicos y empezaron a leer. Y la pobre señora tuvo que estar de pie.

Pero el incidente de ayer es típico. Todo fue muy diferente antes. Ya no hay respeto; ya no hay consideración para los ancianos como en los tiempos de nuestros padres. Los jóvenes de hoy vinieron a este mundo con todo. No necesitan nada y no quieren trabajar. Cuando vi el incidente de ayer, di las gracias a mis padres porque me enseñaron el respeto y la responsabilidad, y soy mejor hombre por eso.

—Bueno, papá, ¿qué piensa Vd. de este artículo? ¿No cree Vd. que es un poco exagerado?

—De ninguna manera. Ese escritor tiene razón. ¿De qué periódico es? Él conoce bien la generación de hoy.

—Él sabe mucho de la generación de Vd. también. Esto fue escrito en 1960. Encontré este viejo periódico en el sótano.

Palabras Nuevas

SUSTANTIVOS
la anciana the old woman
los ancianos the old people
la consideración
     the consideration,
     the kindness
el escritor the writer
la generación the generation
Gregorio Gregory
el incidente the incident
los jóvenes the young people,
     the youths
la opinión the opinion
el papá the daddy
el respeto the respect
la responsabilidad
     the responsibility
la revista the magazine
el sótano the attic

los tiempos the times

ADJETIVOS
exagerado,a exaggerated
excitado,a excited
horrible horrible
típico,a typical

VERBOS
comenzar (ie) to begin
dar las gracias to thank,
     to give thanks
di I gave
dijo he (she) said;
     you (formal sing.) said
encontrar to find
fue escrito it was written
hicieron they did, made;
     you (formal pl.) did, made

(no) pude I could (not)
quiso he (she) wanted;
     you (formal sing.) wanted
tener razón to be right
tuvo que he (she) had to;
     you (formal sing.) had to
vinieron they came;
     you (formal pl.) came

OTRAS PALABRAS
¡A ver! Let us see!
de ninguna manera
     by no means
de pie standing
por eso for that reason,
     because of that
ya no no longer

Ejercicios

I. **(A) ¿Cierto** (true) **o falso** (false)?

1. El padre de Gregorio lee un libro en la sala. _____

2. Gregorio le trae a su padre un artículo sobre un robo. _____

3. En el artículo setenta jóvenes molestaron a una anciana. _____

4. Los jóvenes de hoy no quieren trabajar porque lo tienen todo. _____

5. El padre de Gregorio expresa la opinión del escritor del artículo. _____

(B) Preguntas personales y generales. Write your answer in a complete Spanish sentence.

1. ¿Qué piensa Vd. de la generación de hoy? ¿Tiene respeto y consideración?
2. ¿Da Vd. su asiento a un anciano en el autobús o en el tren?
3. ¿Qué periódico lee Vd.?
4. ¿Tienen siempre razón sus padres?

1. _____

2. _____

3. _____

4. _____

II. Change the verbs of the following sentences from the present to the preterite.

1. Gregorio *entra* en la sala. _____

2. *Veo* algo en los trenes que me *molesta*. _____

3. Nadie *quiere* darle asiento. _____

4. Todos *sacan* sus periódicos y *empiezan* a leer. _____

5. Los jóvenes no *necesitan* nada. _____

III. ¿Cómo se dice en español?

1. He comes into the living room.
2. I have something here that is going to be interesting to you.
3. Nobody wanted to give her a seat.
4. The poor woman had to stand.
5. I'm a better man because of that.
6. Don't you think it is a bit exaggerated?

1. _____

2. _____

3. _____

4. _____

5. _____

6. _____

IV. Compositions: Oral or written.

(A) Look at the picture at the beginning of this Work Unit. Describe the scene in Spanish to a friend.

(B) Tell about a considerate act that you have read about. Include the following:

Una cortesía

1. Where you saw the article. 2. Who gave a seat to another person. 3. Why the seat was given. 4. What the other person said. 5. Where and when this happened.

Estructuras de la Lengua

The Preterite Indicative: Irregular Verbs

A. *Irregular preterite stems* require only *one set of irregular endings.*

1. **UV** is characteristic of these stems.   2. **US** and **UP** are characteristic of these stems.

estar *to be*	tener *to have*	poner *to put*	saber *to know*
estuv: Pret. stem	**tuv:** Pret. stem	**pus:** Pret. stem	**sup:** Pret. stem
I was there.	I had a letter.	I put (did put) that there.	I knew (learned about) that.
Estuve allí.	Tuve una carta.	Puse eso allí.	Supe eso.
estuviste	tuviste	pusiste	supiste
estuvo	tuvo	puso	supo
estuvimos	tuvimos	pusimos	supimos
estuvisteis	tuvisteis	pusisteis	supisteis
estuvieron	tuvieron	pusieron	supieron

3. **I** is characteristic of these stems.   4. **J** is characteristic of these stems.

venir *to come*	hacer *to do, make*	traer *to bring*	decir *to say, tell*
vin: Pret. stem	**hic:** Pret. stem	**traj:** Pret. stem	**dij:** Pret. stem
I came home.	I did (made) that.	I brought this.	I said the truth.
Vine a casa.	Hice eso.	Traje esto.	Dije la verdad.
viniste	hiciste	trajiste	dijiste
vino	hizo	trajo	dijo
vinimos	hicimos	trajimos	dijimos
vinisteis	hicisteis	trajisteis	dijisteis
vinieron	hicieron	trajeron	dijeron

Rules:

1. The one set of endings for **ar, er,** or **ir** verbs that have irregular preterite stems is **e, iste, o, imos, isteis, ieron.** After **j** (Group 4) the third person plural ending is **eron.** Irregular preterites bear *no accent marks.*

2. The following additional irregular preterites are similar to some of the above verbs.

UV like **estar**	U like **poner** and **saber**	i like **venir** and **hacer**
andar *to walk*	**poder** *to be able*	**querer** *to want*
anduv: *Pret. stem*	**pud:** *Pret. stem*	**quis:** *Pret. stem*
Anduve *I walked*	**Pude** *I was able, could*	**Quise** *I wanted*
(etc.)	(etc.)	(etc.)

B. Identical special preterite forms for **ser** *to be,* **ir** *to go.*

ser *to be*	ir *to go*
fu: Pret. stem	**fu:** Pret. stem
I was a soldier.	I went home.
Fu**i** soldado.	Fu**i** a casa.
fu**iste**	fu**iste**
fu**e**	fu**e**
fu**imos**	fu**imos**
fu**isteis**	fu**isteis**
fu**eron**	fu**eron**

C. **Dar:** This **ar** verb has regular **er/ir** preterite endings.

D. **Leer:** Y replaces **i** in the third persons.

dar *to give*	leer *to read*
d: Pret. stem	**le:** Pret. stem
I gave thanks.	I did read that.
D**i** las gracias.	Le**í** eso.
d**iste**	le**íste**
d**io**	le**yó**
d**imos**	le**ímos**
d**isteis**	le**ísteis**
d**ieron**	le**yeron**

Rules:

1. **Ser** and **ir** being exactly alike in the preterite, can be distinguished only according to their use in the sentence.

2. **Leer** keeps its regular **le** stem, adds regular **er** endings, but changes the **ió** and **ieron** endings to **yó** and **yeron** in the third persons singular and plural. An accent mark is written on the **í** of the other personal endings. Conjugate **caer** *to fall,* **creer** *to believe* and **oír** *to hear* like **leer**, as in D, above.

STUDY THE RULES, EXAMPLES, AND MODELS BEFORE BEGINNING THE EXERCISES!

Exercises

I. Inés is a "correveidile" (a gossip). She tells all about everyone. Use the subject in parentheses. Make necessary changes in all *preterite* verbs.

Model: La nieve *vino* y *cayó* todo el día.   The snow came and fell all day.
          (Las lluvias) **Las lluvias vinieron**   The rains came and fell all day.
          y cayeron todo el día.

(A) Ellos *tuvieron* la carta de la policía y la *pusieron* en la mesa.

1. (Yo) _____

2. (Pedro) _____

3. (Pedro y yo) _____

4. (Vd.) _____

5. (Los chicos) _____

(B) Juan *hizo* la tarea y la *trajo* a la clase muy tarde.

1. (Vds.) _____

2. (Vd.) _____

3. (Yo) _____

4. (La alumna) _____

5. (Nosotros) _____

(C) Ellos *dijeron* que sí y *dieron* las gracias por la invitación a la Casa Blanca.

1. (Mi madre) _____

2. (Vd.) _____

3. (Yo) _____

4. (Nosotros) _____

5. (Los abuelos) _____

(D) Los chicos *fueron* buenos sólo cuando los padres *vinieron* a la clase.

1. (La niña) _____

2. (Yo) _____

3. (Tú) _____

4. (Ellas) _____

5. (Ellas y yo) _____

275

(E) Los tíos *fueron* al teatro donde *vieron* una buena comedia sin pagar.

1. (Yo) _____

2. (Diego) _____

3. (Diego y yo) _____

4. (Mi amiga) _____

5. (Tú) _____

(F) María *leyó* la frase falsa y la *creyó*.

1. (Los primos) _____

2. (Nosotras) _____

3. (Yo) _____

4. (Tú) _____

5. (Vd.) _____

(G) Yo *oí* los gritos de la mujer cuando *estuve* en su casa.

1. (María) _____

2. (Ellos) _____

3. (María y yo) _____

4. (Tú) _____

5. (Yo) _____

(H) *Anduve* mucho y *supe* que *pude* hacerlo porque *quise* hacerlo. ¡Olé!

1. (Juan) _____

2. (Juan y yo) _____

3. (Juan y Ana) _____

4. (Yo) _____

5. (Tú) _____

II. Rewrite the sentence in the *plural* using the word cues.

1. La piedra cayó. (Las piedras) _____

2. La niña vino. (Las niñas) _____

3. Yo tuve razón. (Nosotros) _____

4. Yo hice el viaje. (Nosotros) _____

5. El hizo el viaje. (Ellos) _____

6. Ella trajo la revista. (Ellas) _____

7. Vd. fue al cine. (Vds.) _____

8. Yo fui excelente. (Nosotros) _____

9. Vd. dijo la frase. (Vds.) _____

10. Vd. dio ayuda. (Vds.) _____

11. Yo leí mucho. (Nosotros) _____

12. Yo oí gritos. (Nosotros) _____

13. El oyó el disco. (Ellos) _____

14. Vd. creyó el artículo. (Vds.) _____

15. Ella leyó el cuento. (Ellas) _____

16. Yo dije que sí. (Nosotros) _____

17. Yo di dinero. (Nosotros) _____

18. Ella fue bonita. (Ellas) _____

19. Yo fui al mercado. (Nosotros) _____

20. Yo lo creí. (Nosotros) _____

III. Write an affirmative answer in a complete Spanish sentence using the cue words.

1. ¿Quiénes estuvieron en la calle? (Mis amigos) _____

2. ¿Adónde fue Vd.? (a la tienda) _____

3. ¿Cuánto dinero trajo Vd.? (tres dólares) _____

4. ¿Quién hizo las compras? (Yo) _____

5. ¿Dónde pusieron Vds. las compras? (en la mesa) _____

IV. Rewrite each sentence in the *preterite* tense telling what happened yesterday.

1. Vengo a la casa de Anita. _____

2. Es su cumpleaños. _____

3. Ella tiene regalos de los amigos. _____

4. Ellos le dicen: —Feliz cumpleaños. _____

5. Luego oyen discos en su casa. _____

6. Pueden oír mucho. _____

7. Yo quiero escuchar más. _____

8. Pero tengo que volver a casa. _____

9. Ando a casa. _____

10. Sé que es una buena fiesta. _____

V. Oral Proficiency: Act your part (Yo), or role play. *Later* write your part. [Review PALABRAS NUEVAS and ESTRUCTURAS of this WORK UNIT Twenty-seven]

Situation: Your aunt and uncle want to know how you spent your birthday, and whether you liked the gift they sent. [Three sentences are good; four very good; five or more are excellent.]

Los tíos: ¿Cómo pasaste tu cumpleaños? ¿Te gustó el regalo?
Yo:...

Clues: *Tell whether you had a good birthday; who gave the party; who came and brought gifts; where you all went in the evening; what everybody said on leaving (al salir); whether they all did well and all went well.* Other ideas?

Highway signs in Mexico

En mi opinión el señor Ramírez no es culpable.

Guilty or innocent?
It's a tough decision to make.

La justicia siempre triunfa

Drama policíaco en un acto

Escena	Tribunal de la corte civil. Hay una docena de espectadores, más o menos. El juez está sentado al frente del salón. Todo el mundo escucha atentamente. Ahora llaman a los testigos.
Personajes	El juez
	El abogado defensor
	El fiscal
	El primer testigo

Abogado: Llamo como primer testigo de la defensa, al señor Ángel Alpargata. Señor Alpargata, como ya sabe usted, el fiscal dice que el acusado, Ramiro Ramírez, cuando borracho, chocó su carro con la bicicleta de un muchacho. ¿Qué puede Vd. decirnos en la defensa del señor Ramírez?

Testigo: Eso no es verdad. El señor Ramírez es un hombre honrado. No es un borracho y por eso nunca conduce un coche en ese estado. En mi opinión no es culpable.

Fiscal: Protesto, protesto. Aquí en una corte de justicia no importan las opiniones. ¿Estuvo usted allí cuando ocurrió el accidente?

Testigo: No, señor. Nadie estuvo allí. Pero me dicen . . .

Fiscal: No importa eso. ¿Vio o no vio usted el accidente?

Testigo: No señor, el accidente ocurrió a las diez de la noche. ¿Verdad? Y a esa hora, yo estuve en mi cama cansado de trabajar todo el día.

Juez (muy enojado): — ¿Cómo? ¿En la cama? Pero esto es ridículo. ¿Por qué está Vd. aquí como testigo por el señor Ramírez? Vd. nunca vio nada.

Testigo: Pues. . . .Mi mujer dijo que. . . .Señor juez, Ramiro es mi cuñado.

Palabras Nuevas

SUSTANTIVOS
el abogado defensor
　　the defense attorney
el accidente the accident
el acusado the defendant
la alpargata the slipper
la bicicleta the bicycle
el carro the car
la corte civil the civil court
el cuñado the brother-in-law
la defensa the defense
el drama policíaco
　　the detective drama

el espectador the spectator
el estado the state
el fiscal the district attorney
el juez the judge
la mujer the wife
el testigo the witness
el tribunal the courtroom

ADJETIVOS
borracho,a drunk
culpable guilty

honrado,a honest
ridículo,a ridiculous

VERBOS
conducir to drive
chocar to crash
protestar to protest, to object

OTRAS PALABRAS
atentamente attentively
contra against
¿verdad? right?

Ejercicios

I. Preguntas. Write your answer in a complete Spanish sentence.

1. ¿Cuántos espectadores hay en la corte?
2. ¿Con qué chocó Ramiro Ramírez?
3. ¿Qué dice Angel sobre el carácter de Ramírez?
4. ¿Por qué protesta el fiscal?
5. ¿Por qué está enojado el juez?

1. _____

2. _____

3. _____

4. _____

5. _____

II. Unscramble the sentences in the boxes.

1.
¿qué	defensa?	en
decirnos	su	puede

2.
es	hombre	señor
el	un	honrado

3.
nos	las	no
opiniones	importan	aquí

4.
accidente	a	ocurrió
las	diez	el

1. _____

2. _____

3. _____

4. _____

III. Find the following words in the boxes.

1. lawyer
2. accused
3. drama
4. car
5. judge
6. witness (word is backward)
7. drunk
8. D.A.
9. less
10. act
11. all
12. as
13. 10

A	B	O	G	A	D	O	J
C	O	C	H	E	F	G	U
U	T	O	D	O	I	I	E
S	M	E	N	O	S	T	Z
A	C	O	M	O	C	S	A
D	R	A	M	A	A	E	C
O	D	I	E	Z	L	T	T
B	O	R	R	A	C	H	O

IV. Picture Match: Choose and write the sentence(s) suggested by each sketch. Then tell something more about each one.

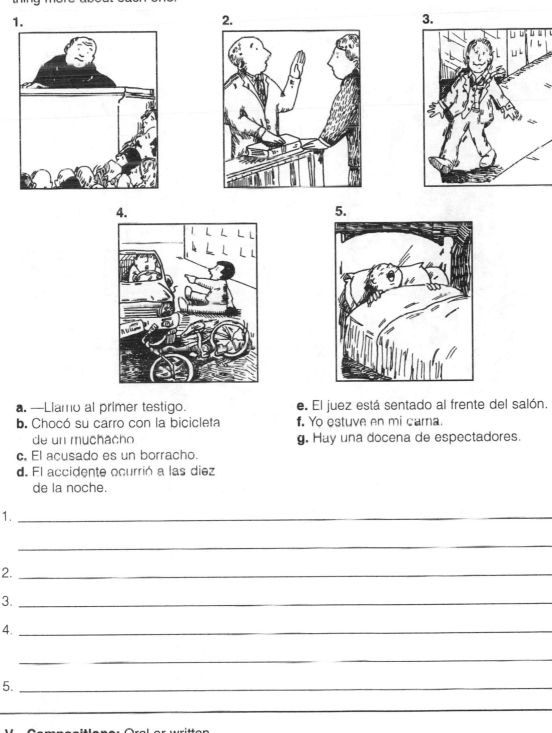

1. 2. 3.

4. 5.

a. —Llamo al primer testigo.
b. Chocó su carro con la bicicleta de un muchacho.
c. El acusado es un borracho.
d. El accidente ocurrió a las diez de la noche.

e. El juez está sentado al frente del salón.
f. Yo estuve en mi cama.
g. Hay una docena de espectadores.

1. _____

_____

2. _____

3. _____

4. _____

_____

5. _____

V. Compositions: Oral or written.

(A) Tell us *what is happening* in the *picture* on page 280. Then tell something more about the story and how it ends.
(B) Tell a friend about a court case you watched. Write a note.

Querido (a)..., Vi un proceso (a trial) sobre un accidente.
1. Where you saw the trial. 2. Whose lawyer entered the courtroom. 3. What the prosecuting attorney said that (que) the defendant did in the accident. 4. What some witnesses saw. 5. How the judge is going to decide, guilty or innocent.

283

Estructuras de la Lengua

¡Nadie!   ¡Nunca!   ¡Nada!

Nunca, nada, nadie in Emphatic and Unemphatic Negation: The Tag Question, ¿verdad?

A. *Emphatic:* **¡Nunca!** never!; **¡nada!** nothing!; **¡nadie!** nobody!; when used emphatically *precede the verb*, like **no.**

Questions	Statements
1. **¿No** tienen los libros chicos? Don't they have the small books?	1. Ellos **no** tienen libros. They have no books. (haven't any)
2. **¿Nunca** escuchan ellos? Don't they ever listen?	2. ¡Ellos **nunca** escuchan! They never listen!
3. **¿Nada** estudian? Don't they study anything?	3. ¡Ellos **nada** estudian! They study nothing.
4. **¿Nadie** contesta? Doesn't anybody (anyone) answer?	4. **¡Nadie** contesta! Nobody (no one) answers.

Rules:

1. **Nunca, nada, nadie,** *precede the verb for emphasis* both in questions and in statements, like **no.**

2. Summary of English equivalents for negative words.

nunca:	never	not . . . ever
nada:	nothing	not . . . anything
nadie:	nobody; no one	not . . . anybody

B. *Unemphatic:* **Nunca, nada, nadie:** Place **no** *before the verb*. Place **nunca, nada, nadie** *after the verb*.

Emphatic Negation	Unemphatic Negation
1. —¿**Nunca** fuiste al cine? You *never* went to the movies?	—**No** fui **nunca.** I *never* went.
2. —¿**Nada** viste? You saw *nothing*?	—**No** vi **nada.** I saw *nothing.*
3. —¿**Nadie** fue contingo? *Nobody* went with you?	—**No** fue **nadie.** *Nobody* went.
4. —¿**A nadie** invitaste? You invited *no one*?	—**No** invité a **nadie.** I invited *no one*

Rules:

1. *Unemphatic* negation in **no....nunca, no....nada** or **no...nadie** are not double negatives, but two halves of one negative indicating *normal, unemphatic negation.*

2. **Nadie** is the subject of the verb. **A nadie** is the object of the verb.

3. Learn the *opposite pairs*: **algo** *something*—**nada** *nothing*; **alguien** *some one (somebody)*—**nadie** *no one (nobody)*; **siempre** *always*—**nunca** *never.*

C. The Spanish speaker requests agreement with a statement by adding ¿**no es verdad?** or ¿**verdad?**

1. Son españoles, ¿**no es verdad?** They are Spaniards, *aren't they*?	3. No hablan español, ¿**verdad?** They don't speak Spanish, *do they*?
2. Es domingo, ¿**no es verdad?** It is Sunday, *isn't it*?	4. No estudian el francés, ¿**verdad?** They don't study French, *right*?

Rules:

1. ¿**No es verdad?** or ¿**verdad?** usually follows the statement.

2. Both forms can be translated according to the meaning of the sentence to which they are added: *isn't it (so)?; aren't they?; isn't that right?*; etc.

STUDY THE RULES, EXAMPLES, AND MODELS BEFORE BEGINNING THE EXERCISES!

Exercises

I. **(A)** No matter what Claudio asks him, Alejandro gives him an EMPHATIC NEGATIVE answer. Write his EMPHATIC NEGATIVE answer in a complete Spanish sentence according to the model.

Model: —¿Sabe **alguien** todos los idiomas?
Does anyone know all (the) languages?

—**Nadie** sabe todos los idiomas.
Nobody (no one) knows all (the) languages.

1. ¿Comprende alguien todos los idiomas? _____

2. ¿Estudia alguien todos los días? _____

3. ¿Lee alguien todos los periódicos? _____

4. ¿Visita alguien todos los países? _____

5. ¿Hace alguien todo el trabajo? _____

(B) Claudio thinks he knows his friend well, but he really does not know Alejandro's habits. Write his EMPHATIC NEGATIVE answer in a complete Spanish sentence according to the model.

Model: —**¿Siempre** tienes clases hasta las cinco?
Do you *always* have classes until five o'clock?

—**Nunca** tengo clases hasta las cinco.
I *never* have classes until five.

1. ¿Siempre comes despacio? _____

_____

2. ¿Siempre estás triste después de un examen? _____

_____

3. ¿Siempre tienes hambre a las cuatro? _____

_____

4. ¿Siempre lees en la cama antes de dormir? _____

_____

5. ¿Siempre ayudas a lavar los platos? _____

_____

(C) Tell what the friends definitely did *not* do to prepare for their trip. Write an EMPHATIC NEGATIVE answer in a complete Spanish sentence according to the model.

Model: —¿Preparan los chicos **algo** para el desayuno? Are the boys preparing *something* for breakfast? 　—Los chicos **nada** preparan para el desayuno The boys are preparing *nothing* for breakfast.

1. ¿Compraron los chicos algo para el viaje? _____

_____

2. Recibieron ellos algo para pagar el billete? _____

_____

3. ¿Comió Juan algo antes de salir de la casa? _____

_____

4. ¿Tuvieron ellos que contestar algo a la carta de invitación? _____

_____

5. ¿Deben ellos llevar algo a la casa del amigo? _____

_____

II. Write the EMPHATIC NEGATIVE answer, in a complete Spanish sentence, according to the negative used in each question. Begin with **Verdad.**

Model: —**¿Nunca** desea él asistir al teatro? *Doesn't he ever* want to attend the theater? 　—**Verdad.** El **nunca** desea asistir al teatro. *True.* He *never* wants to attend the theater.

1. ¿Nada pueden recibir las niñas pobres para la Navidad? _____

_____

2. ¿Nadie va a comprender la lección hoy? _____

_____

3. ¿Nada quiso escribir el chico perezoso en la pizarra? _____

_____

4. ¿Nadie desea asistir a la fiesta el lunes?_____

_____

5. ¿Nunca debe trabajar un hombre cansado los sábados? _____

_____

III. Rewrite the following in the UNEMPHATIC NEGATIVE using the word in parentheses.

Model: Los alumnos estudian.   (nunca) Los alumnos **no** estudian **nunca.**
The students study.   The pupils never study.

1. María y yo leímos. (nada)

   _____

2. Escucha la radio cuando come. (nadie)

   _____

3. María tomó sopa. (nunca)

   _____

4. ¿Está buena la sopa? (nunca)

   _____

5. ¿Está en casa? (nadie)

   _____

IV. Write the word in *italics* as a separate QUESTION. Then write a) an EMPHATIC NEGATIVE response and b) an UNEMPHATIC NEGATIVE response.

(A) Model: —Tú *siempre* lees mucho.   a) —**¿Siempre?** Yo **nunca** leo mucho.
You always read a great deal.   Always? I never read a great deal.

                                            b) —Yo **no** leo **nunca** mucho.

1. Tú *siempre* cantas en casa.   a. _____

   b. _____

2. Vd. *siempre* toma el desayuno temprano.   a. _____

   b. _____

3. Laura y Antonio *siempre* pasan el verano en la escuela.   a. _____

   b. _____

(B) Model: —*Juan* está cansado.   a) —**¿Juan? Nadie** está cansado.
John is tired.   John? Nobody is tired.

                                        —**No** está **nadie** cansado.

1. *María* vino a mi casa.   a. _____

   b. _____

2. *La familia* fue a esquiar en el invierno.   a. _____

   b. _____

3. *Ese zapatero* tiene zapatos excelentes hoy.   a. _____

   b. _____

(C) Model: —El lee *algo* de eso.　　　　a) —**¿Algo?** Él **nada** lee de eso.
　　　　　　He reads something about that.　　　　Something? He reads nothing about that.

　　　　　　　　　　　　　　　　　　　　　　—El **no** lee **nada** de eso.

1. El sabe *algo* de México.　a. _____

　　b. _____

2. El alumno contestó *algo* a la profesora　a. _____

　　b. _____

3. Los niños oyen *algo* en la cocina.　a. _____

　　b. _____

4. Los turistas necesitan *algo* para el viaje.　a. _____

　　b. _____

V. Rewrite the sentence as a request for agreement by adding **¿no es verdad?** *Translate* the complete answer appropriately.

　　Model: Tus padres van a viajar a Puerto Rico.
　　　　　Tus padres van a viajar a Puerto Rico, ¿no es verdad?
　　　　　Your parents are going to travel to Puerto Rico, aren't they?

1. Tus padres salieron para Puerto Rico.　_____

_____

2. Siempre pasan un mes allí.　_____

_____

3. Tú tienes una prima puertorriqueña.　_____

_____

4. Se llama Laura y es muy bonita.　_____

_____

5. Su casa está en el campo.　_____

_____

VI. Write a complete Spanish sentence using the vocabulary provided.

1. *Nobody* prepares a breakfast like my mother.

_____

/ prepara / desayuno como / madre

2. My father and I *never* prepare breakfast.

_____

/ padre / preparamos / desayuno

3. But my sister takes *nothing* for breakfast.

_____

pero / hermana / toma para / desayuno

4. You take only coffee. *Don't you?*

_____

Tú tomas sólo café./

5. At seven o'clock you are still in bed. *Aren't you?*

_____

/ tú estás todavía en la cama. /

VII. Oral Proficiency: Act your part (Yo), or role play. *Later* write your part. [Review PALABRAS NUEVAS and ESTRUCTURAS of this WORK UNIT Twenty-eight]

Situation: Rosalinda is very angry. She gave a party in your honor, *but you did not appear.* You explain why you could not come. [Three sentences are good; four very good; five or more are excellent.]

 Rosalinda: ¡Estoy muy enojada! ¿Por qué no viniste?
Yo:...

Clues: *You never received the invitation; you knew nothing about the party; nobody called you or gave you information; nobody ever said anything about (de) the date or the time; you are not guilty, right? Other ideas?*

Vocabulario:
copos de nieve *snowflakes*
estoy contando *I am counting*
los conté *I counted them*
perder tiempo *to waste time*
ya *already*

Vocabulario:
¿de veras? *really?*
eso dije *I said that*
has contado *you have counted*
han caído *have fallen*
lo apunté *I wrote it down*
lo mismo *the same*

Part Two
IDIOMS AND DIALOGUES

Warrior
Buff clay
Chiapas, Mexico

The Metropolitan Museum of Art, New York

Fórmulas de cortesía

Unit 1: Conversación entre el maestro, su nuevo alumno y una señorita, hermana del alumno, la cual lo lleva a la escuela. Es el primer día de la escuela.

Conversation among the teacher, his new pupil, and a young lady who is the pupil's sister, who takes him to school. It is the first day of school.

Greetings

Maestro: —Hola, amigo.

Hi, (hello) friend.

Familiar: **Hola.** *Hello.*
Formal: **Buenos días.** *Hello.*

Alumno: —Buenos días, señor.

Good day (good morning), sir.

Buenas tardes. *Good afternoon* or *early evening.*

Señorita: —Buenos días, señor.

Buenas noches. *Good evening* (late); *good night.*
Señora *m'am, Mrs.*
Señorita *Miss.* **Señor** *Mr.*

Please. Thanks

M: —¡Pasen Vds., por favor!

Come in, please.

Por favor may follow the request, which is in the COMMAND form. **Haga(n) Vd.(s) el favor de** . . . (formal) and **haz el favor de** . . . (fam. sing. **tú**) precede the request, which is in the INFINITIVE form.

— ¡Haga Vd. el favor de pasar, señorita!

Please come in, miss.

—¡Haz el favor de pasar, niño!

Please come in, child.

A: —(Muchas) gracias, señor profesor.

Thank you (very much), teacher.

Maestro in grade-school **Señor profesor** courtesy form

Srta: —Mil gracias.

Many thanks.

Welcome (to my house etc.)

M: —Bienvenido, niño.

Welcome, child.

Bienvenido-a agrees in gender and number with the person(s) welcomed.

—Bienvenida, señorita.

Welcome, miss.

—Bienvenidos, todos.

You are all welcome.

Introductions

M:	—Me llamo José López. ¿Cómo te llamas tú, niño?	My name is Joseph Lopez. What is your name, child?
A:	—Me llamo Pepe, servidor.	My name is Joey, at your service.
M:	—¿Y cómo se llama tu hermana?	And what is your sister's name?
A:	—Mi hermana se llama Rosa.	My sister's name is Rose.
M:	—Dispense, señorita. ¿Se llama Vd. Rosa?	Excuse me, miss. Is your name Rose?
Srta:	—Me llamo Rosa Ortiz, servidora.	My name is Rose Ortiz, at your service.
M:	—Mucho gusto.	Great pleasure. (Pleased to meet you.)
Srta:	—El gusto es mío.	The pleasure is mine.

Llamarse *to be named, to be called*

me llamo
te llamas
se llama

nos llamamos
os llamáis
se llaman

Servidor-a *At your service.* Courtesy form used after giving one's name in introductions.

To Shake Hands. Of Course

M:	—¿Me das la mano, Pepe?	Will you shake hands, Joe?
A:	—¡Cómo no! Le doy la mano, señor.	Of course, I'll shake hands, sir.

Dar la mano *to shake hands*

doy	damos
das	dais
da	dan

Polite Inquiries

M:	—¿Qué tal, niño?	How are things, child?
A:	—Sin novedad.	Nothing new.
M:	—Pero, ¿cómo estás tú, Pepe?	But how are you, Joe?
A:	—(Estoy) muy bien. ¿Y cómo está Vd., señor?	(I am) very well. And how are you, sir?
M:	—Así, así. No estoy enfermo. ¿Y Vd., señorita?	So, so. I am not sick. And you, miss?
Srta:	—No estoy muy bien. Estoy enferma.	I am not very well. I am ill.

Estar *to be* (health)

estoy	estamos
estás	estáis
está	están

¿Qué tal?

Taking Leave

Srta: —Con permiso. Hasta mañana.

Excuse me. Until tomorrow.

Con permiso *Excuse me:* courtesy form when leaving early or upon inconveniencing a person; also, **dispense.**

M: —Le doy las gracias por la visita.

I thank you for the visit.

Srta: —De nada, señor profesor. (No hay de qué.)

You are welcome, teacher. (You are welcome.)

Dar las gracias *to thank*

doy	damos
das	dais
da	dan

M: —Hasta luego. (Hasta la vista.)

Until later. (See you later.)

Srta: —Adiós.

Good-bye.

Farewells: fam.: **Hasta luego (hasta la vista);** *formal:* **Adiós.**

STUDY THE IDIOMS BEFORE BEGINNING THE EXERCISES!

Exercises

I. Write the expression that best completes the sentence, and circle the letter.

1. Cuando mi amigo entra en mi casa, yo le digo: _____
   a. —Bienvenido. b. —Adiós. c. —Dispense. d. —Sin novedad.

2. Si mi amigo me presenta a su profesor, le doy _____
   a. dinero. b. una revista. c. la mano. d. un beso.

3. Cuando mi madre me da la comida, yo le doy _____
   a. la mano. b. las gracias. c. un vaso de leche. d. un dólar.

4. Acepto la invitación a la casa de un amigo cuando le digo: _____
   a. —Con mucho gusto. b. —Hola. c. —Con permiso. d. —Así, así.

5. Si *no* puedo aceptar una invitación digo: _____
   a. —De nada. b. —Mucho gusto. c. —Dispense. d. —Servidor.

6. Si yo visito a una persona en el hospital le digo: _____
   a. —¿Cómo esta Vd.? b. —¿Cómo se llama Vd.? c. —Dispense. d. —Bienvenido.

7. Cuando una persona me da las gracias, le contesto: _____
   a. —Hasta luego. b. —Bienvenido. c. —De nada. d. —Buenas noches.

8. Si quiero conocer a una persona le pregunto: _____
   a. —¿Cómo se llama Vd.? b. —¿Qué es esto? c. —¿Dónde estás? d. —¿Adiós?

9. Antes de interrumpir una conversación digo: _____
   a. —Sin novedad. b. —Con permiso. c. —Gracias. d. —No hay de qué.

10. Si mi amigo necesita un favor de mí, yo le respondo: _____
    a. —¡Cómo no! b. —¡Pase Vd.! c. —¡Por favor! d. —Gracias.

II. Write *two* appropriate rejoinders in Spanish from the selection given. Circle the letters.

1. —Te doy las gracias: _____ / _____
   a. —No hay de qué.   b. —De nada.   c. —Buenas tardes.   d. —Así, así.

2. —Te doy el dinero que necesitas: _____ / _____
   a. —Te doy las gracias.   b. —No muy bien   c. —De nada.   d. —Muchas gracias.

3. —¿Cómo estás?: _____ / _____
   a. —No hay de qué.   b. —Adiós.   c.—No estoy bien.   d. —Estoy enfermo.

4. —¿Entro ahora?: _____ / _____
   a. —De nada.   b.—¡Entre Vd. por favor!   c. —Así, así.   d.—¡Haz el favor de pasar!

5. —¿Qué tal?: _____ / _____
   a. —Por favor.   b. —Sin novedad.   c. —Muy bien.   d. —¿Cómo te llamas?

6. —Hola: _____ / _____
   a. —Buenos días.   b. —Buenas tardes.   c. —Así, así.   d. —De nada.

7. —Adiós: _____ / _____
   a. —Hasta luego.   b. —Bienvenido.   c. —Hasta la vista.   d. Sin novedad.

8. —¡Dispense! _____ / _____
   a. —Hola.   b. —Así, así.   c. —¡Cómo no!   d.—Con mucho gusto.

III. Write the appropriate rejoinder, and then circle the letter.

1. Vds. llegan a mi casa por la mañana.

   Yo digo: —_____
   a. Buenos días.   b. Buenas tardes.   c. Buenas noches.

2. Yo pregunto: —¿Cómo está tu familia?

   Tú respondes: — _____
   a. Buenas tardes.   b. Adiós.   c. Así, así.

3. Yo pregunto: —¿Cómo se llama Vd.?

   Vd. responde: — _____
   a. Mi amigo se llama Juan.   b. Buenas tardes.   c. Me llamo Juan, servidor.

4. Yo digo: —¡Haga Vd. el favor de entrar!

   Vd. responde: — _____
   a. Le doy las gracias.   b. De nada.   c. Estoy bien.

5. Vd. dice:—Buenas tardes.

   Yo respondo: — _____
   a. Hola.   b. Servidor(a).   c. No muy bien.

6. Vd. pregunta: —¿Se llama Vd. Laura?

   Yo respondo: — _____
   a. Sí, muchas gracias.   b. Sí, servidora.   c. Sí, buenas noches.

7. Yo digo: —Adiós.

   Vd. responde: — _____
   a. Hasta la vista.   b. Dispense.   c. Mucho gusto.

8. Yo digo: —Me llamo Juan.

   Vd. responde: — _____
   a. Mucho gusto. b. Dispense.   c. Hasta la vista.

9. Yo digo: —Yo te doy la mano.

   Tú dices: — _____
   a. Bien.   b. De nada.   c. Mucho gusto.

10. Yo digo: —Gracias.

    Tú respondes: — _____
    a. ¿Cómo está? b. Buenos días.   c. No hay de qué.

IV. Rewrite the following sentences *with their letters* in the logical order of sequence.

Model: a. Hasta luego   b. Sin novedad.   c. ¿Qué tal?   d. Buenos días.
1. (d.) *Buenos días.*   3. (b.) *Sin novedad.*
2. (c.) *¿Qué tal?*   4. (a.) *Hasta luego.*

(A) a. Dices: —No hay de qué.   b. Te doy las gracias.   c. Tú me das un regalo.

1. _____

2. _____

3. _____

(B) a. Yo te doy la mano y digo: —Mucho gusto.   b. Tú respondes: —Me llamo Víctor, servi-
   dor.   c. Yo pregunto: —¿Cómo te llamas?

1. _____

2. _____

3. _____

(C) a. —Entonces, lo invito para mañana.   b. —Haga Vd. el favor de venir a mi casa esta
   tarde.   c. —Muchas gracias.   d. —Dispense. Estoy enfermo hoy.

1. _____

2. _____

3. _____

4. _____

V. Rewrite the sentence, using the correct expression for *how* or *what*: **¿Cómo?** or **¿Qué?**

1. ¿_____?   3. ¿_____?
   (se llaman ellos)   (está Vd.)

2. ¿_____?   4. ¿_____?
   (tal)   (te llamas)

5. ¿_____?
   (está tu familia)

VI. Complete from the selection below. (See DIALOGUES, pages 292-294.)

Juan: —_____ _____ tardes, _____ profesor.
                    1   2

El profesor: —Bienvenido, Juan Gómez: ¡Haga Vd. el _____ de entrar!
                                                        3

¿Me _____ Vd. la mano?
        4

Juan: —Sí, ¡_____ no! ¿Cómo _____ Vd.?
              5   6

El profesor: — Estoy bien, no estoy _____.
                                         7

Juan: —Deseo darle las _____ por la ayuda con el trabajo.
                          8

El profesor: —No hay de_____. ¿ _____tal, Juan? ¿Y la familia?
                          9   10

Juan: —_____ novedad. La familia _____ bien. Yo _____
            11   12   13

bien. Tengo que regresar a casa ahora. _____ permiso. Buenas _____.
                                           14   15

El profesor: — _____, Juan.
                    16

Selection: **adiós, buenas, cómo, con, da, enfermo, está, estoy, favor, gracias, está, tardes, qué, señor, sin, qué.**

VII. Copy the Spanish sentence. Then rewrite the sentence, substituting the expressions in parentheses for the appropriate words in *italics*. Make all necessary changes in the verb.

Model: *Él le da las gracias por la comida.*   **He thanks him for the meal.**
    (Tú/dinero)   **Tú le das las gracias por el dinero.**
                                       (You thank him for the money.)

(A) *Yo* le doy las gracias por *la visita.* _____

1. (Nosotros/el favor) _____

2. (El maestro/la bienvenida) _____

3. (Sus amigos/su invitación) _____

297

4. (Tú/los regalos) _____

(B) *Ella* le da la mano *a Juan*. _____

1. (Yo/al profesor) _____

2. (Nosotros/a la vecina) _____

3. (Tú/mi padre) _____

4. (Los oficiales/al astronauta) _____

(C) *Señorita*, ¡haga Vd. el favor de *pasar*! _____

1. (Señora,/responder a la carta) _____

2. (Caballeros,/entrar) _____

3. (Señor,/salir ahora) _____

4. (Señoritas,/poner la mesa) _____

(D) *Niño*, ¡haz el favor de *dar la mano*! _____

1. (Ana,/escuchar al maestro) _____

2. (Chico,/leer el cuento) _____

3. (Prima,/llegar a tiempo) _____

4. (Hijo,/dar las gracias a mamá) _____

(E) ¡Pasen Vds., *por favor*! _____

1. (¡Den Vds. la mano!) _____

2. (¡Escriba Vd.!) _____

3. (¡Conteste Vd. en español!) _____

4. (¡Vengan Vds. acá!) _____

VIII. Replace **por favor** with the appropriate form of **hacer el favor de.** Make necessary changes in the verb form and in the word order.

(A) Model: ¡Trabajen Vds. menos, por favor!   **¡Hagan Vds. el favor de trabajar** menos!
Work less, please! (*pl.*)   Please work less! (*pl.*)

1. ¡Den Vds. la mano, por favor! _____

2. ¡Tomen Vds. asiento, por favor! _____

3. ¡Salgan Vds. más tarde, por favor! _____

4. ¡Escriban Vds. su dirección, por favor! _____

5. ¡Hablen Vds. menos aquí, por favor! _____

(B) Model: ¡Trabaje Vd. menos, por favor!   **¡Haga Vd. el favor de trabajar** menos!
Work less, please!   Please work less!

1. ¡Dé Vd. las gracias, por favor! _____

2. ¡Tome Vd. café, por favor! _____

3. ¡Ponga Vd. el libro aquí, por favor! _____

4. ¡Reciba Vd. este dinero, por favor! _____

5. ¡Coma Vd. más, por favor! _____

IX. Write a complete Spanish sentence supplying the missing words for the expressions given below the line.

Model: Les doy/mano/profesores.
Les doy la mano a los profesores.   I shake hands with the teachers.

1. ¡ _____ !
Haz/favor/aprender/lección

2. ¡ _____ !
Haz/favor/abrir/ventana

3. ¡ _____ !
Hagan /favor/ no hablar/en/clase

4. ¡ _____ !
Pasen/al otro cuarto/favor

5. ¡ _____ !
Les doy/gracias/padres

Pablo Picasso, *Guernica.*
Museo de Arte Reina Sofía.

El tiempo, la edad, las sensaciones

Unit 2: Conversaciones breves sobre el tiempo, la edad y unas sensaciones.

Little conversations about the weather, age, and some sensations.

A. El tiempo

The Weather

Hace . . .

It is . . . (idiomatic)

Hace expresses *what kind of weather it is. It is* understood.

1. —¿Qué tiempo hace?

What kind of weather is it? How is the weather?

2. —Hace (muy) buen tiempo.

It is (very) good weather.

Muy emphasizes the adjectives **buen** and **mal.**

3. —¿Hace calor?

Is it warm?

4. —Hace sol pero no hace calor.

It is sunny but it is not hot.

No appears before **hace** in the negative sentence.

5. —Entonces hace fresco.

Then it is cool.

6. —Sí, hace fresco* pero no hace frío.

Yes, it is cool but it is not cold.

Muy—Mucho; Poco.

Very; Slightly

1. —¿Hace muy mal tiempo?

Is it very bad weather?

2. —Sí, hace mucho calor. (Hace mucho frío.)

Yes, it is very hot. (It is very cold.)

Mucho emphasizes the nouns: **calor, fresco, frío, sol, viento.**

3. —¿Hace mucho viento?

Is it very windy?

4. —Hace poco viento pero hace mucho sol.

It is slightly windy but it is very sunny.

---

1. —¿Está nevando ahora?

Is it snowing now?

Weather verbs that do not need **hace:**

2. —No. Está lloviendo.

No. It is raining.

llover (ue) to rain and

3. —¿No nieva aquí?

Doesn't it snow here?

nevar (ie) to snow

4. —Nieva poco, pero llueve mucho.

It snows a little, but it rains a great deal.

---

* **Está fresco** is commonly used for *it is cool* (weather).

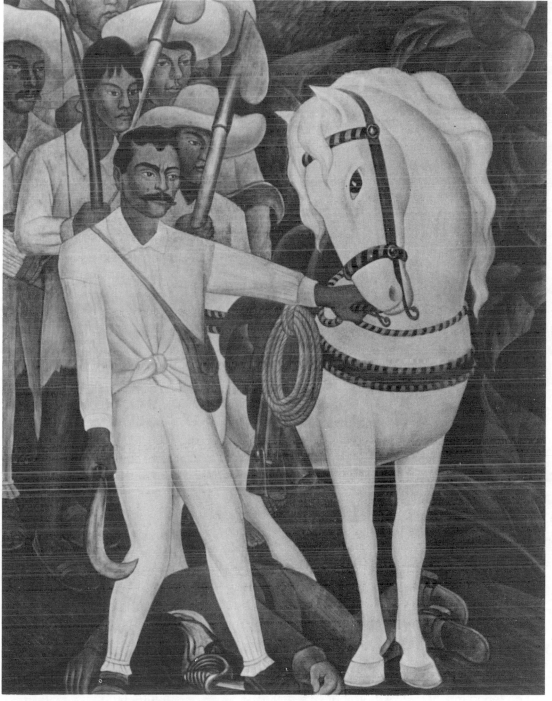

Diego Rivera, *Agrarian Leader Zapata*.

Collection, The Museum of Modern Art, New York
Abby Aldrich Rockefeller Fund

B. Tener_____años (meses)   *Idiomatic: to be_____years (months) old.*

1. —¿Cuántos años tienes tu?	How old are you? (*fam.*)	
(¿Cuántos años tiene Vd.?)	How old are you? (*formal*)	
2. —Tengo (catorce) años	I am (fourteen) years old	*Age in numbers:* **tener . . . años**
3. —¿Y tu hermanito?	And your little brother?	**tener . . . meses** tengo, tienes, tiene
4. —Él tiene dos meses.	He is two months old.	tenemos, tenéis, tienen

C. Tener sensaciones   *Idiomatic: to be*   *Sensations:*

1. —¿Qué tienen Vds.?	What is the matter with you? (*pl.*)	**tener** *to be the matter with*
2. —Tenemos (mucho) dolor de cabeza (dolor de muelas; dolor de estómago)	We have a (bad) headache. (toothache; stomachache)	**tener dolor de** . . . *to have a pain in . . .*

1. —¿Tienen Vds. calor?	Are you warm?	
2. —Tenemos (mucho) calor. . . . . frío . . . . sueño . . . . interés . . . . miedo	We are (very) warm. . . . . cold . . . . sleepy . . . . interested . . . . afraid	**mucho** emphasizes the masculine nouns: *warmth:* **calor** *cold:* **frío** *sleepiness:* **sueño** *interest:* **interés** *fear:* **miedo**
3. —¿Tienen Vds. hambre?	Are you hungry?	
4. —Yo no tengo mucha hambre pero mi hermano tiene mucha sed.	I am not very hungry, but my brother is very thirsty.	**mucha** emphasizes the feminine nouns: *hunger:* **hambre** *thirst:* **sed**

STUDY THE IDIOMS BEFORE BEGINNING THE EXERCISES!

Exercises

I. Write an affirmative answer in a complete Spanish sentence. Translate your answer into English.

1. ¿Hace mucho fresco* en el otoño? _____

_____

2. ¿Hace mucho frío y mucho viento en el invierno?_____

_____

3. ¿Hace mucho calor en el verano? _____

_____

4. ¿Hace mucho sol en Puerto Rico? _____

_____

5. ¿Llueve mucho en abril? _____

_____

6. ¿Está lloviendo mucho ahora? _____

_____

7. ¿Nieva mucho en diciembre? _____

_____

8. ¿Está nevando hoy? _____

_____

9. ¿Hace muy buen tiempo en mayo? _____

_____

10. ¿Hace muy mal tiempo en noviembre? _____

_____

II. (A) Write an affirmative answer in a complete Spanish sentence, using the appropriate word for *very*: **muy** or **mucho.**

Model: ¿Hace calor?   Hace **mucho** calor.
        Is it warm?   It is very warm. (hot)

1. ¿Hace frío en el invierno? _____

2. ¿Hace calor en el verano? _____

3.*¿Hace fresco en el otoño? _____

4. ¿Llueve en abril? _____

5. ¿Hace buen tiempo en la primavera? _____

6. ¿Hace mal tiempo en febrero? _____

7. ¿Nieva en enero? _____

8. ¿Hace viento en marzo? _____

*__Está fresco__ is commonly used for *it is cool* (weather).

(B) Write an affirmative answer using **poco** according to the model.

Model: ¿Hace mucho calor hoy?   Hace **poco** calor.
       Is it very warm today?   It is slightly (hardly) warm.

1. ¿Hace mucho sol hoy? _____

2. ¿Hace mucho frío hoy? _____

3.*¿Hace mucho fresco hoy? _____

4. ¿Hace mucho viento hoy? _____

5. ¿Llueve mucho hoy? _____

6. ¿Nieva mucho hoy? _____

7. ¿Hace mucho calor hoy? _____

III. Write a factual answer in a complete Spanish sentence. Place **no** before the verb *if* your answer is negative.

Model: ¿Hace buen tiempo en el desierto?   No hace buen tiempo en el desierto.
       Is it good weather in the desert?   It is not good weather in the desert.

1. ¿Nieva mucho en la Florida? _____

2. ¿Llueve mucho en el desierto? _____

3. ¿Está lloviendo dentro de la casa? _____

4. ¿Hace fresco en la primavera? _____

5. ¿Está nevando dentro de la casa? _____

6. ¿Hace mucho calor en Alaska? _____

7. ¿Hace mucho frío en Africa? _____

8. ¿Hace mucho sol en Puerto Rico? _____

9. ¿Hace buen tiempo en Londres? _____

10. ¿Hace mal tiempo en California? _____

IV. Write an affirmative answer in a complete Spanish sentence, using the expression in parentheses. Be sure each sentence has a verb.

Model: ¿Qué tiempo hace en la Florida?
       _____   **Hace mucho sol en la Florida.**
           (mucho sol)   It is very sunny in Florida.

1. ¿Qué tiempo hace en el verano? _____
                                      (mucho calor)

2. ¿Qué tiempo hace en el invierno? _____
                                    (mucho frío)

3. ¿Qué tiempo hace en abril? _____
                                    (llueve mucho)

*Está muy fresco** is commonly used for *it is very cool* (weather).

4. ¿Que tiempo hace en diciembre? _____
(nieva mucho)

5. ¿Qué tiempo hace en marzo? _____
(mucho viento)

6. ¿Qué tiempo hace entre el frío de invierno y el calor de verano? _____

_____
(mucho fresco)

7. ¿Qué tiempo hace ahora? _____
(nevando mucho)

8. ¿Que tiempo hace en este momento? _____
(lloviendo mucho)

9. ¿Qué tiempo hace en mayo? _____
(muy buen tiempo)

10. ¿Qué tiempo hace en noviembre? _____
(muy mal)

V. Write a sentence, using the expressions in parentheses and the *appropriate form* of **tener.**

Model: (el chico/ interés en eso)   El chico tiene interés en eso.
The boy is interested in that.

1. (Nosotros/sueño aquí) _____

2. (Tú/frío sin abrigo) _____

3. (Juan y Carlos/calor ahora) _____

4. (Vd./dolor de cabeza hoy) _____

5. (Anita/sed y bebe) _____

6. (Yo/hambre y como) _____

7. (Vds./miedo del agua) _____

8. (Luis/dolor de muelas hoy) _____

9. (Vd. y yo/dolor de estómago) _____

10. (Luis y Vd. / interés en ella) _____

VI. Write an affirmative answer in a complete Spanish sentence beginning with **Ella tiene** and using the cue words in parentheses.

Model: ¿Si no duerme?

_____   **Ella tiene sueño si no duerme.**
(sueño)   She is sleepy if she does not sleep.

1. ¿Si no come? _____
(hambre)

2. ¿Si no bebe? _____
(sed)

3. ¿Si no estudia? _____
(miedo)

4. ¿Y si no va al lago? _____
(calor)

5. ¿Y si no va al dentista? _____
(dolor de muelas)

6. ¿Y si no toma aspirinas? _____
(dolor de cabeza)

7. ¿Y si abre la puerta? _____
(frío)

8. ¿Y si come mucho? _____
(dolor de estómago)

9. ¿Y si hoy es su cumpleaños? _____
(quince años)

10. ¿Y si no duerme? _____
(sueño)

VII. Write an affirmative answer in a *short* complete sentence using the appropriate word for *very*: **mucho, mucha, or muy,** according to the model.

Model: ¿Tienes hambre por la mañana? Sí, tengo **mucha** hambre.
Are you hungry in the morning? Yes, I'm very hungry.

1. ¿Tienes frío en el invierno? _____

2. ¿Tenemos calor en el verano? _____

3. ¿Tienen ellos interés en eso? _____

4. ¿Tiene María hambre cuando no come? _____

5. ¿Tiene Pepe sed cuando no bebe? _____

6. ¿Tengo yo miedo cuando hay un examen? _____

7. ¿Tienes sueño cuando estas cansado? _____

8. ¿Tienes dolor de cabeza si no estás bien? _____

9. ¿Hace buen tiempo si hace fresco? _____

10. ¿Hace mal tiempo cuando llueve? _____

VIII. Complete with the *appropriate form* of **hacer, tener, estar,** or a dash if no addition is necessary.

1. ¿Qué tiempo _____?

2. Yo _____ dolor de cabeza.

3. Ya no _____ mucho viento.

4. Pero _____ fresco.

5. Nosotros _____ dolor de dientes.

6. Hoy _____ mal tiempo.

7. No _____ buen tiempo.

8. ¿Cuántos años _____ ella?

9. Ellos _____ mucha hambre.

10. Siempre _____ nevando.

11. ¿Estás enfermo? ¿Qué _____?   13. Aquí _____ nieva poco.

12. No _____lloviendo ahora.   14. No _____llueve mucho.

15. Pero _____ calor, no hace frío.

IX. Write the expression that best completes the sentence, and circle the letter.

1. Cuando hace mucho sol _____
   a. tenemos frío   b. tenemos hambre   c. hace frío   d. tenemos calor

2. En el cumpleaños de mi amiga, le pregunto: — _____
   a. ¿Tienes frío?   b. ¿Qué tienes?   c. ¿Cuántos años tienes?   d. ¿Qué tiempo hace?

3. Cuando está enferma, María _____
   a. tiene dolor   b. tiene quince años   c. hace calor   d. hace frío

4. Cuando visita al dentista, el niño _____
   a. hace viento   b. tiene miedo   c. tiene sed   d. hace buen tiempo

5. Si no bebo varios vasos de agua _____
   a. nieva   b. tengo sed   c. tengo frío   d. llueve

6. Cuando ella no toma el almuerzo_____
   a. es hombre   b. tiene hambre   c. hace mal tiempo   d. hace fresco

7. Si ella no duerme ocho horas _____
   a. tiene sed   b. está lloviendo   c. hace fresco   d. tiene sueño

8. Si Juan tiene veinte años y yo tengo quince, él _____
   a. tiene cinco años más   b. tiene un mes más   c. hace viento   d. nieva

9. Para saber si hace frío, pregunto: — _____
   a. ¿Qué tiempo hace?   b. ¿Cuántos años tiene?   c. ¿Qué tiene?   d. ¿Está nevando?

10. Si Ana está enferma le pregunto: — _____
    a. ¿Está lloviendo?   b. ¿Qué tienes?   c. ¿Cuántos años tienes?   d. ¿Qué tiempo hace?

X. Write a rejoinder in a complete Spanish sentence using the *appropriate verb* and the expressions in parentheses.

1. Vd. dice: —Voy a comer.

   Yo respondo: — _____
   (Vd./mucha hambre)

2. Tú dices: —Bebo mucha agua fría.

   Yo respondo: — _____
   (Tú/mucha sed)

3. Él dice: —Vas a la cama temprano.

   Yo respondo: — _____
   (Yo/mucho sueño)

4. La madre dice: —Hace mucho viento hoy.

   Respondemos: — _____
   (Nosotros no/mucho frío)

307

5. María dice: —Hace mucho frío.

    Su padre responde: — _____

    (Y/nevando mucho)

6. Juan dice: —Tengo mucho calor hoy.

    Su amigo responde: — _____

    (Claro,/mucho sol)

7. Mi madre dice: —Debes llevar el paraguas.

    Yo respondo: — _____

    (¡No quiero porque no/lloviendo mucho!)

8. El médico dice: —Tu hermano debe tomar aspirinas y no puede comer hoy.

    Yo pregunto: — _____

    (¿,/él/dolor/estómago y/cabeza?)

9. La maestra pregunta: —¿Tiene Vd. hermanos menores?

    Yo respondo: — _____

    (Yo/quince años/y mis hermanos/quince meses)

10. La vecina dice: —¿Qué tiempo hace hoy?

    Mi madre responde: — _____

    (Siempre/muy mal/en noviembre)

VISTAS DE ESPAÑA

Catedral de Jaén

El Alcázar de Segovia

Courtesy of the Ministry of Information and Tourism, Spain.

La hora, la fecha

Unit 3: Conversaciones entre una niña y su madre.

Conversations between a child and her mother.

A. La hora

Telling Time

---

1. —¿Qué hora es?	What time is it?	Time is feminine.
2. —Es la una.	It is one o'clock.	**Una** is the *only* number in *feminine* form. **La** *precedes* **una.**
3. —¿Qué hora es ahora?	What time is it now?	**Las** *precedes all other hours.*
4. —Son las dos. No es la una.	It is two o'clock. It isn't one.	**No** is placed *before* **es** or **son** in a negative sentence.

---

1. —¿Son las cuatro?	Is it four o'clock?	**En punto** *on the dot; exactly.*
2. —Son las cuatro en punto.	It is four exactly.	

---

1. —Son las cinco y *treinta*?	Is it five *thirty*?	*Add the minutes after the hour. Use* **y** (plus, and).
2. —Sí, son las cinco y *media*.	Yes, it is *half past* five.	**Media** *half* (past)

---

1. —¿Son las ocho y *quince*?	Is it eight *fifteen*?	
2. —Sí, son las ocho y *cuarto*.	Yes, it is a *quarter* past eight.	**Cuarto** *quarter* (past)

---

1. —¿No son las doce *menos cuarto*?	Isn't it a *quarter to* twelve?	*Use* **menos** (minus, less) *to subtract the minutes from the hour.*
2. —No. Es la una menos *cuarto*.	No. It is *four* minutes *to* one.	*Add minutes only up to thirty. Past the half hour, name the next hour, and subtract the required minutes. Use* **menos.**
3. —Siempre salimos a almorzar entre las doce y media y la una menos veinte y cinco.	We always go out to lunch between half past twelve and twelve thirty-five.	

---

1. —¿Cuándo comes más: por la mañana, por la tarde, o por la noche?	When do you eat more: in the morning, in the afternoon, or at night?	**Por la mañana, por la tarde, por la noche** *in the morning, afternoon, evening,* are used when *no hour is stated.*

2. —A las 8 de la mañana no tengo tiempo. A la una de la tarde y a las seis de la tarde como más.

At 8 A.M. I have no time. At 1 P.M.. and at 6 P.M. I eat more.

De la mañana A.M., **De la tarde** P.M. (afternoon and *early* evening are used when *the hour is stated*).

3. —¿A qué hora vas a dormir?

At what time do you go to sleep?

A la, a las mean *at* when telling time.

4. —Voy a la cama a las once de la noche.

I go to bed at eleven P.M.

¿A qué hora? is *at what time?*
De la noche is P.M. for late evening and night.

B. La fecha

The Date

---

1. —¿Qué día es hoy?

What day is it today?

Days and months are *not usually capitalized*.

2. —Hoy es viernes.

Today is Friday.

3. —¿A cuántos estamos?

What is the date?

The day and date *precede* the month.

4. —Estamos a doce de octubre.

It is October 12.

5. —¿Cuál es la fecha completa?

What is the complete date?

Except after **estamos a, el** is used before the date:
El doce de octubre
October 12.

6. —Hoy es viernes el doce de octubre.

Today is Friday, October 12.

7. —¿Qué celebramos el doce de octubre?

What do we celebrate on October 12?

On is understood when **el** *precedes the date*:
El doce de octubre
On October 12th.

8. —Celebramos el **Día de la Raza** el doce de octubre.

We celebrate Columbus Day on October 12.

9. —Y el **Día de las Américas** cae el catorce de abril.

And Pan American Day falls on April 14th.

10. —¿Y el dos de mayo?

And on May 2?

11. —El dos de mayo es el **Día de la Independencia** de España.

May 2 is Spain's Independence Day.

12. —¿Y el cuatro de julio?

And the fourth of July?

13. —El cuatro de julio es el **Día de la Independencia** de los Estados Unidos.

July 4 is the United States' Independence Day.

14. —¿Cuándo celebramos la **Navidad?**	When do we celebrate Christmas?	Simple cardinal numbers express the date *except* for the first of the month.
15. —Celebramos el **Día de la Navidad** el veinte y cinco de diciembre.	We celebrate Christmas on December 25.	
16. —¿Qué fiestas caen el primero del mes?	What holidays fall on the first of the month?	**Primero** expresses the *first* day of the month.
17. —**El Año Nuevo** cae el primero de enero. El **Día de los Inocentes** cae el primero de abril.	New Year's falls on January first. April Fools' Day falls on April first.	

STUDY THE IDIOMS BEFORE BEGINNING THE EXERCISES!

Exercises

I. **Write the translation of the Spanish sentence.** Then (1) rewrite the Spanish sentence, substituting the expression in parentheses for the words in *italics*; (2) translate each Spanish sentence you write.

Model: ¿A qué hora *salen*? **At what time do they leave?**
(regresan) (1) **¿A qué hora regresan?** (2) **At what time do they return?**

1. ¿A qué hora *almuerzas*? _____

   a. (vas a la cama) (1) _____

   (2) _____

   b. (comemos) (1) _____

   (2) _____

   c. (estudian) (1) _____

   (2) _____

2. Salimos *a las seis de la tarde*. _____

   a. (a las once de la noche) (1) _____

   (2) _____

   b. (a las ocho de la mañana) (1) _____

   (2) _____

   c. (a la una de la tarde) (1) _____

   (2) _____

3. Estudian *por la noche*. _____

   a. (por la mañana) (1) _____

   (2) _____

   b. (por la tarde) (1) _____

   (2) _____

   c. (por la noche) (1) _____

   (2) _____

4. *¿Cuál es la fecha de* hoy? _____

   a. (¿A cuántos estamos?) (1) _____

   (2) _____

   b. (¿Qué fiesta cae?) (1) _____

   (2) _____

   c. (¿Qué día es?) (1) _____

   (2) _____

5. Hoy es *el primero de mayo*. _____

   a. (el dos de junio) (1) _____

   (2) _____

   b. (el veinte y uno de noviembre) (1) _____

   (2) _____

   c. (el veinte de octubre) (1) _____

   (2) _____

6. *Hoy es el* primero de abril.

   a. (Estamos a) (1) _____

   (2) _____

   b. (La fiesta cae) (1) _____

   (2) _____

   c. (Mañana es) (1) _____

   (2) _____

II. **¿Qué hora es?** Write an answer in a complete Spanish sentence.

1. (1 o'clock) _____

2. (2 o'clock) _____

3. (3 o'clock) _____

4. (5:15 P.M.) _____

5. (6:30 A.M.) _____

6. (6:45 P.M.) _____

III. Write an affirmative answer in a complete Spanish sentence using the verbs given in parentheses and the ideas given below the writing line.

1. ¿A qué hora de la mañana comes?

   (Como) _____
   (8 A.M.)

2. ¿A qué hora de la tarde sales de la clase?

   (Salgo) _____
   (1 P.M.)

3. ¿Cuándo regresas a casa?

   (Regreso) _____
   (in the afternoon)

4. ¿A qué hora de la noche estudias?

   (Estudio) _____
   (9:30 P.M.)

5. ¿Qué hora es cuando vas a dormir?

   (Son/voy) _____
   (10:40 exactly)

IV. Write an affirmative answer in a complete Spanish sentence, selecting the correct date. (Write out the numbers in Spanish in your answer.)

1. Hoy celebramos el Día de la Independencia norteamericana. ¿Cual es la fecha?

   _____

   a. 4 de julio   b. 1 de enero   c. 12 de octubre   d. 25 de diciembre

2. Hoy es la Navidad. ¿A cuántos estamos?

_____

    a. 2 de mayo   b. I de enero   c. 25 de diciembre   d. 12 de febrero

3. Hoy es el Día de la Raza. ¿Cuál es la fecha?

_____

    a. 4 de julio   b. 14 de julio   c. 12 de octubre   d. 12 de febrero

4. Hoy es el Día de Año Nuevo. ¿A cuántos estamos?

_____

    a. 25 de diciembre   b. 4 de julio   c. 1 de enero   d. 1 de abril

5. Hoy es el Día de los Inocentes. ¿Cuál es la fecha?

_____

    a. 1 de abril   b. 14 de abril   c. 2 de mayo   d. 2 de octubre

6. Hoy celebramos el Día de las Américas. ¿A cuántos estamos hoy?

_____

    a. 4 de julio   b. 14 de abril   c. 2 de mayo   d. 1 de abril

V   Rewrite each sentence, correcting the expressions in *italics*.

1. La Navidad cae *el primero de enero*.

_____

2. Pregunto: —¿Cuál es la fecha de hoy? Tú respondes: —*Son las dos*.

_____

3. Pregunto: —¿Qué hora es? Tú respondes:—*Es el dos*.

_____

4. El Día de la Raza es *el cuatro de julio*.

_____

5. El Día de la Independencia norteamericana cae *el doce de octubre*.

_____

6. El Día de Año Nuevo cae *el veinte y cinco de diciembre*.

_____

7. El Día de las Américas cae *el dos de mayo*.

_____

8. El Día de la Independencia española cae *el catorce de abril*.

_____

VI. Write the question suggested by each statement. Use the cues in parentheses and question marks.

Model: Ana es linda.   (Quién) **¿Quién es linda?** Who is pretty?

1. _____
   Hoy es martes el tres de marzo. (Cuál)

2. _____
   Estamos a jueves el trece de abril. (A cuántos)

3. _____
   Son las diez de la mañana. (Qué)

4. _____
   Comen a la una de la tarde. (A qué)

5. _____
   Celebramos La Navidad el veinte y cinco de diciembre. (Cuándo)

VII. Complete using the appropriate equivalent of "*what*": **¿cómo?, ¿cuál?, ¿qué?** or **¿cuántos?**

1. ¿ _____ hora es?   3. ¿ _____ se llama Vd.?

2. ¿ _____ es la fecha de hoy?   4. ¿A _____ estamos?

5.   ¿A _____ hora comes?

VIII. Complete the sentence, using the appropriate verb: **es, estamos, llama,** or **son.** (The same verb may be used appropriately more than once.)

1. ¿A cuántos _____ hoy?   5. Hoy _____ lunes.

2. ¿Qué hora _____?   6. Hoy _____ martes.

3. ¿Cómo se _____ su padre?   7. _____ la una menos cuarto.

4. ¿Cuál _____ la fecha de hoy?   8. _____ las diez y media.

IX. Complete with the appropriate article **el, los, la, las.** Write a dash if *no* article is needed.

1. Hoy es _____ dos de junio.   5. Es _____ una de _____ tarde.

2. Estamos a _____ diez de junio.   6. Son _____ ocho de _____ mañana.

3. ¿Cuál es _____ fecha de hoy?   7. Comemos a _____ cinco.

4. Hoy es _____ viernes.   8. Miramos la televisión por _____ noche,

   o a _____ cuatro de _____ tarde.

X. Write the Spanish equivalent adapted from the DIALOGUES, pages 310-312.

1. What time is it? _____

2. It is one P.M. _____

3. What time is it now? _____

4. It is two. It is not one. _____

5. Is it four o'clock exactly? _____

6. It is four forty. _____

7. Is it five thirty now? _____

8. Yes, it is half past five. _____

XI. Complete in Spanish. (Consult DIALOGUES, pages 310–312, for review.)

(A)

Luis: —¿Son las ocho?

Ana: —Sí, ____ ____ ocho.
 1 2

Luis: —¿Y ahora?

Ana: —Y ahora son ____ ocho y cinco.
 3

(B)

Pepe: —Siempre almuerzo antes de

 ____ una. Como siempre,
 1

hoy salgo a ____ una
 2

____ cuarto.
1 3

Lola: —Es todavía temprano. Es

solamente el mediodía.

____ ____ doce
4 5

____ punto.
6

(C)

Ana: —¿A ____ hora comes más,
 1

a ____ ocho ____ la
 2 3

mañana o a ____ una de
 4

____ tarde?
5

Paco: —A ____ una de ____ tarde
 6 7

como más. A ____ocho de
 8

____ mañana corro a la escuela.
9

Ana: —¿ ____ ____ hora vas a dormir,
 10 11

a ____ seis ____ ____
 12 13 14

tarde o ____ las once ____
 15 16

____ noche?
17

Juan: —Voy a dormir ____ ____
 18 19

once ____ la noche.
 20

(D)

María: —¿Cuándo estudias, ____ la
 1

mañana, ____ la tarde
 2

o ____ la noche?
 3

Pablo: —Estudio ____ la tarde o por
 4

____ noche. No tengo tiempo
5

para estudiar más temprano.

En la clase

Unit 4: En la clase: Conversación entre el maestro y una alumna.

In class: A conversation between the teacher and a student.

¿De quién? Whose?

Maestro: —¿De quién es la clase?

Whose class is it?

Alumna: —Es mi clase.

It is my class.

La clase de español The Spanish class

M: —¿Qué clase es?

What class is it?

A: —Es la clase de español.

It is the Spanish class.

De meaning *about;* **La clase de español; la lección de español; el maestro de español.** The class *about* the Spanish language, etc.

Es verdad It is true. That's right.

M: —¿Estudias la lección de español?

Are you studying the Spanish lesson?

A: —Sí, es verdad.

Yes, that's right. (True, so)

Prestar atención To pay attention

M: —¿Prestas atención?

Do you pay attention?

A: —Presto atención en la clase.

I pay attention in class.

prestar

presto	prestamos
prestas	prestáis
presta	prestan

Querer a To love

M: —¿Quieres al profesor de español?

Do you love the Spanish teacher?

A: —Sí, quiero al profesor.

Yes, I love the teacher.

querer

quiero	queremos
quieres	queréis
quiere	quieren

Querer decir To mean

M: —¿Qué quiere decir **'chica'**?	What does **chica** mean?	In **querer decir, querer** is conjugated; **decir** does *not* change its infinitive form.
A: —**'Chica'** quiere decir **'muchacha'**.	**Chica** means **muchacha**.	

¿Cómo se dice? How do you say?, how does one say?

M: —¿Cómo se dice **'chico'** en inglés?	How do you say **chico** in English?	**Se** represents impersonal *"you"* or *"one."*
A: —Se dice **'boy'**.	One says "boy." (You say "boy.")	

Estar de pie To be standing

M: —¿Para qué estás de pie?	Why are you standing?		**estar**
		estoy	estamos
A: —Estoy de pie para contestar.	I'm standing in order to answer.	estás	estáis
		está	están

Saber *before an infinitive* To know how (can)

M: —¿Sabes escribir español?	Do you know how to write Spanish?		**saber**
		sé	sabemos
A: —Sí, sé leer también.	Yes, I know how to read, too.	sabes	sabéis
		sabe	saben

Salir bien en To pass (a test, a course, etc.)
Salir mal en To fail (a test, a course, etc.)

M: —¿Sales mal o bien en el examen?	Do you fail or pass a test?		**salir**
		salgo	salimos
A: —No salgo mal en el examen. Salgo bien porque es fácil.	I don't fail the test. I pass because it is easy.	sales	salís
		sale	salen

Creer que sí (no) To believe so (not)

M: —¿Hay que estudiar para salir bien?	Is it necessary to study in order to pass?		**creer**
		creo	creemos
A: —Creo que no.	I don't think so.	crees	creéis
M: —Yo creo que sí. Si no estudias no sabes contestar.	I think so. If you do not study you don't know how to answer.	cree	creen

¡Concedido! Agreed!

Por eso Therefore

A: —¡Concedido! Por   Right! (Agreed!) Therefore,
       eso, hay que   one must study.
       estudiar.

STUDY THE IDIOMS BEFORE BEGINNING THE EXERCISES!

Exercises

I.   **Write the translation of the Spanish sentence.** Then (1) rewrite the Spanish sentence, sub-
     stituting the expressions in parentheses for the words in *italics*; (2) translate each Spanish sen-
     tence you write.

     Model: *Ellos* prestan atención *al circo.*   **They pay attention to the circus.**
     a. (Tú/al tigre) (1) **Tú prestas atención al tigre.**   (2) **You pay attention to the tiger.**

1. *Yo* quiero *a mi madre.* _____

   a. (Tú/a la maestra) (1) _____

   (2) _____

   b. (Nosotros/a los amigos) (1) _____

   (2) _____

   c. (Juan/a la chica) (1) _____

   (2) _____

   d. (Ana y Pepe / a sus hermanos) (1) _____

   (2) _____

   e. (Yo/al compañero de clase) (1) _____

   (2) _____

2. *Ellos* saben *tocar el piano.* _____

   a. (Yo/cantar la canción) (1) _____

   (2) _____

   b. (María/bailar la bamba) (1) _____

   (2) _____

   c. (Tú/hablar español) (1) _____

   (2) _____

   d. (Tú y yo/jugar al tenis) (1) _____

   (2) _____

e. (Ellos/tocar el violín) (1) _____

(2) _____

3. *Luis y Pedro están de pie.* _____

a. (Yo/de pie) (1) _____

(2) _____

b. (Vd. y yo/levantados) (1) _____

(2) _____

c. (Vd./sentado) (1) _____

(2) _____

d. (Tú/de pie) (1) _____

(2) _____

e. (Los chicos/de pie) (1) _____

(2) _____

4. *Yo salgo bien en el examen.* _____

a. (Tú/mal en la clase) (1) _____

(2) _____

b. (Juan y yo/bien en el examen) (1) _____

(2) _____

c. (Los alumnos/mal en sus estudios) (1) _____

(2) _____

d. (Yo/bien en los exámenes) (1) _____

(2) _____

5. ¿Qué quiere decir *la palabra*? _____

a. (¿Qué/decir las frases?) (1) _____

(2) _____

b. (¿Qué/decir tú?) (1) _____

(2) _____

c. (¿Qué/decir Juan?) (1) _____

(2) _____

6. *Yo* creo *que sí.* _____

   a. (Él y yo/que no) (1) _____

   (2) _____

   b. (La madre/que no) (1) _____

   (2) _____

   c. (Tú/que sí) (1) _____

   (2) _____

II. Complete the response.

1. —¿Estás sentado cuando contestas?
   —No. Estoy _____ pie.

2. —¿Es tu pluma?
   —No. No sé _____quién es la pluma.

3. —¿Sabes el inglés?
   —Sí, Yo _____el inglés.

4. —¿Sabes escribir el chino?
   —No. No _____ _____el chino.

5. —¿Sales mal en el examen de español?
   —No. Salgo bien _____ el examen.

6. —¿Quieres a tu profesora?
   —Sí, _____ _____mi profesora.

7. —¿Quieres decir que ella es bonita?
   —Quiero _____ que es una buena
     maestra.

8. —¿Cómo se dice **maestra** en inglés?
   —Se _____ "teacher" o _____
     dice "instructor".

9. ¿Hay que prestar atención en la clase de
   español?
   —Sí, _____ _____ prestar atención.

10. —¿Es verdad?
    —Sí, es _____

11. —¿Cree tu profesora que si?
    —____ verdad. Mi profesora cree _____
    _____.

12. —¿Cree tu amigo que sí?
    —No. Mi amigo _____ que _____.

13. —¿Crees que sí?
    —Sí. Yo _____ _____ sí.

14. —¿Por eso prestas atención?
    —Sí, _____ eso, _____ atención.

15. —¿Concedido?
    —Sí ¡_____!

III. Write the appropriate rejoinder in Spanish, and circle the letter.

1. Vd. dice: —Sé escribir muy bien el español.
   Yo respondo: — _____
   a. ¿Cree Vd. que sí?   b.¿A cuántos estamos hoy?   c. ¿Cómo se llama Vd.?

2. Vd. pregunta: —¿De quién es el libro?
   Yo respondo: — _____
   a. Creo que no.   b. Queremos al alumno.   c. No sé de quién es.

3. Vd. dice: —¡Tome Vd. esta silla, por favor!
   Yo respondo: —Gracias pero _____
   a. quiero estar de pie.   b. quiero salir bien.   c. quiero hablar español.

4. Vd. dice:—Hay que salir bien en el examen.
   Yo respondo: _____
   a. ¡Concedido!   b. Sabemos bailar.   c. Estamos de pie.

5. Vd. dice: —Quiero a mi maestra.
   Yo respondo:— _____
   a. ¿Cómo se dice **maestro?**   b. ¿Qué quiere decir **maestro?**   c. ¡Por eso prestas atención!

IV. Write an affirmative response in a complete Spanish sentence, using the cue word in parentheses at the beginning of the answer. Then translate your answer.

Model: ¿Hay que estudiar?

      _____   **¡Concedido! Hay que estudiar.**
      (¡Concedido!)   *Agreed! One must study.*

1. ¿Está Vd. en una clase de español?   _____
   (Estoy)
   _____

2. ¿Está la maestra de pie?   _____
   (La maestra)
   _____

3. ¿Sabe Vd. cómo se dice *"book"* en español?   _____
   (Sí, sé)
   _____

4. ¿Sabe Vd. de quién es el libro?   _____
   (Yo)
   _____

5. ¿Sabe Vd. leer el español?   _____
   (Yo)
   _____

6. ¿Presta Vd. atención?   _____
   (Sí, yo)
   _____

7. ¿Hay que trabajar en la clase de historia?   _____
   (Hay)
   _____

8. ¿Sale Vd. bien en los exámenes?   _____
   (Salgo)
   _____

9. ¿Quieres mucho a la maestra?   _____
   (Quiero)
   _____

10. ¿No es verdad que la maestra cree que sí?   _____
    (Es)
    _____

V. Write the expression that best completes the sentence, and circle the letter.

1. Cuando el maestro enseña yo _____
   a. estoy de pie   b. presto atención   c. toco la guitarra   d. creo que sí

2. Cuando leo para la clase _____
   a. quiero a mi padre   b. creo que sí   c. creo que no   d. estoy de pie

3. Cuando el maestro es simpático yo _____
   a. lo quiero mucho   b. se dice: —chico   c. salgo mal   d. pienso que hay que salir

4. Para salir bien en la clase de español _____
   a. hay que escuchar   b. hay que salir mal   c. sé tocar el piano   d. aprendo el inglés

5. Para saber el dueño del lápiz pregunto: — _____
   a. ¿A quién quieres?   b. ¿Cómo se dice *lápiz*?   c. ¿De quién es esto?   d. ¿Qué es esto?

6. Para aprender una palabra le pregunto a la profesora: — _____
   a. ¿Qué quiere decir eso?   b. ¿Sales bien en el examen?   c. ¿Hay que aprender?
   d. ¿Sabes leer?

7. Para saber una pronunciación yo pregunto: —_____
   a. ¿Hay que estudiar?   b. ¿Cómo se dice esto?   c. ¿De quién es?   d. ¿A quién quieres?

8. Practico la guitarra porque quiero _____
   a. estar de pie   b. salir bien en inglés   c. bailar a la música   d. saber tocar música

9. Estudio mucho en casa para _____
   a. creer que sí   b. salir bien   c. prestar atención   d. estar de pie

10. Si es verdad yo digo: —_____
    a. Creo que sí   b. Creo que no   c. Por eso   d. Hay que estudiar

VI. Write the entire expression from the second column that means the *same* as the word in *italics*. Before each expression write its corresponding letter.

1. *Escucho* _____   a. ¿Qué quiere decir?

2. *¿Qué significa?* _____   b. de pie

3. *¿A quién amas?* _____   c. ¡Concedido!

4. *¡Cómo no!* _____   d. Presto atención.

5. *levantado* _____   e. ¿A quién quieres?

Un sábado en el parque

Unit 5: Un sábado en el parque.

Conversación entre una vecina y un
alumno sobre qué va a hacer el alumno
el sábado en el parque.

A Saturday in the park.

Conversation between a neighbor and a pupil
about how he plans to spend his Saturday
in the park.

Asistir a To attend

Sra.:	— ¿No asistes a la escuela hoy?	Don't you attend school today?	**asistir**
			asisto asistimos
			asistes asistís
Alumno:	—No asisto hoy. Es sábado	I don't today. It's Saturday,	asiste asisten

---

Ir a + *noun* To go to

S:	—¿Adónde vas?	Where are you going?	**ir**
			voy vamos
A:	—Voy al parque.	I'm going to the park.	vas vais
			va van

Ir de paseo To go for a walk

S:	—¿Por qué vas al parque?	Why are you going to the park?
A:	—Voy de paseo allí.	I'm going for a walk there.

Subir a To get on *(vehicle)*

S:	—¿Cómo vas a llegar al parque?	How are you going to get to the park?	**subir**
			subo subimos
			subes subís
A:	—Primero, subo al tren.	First, I get on the train.	sube suben

		bajar	
Bajar de To get off (*vehicle*)		bajo	bajamos
Entrar en To enter		bajas	bajáis
		baja	bajan

		entrar	
S: —¿Y luego?	And then?		
A: —Luego, bajo del tren y entro en el parque.	Then, I get off the train and enter the park.	entro	entramos
		entras	entráis
		entra	entran

Ir a + *infinitive* to be going to (do); **Dar un paseo a pie** to take a walk; **Dar un paseo a caballo** to ride horseback; **Dar un paseo en bicicleta** to take a ride on a bicycle; **Dar un paseo en automóvil** to take a ride in a car.

		dar	
S: —¿Qué vas a hacer en el parque?	What are you going to do in the park?	doy	damos
		das	dais
A: —Voy a dar un paseo a pie o en bicicleta.	I'm going to take a walk, or go bicycle riding.	da	dan
S: —¿No das un paseo a caballo?	Don't you go horseback riding?		
A: —Sí, doy un paseo a caballo cuando tengo dinero.	Yes, I ride when I have money.		
S: —¿Por qué no das un paseo en automóvil?	Why don't you take a ride in a car?		
A: —No doy paseos en automóvil porque no tengo automóvil.	I don't go riding in a car because I have no car.		

Por todas partes Everywhere
Todo el mundo Everyone, everybody

S: —¿Quién está en el parque?	Who is in the park?
A: —Todo el mundo está allí.	Everyone is there.
Por todas partes hay gente y flores.	Everywhere there are people and flowers.

Poner la mesa To set the table
Salir de To leave
Regresar a casa To go home
Estar en casa To be at home
Tocar el piano, el violín, la guitarra
To play the piano, violin, guitar

To express "home" use
1. **a casa** after a verb of
locomotion: **correr, volver**
2. **en casa** after **estar**

S: —¿Cuándo sales del parque?

When do you leave the park?

A: —Salgo del parque temprano para volver a casa.

I leave the park early to return home.

A: —¿Qué haces en casa?

What do you do at home?

S: —En casa, primero pongo la mesa. Después de comer, toco el piano y mis hermanos tocan el violín y la guitarra.

At home, first I set the table. After eating, I play the piano, and my brothers play the violin and the guitar.

poner

pongo	ponemos
pones	ponéis
pone	ponen

STUDY THE IDIOMS BEFORE BEGINNING THE EXERCISES!

Exercises

I. **Write the translation of the sentence.** Then (1) rewrite the Spanish sentence, substituting the expressions in parentheses for the words in *italics;* (2) translate each Spanish sentence you write.

Model: *Me* gusta la clase *de historia.*
a. (Les/de inglés)

I like the history class.
(1) Les gusta la clase de inglés.
(2) They like the English class.

1. *Yo* doy un paseo *a caballo.* _____

a. (Tú/a pie) (1) _____

(2) _____

b. (Vds./en automóvil) (1) _____

(2) _____

c. (Nosotros/en bicicleta) (1) _____

(2) _____

2. *Nosotros* bajamos *del tren.*

(a) (El piloto/del avión) (1) _____

(2) _____

b. (Los amigos/del coche) (1) _____

(2) _____

c. (Yo/del autobús) (1) _____

(2) _____

3. *Todo el mundo* asiste *al teatro.*

a. (Yo/a la escuela) (1) _____

(2) _____

b. (Ellos/al cine) (1) _____

(2) _____

c. (Nosotros/a las fiestas) (1) _____

(2) _____

4. *Yo* pongo la mesa *con el mantel.* _____

a. (Tú/la mesa con vasos) (1) _____

(2) _____

b. (Ana y yo/la mesa con cucharas) (1) _____

(2) _____

c. (Marta/la mesa con cuchillos) (1) _____

(2) _____

d. (Yo/la mesa con servilletas) (1) _____

(2) _____

5. *Tú y yo* entramos *en el cine.* _____

a. (Vd./en la casa) (1) _____

(2) _____

b. (Vd. y Juan/en la clase) (1) _____

(2) _____

c. (Yo/en la escuela) (1) _____

(2) _____

6. *Yo* voy de paseo *por todas partes.*

a. (Yo/de paseo al parque) (1) _____

(2) _____

b. (Tú/de paseo a casa) (1) _____

(2) _____

c. (Ellos/de paseo al cine) (1) _____

(2) _____

d. (Tú y yo/de paseo al centro) (1) _____

(2) _____

II. Write an affirmative answer in a complete Spanish sentence. Begin with the cue in parentheses. *Then translate your answers.*

1. ¿Asistes a la escuela los lunes? _____
   (asisto)

   _____

2. ¿Vas de paseo al parque? _____
   (voy)

   _____

3. ¿Subes al tren para ir al parque? _____
   (subo)

   _____

4. ¿Bajas del tren y entras en el parque? _____
   (bajo)

   _____

5. ¿Primero das un paseo a pie y luego en bicicleta? _____
   (primero doy)

   _____

6. ¿Sabes tocar un instrumento como el violín? _____
   (sé tocar)

   _____

7. ¿Está todo el mundo por todas partes del parque? _____
   (todo el mundo)

   _____

8. ¿Sales del parque para ir a casa? _____
   (salgo)

   _____

9. ¿Pones la mesa antes de comer? _____
   (pongo)

   _____

10. ¿Tocas la guitarra, el piano y el violín en casa? _____
    (toco)

    _____

III. Write a *logical* or factual answer in a complete Spanish sentence.

1. ¿Quién asiste a la escuela *todo el mundo* o *nadie*?

_____

2. ¿Qué sabe Vd. tocar bien *las paredes* o *la guitarra*?

_____

3. ¿Hay mucha gente por todas partes *del campo* o *de la ciudad*?

_____

4. ¿Antes de comer pones la mesa con *un mantel* o con *una manta*?

_____

5 ¿Cuándo das un paseo en bicicleta a la playa *el lunes* o *el sábado*?

_____

6. ¿De dónde sales a las tres *del cine* o *de la escuela*?

_____

7. ¿A qué subes para llegar al piso del vecino al *ascensor* o *al avión*?

_____

8. ¿Cómo regresas a casa *a caballo* o *a pie*?

_____

9. ¿Por dónde das un paseo a caballo por *la calle* o por *el parque*?

_____

10. ¿En dónde entras a las ocho de la mañana en *el dormitorio* o en *la clase*?

_____

IV. Write the appropriate response or rejoinder, and circle the letter.

1. —Vamos a la escuela todos los días.

_____

   a. —Todo el mundo da paseos.   b. —Siempre asistimos a las clases.
                c. —Entramos en casa.

2. —Vamos a comer.

_____

   a. —Voy a poner la mesa.   b.—Voy a dar un paseo.
               c.—Voy a bajar del tren.

3. —Son las ocho de la mañana.

_____

   a. —Es hora de entrar en la escuela.   b. —Es hora de poner la mesa.
               c. —Es hora de ir a dormir.

4. —Voy al parque.

_____

a. —¿Va Vd. a pie?   b. —¿Sale Vd. del cine?
          c. —¿Entra Vd. en la tienda?

5. —¿Dónde hay alumnos?

_____

a. —Hay muchos maestros.   b. —Están por todas partes.
          c.—Todo el mundo es alumno.

V. Write the expression that best completes the sentence, and circle the letter.

1. Cuando doy un paseo al centro _____
   a. voy a pie   b. subo al avión   c. voy a caballo   d. asisto a la clase

2. Voy al parque porque deseo _____
   a. tocar el piano   b. salir mal   c. ir de paseo   d. poner la mesa

3. Cuando hace buen tiempo _____ va de paseo.
   a. el automóvil   b. todo el mundo   c. la guitarra   d. la bicicleta

4. En la primavera todo el mundo da paseos _____
   a. en las escuelas   b. por todas partes   c. en los edificios   d. en los museos

5. Prestamos atención al maestro cuando _____
   a. asistimos   b. salimos   c. estamos de pie   d. damos paseos

VI. Rewrite the following sentences *with their letters* in a *logical sequence*.

Para llegar a la escuela: *To reach my school.*

a. Entro en la clase. 1. _____

b. Bajo del tren. 2. _____

c. Subo al tren. 3. _____

d. Salgo de mi casa. 4. _____

e. Veo que todo el 5. _____
   mundo asiste.

VII. Complete in Spanish.

1. Voy _____casa.   6. Doy un paseo _____pie.

2. Estoy _____casa.   7. Subimos _____tren.

3. Doy un paseo _____ bicicleta. 8. Asisto _____la clase.

4. Pedro baja _____automóvil.   9. Damos un paseo _____automóvil.

5. Él va _____paseo al centro.   10. Entras _____la clase.

VIII. Complete, using an appropriate expression from the selection provided below.

1. La tía: —¿No asistes _____

   la escuela hoy, Paco?

2. Paco: —Yo no _____ hoy

   porque es sábado.

3. La tía: —Entonces, ¿adónde _____?

4. Paco: —Voy _____ paseo al parque.

   Allí doy un paseo _____ pie o

   _____ bicicleta. Si tengo dinero

   _____ un paseo _____

   caballo.

5. La tía: —Aquí tienes dinero para _____
   un _____ a caballo.
   Paco: —Mil gracias.

Selection: **a, asisto, dar, de, doy, en, paseo, vas**

La cita

Unit 6: La cita

En el supermercado. Juan quiero oalir con Alicia, quien trabaja en el supermercado. Alicia decide finalmente no salir con él porque él le hace muchas preguntas.

The Appointment (The Date):

At the supermarket. John wants to go out with Alice, who is working in the supermarket. She finally decides not to go out with him because he asks so many questions.

Juan: —¿Asistes al cine a menudo?

Alicia: —Asisto muchas veces con mis amigos.

Do you go to the movies often?

I go often with my friends.

Sinónimos
a menudo often
muchas veces often

J: —¿Deseas ir de nuevo hoy?

A: —¿Otra vez? Sí. Gracias.

Do you want to go again today?

Again? Yes. Thanks.

Sinónimos
de nuevo again
otra vez again

J: —¿Deseas ir conmigo en seguida?

A: —No. Más tarde. Tengo mucho trabajo.

How about going with me right away?

No. Later. I have a great deal of work.

Antónimos
en seguida right away (immediately)
más tarde later

J: —¿No terminas en seguida?

A: —No. Termino poco a poco hoy.

Won't you be finishing at once?

No. I'll be finishing little by little (gradually) today.

Antónimos
en seguida at once
poco a poco little by little (gradually)

J: —¿Así no llegamos tarde?

A: —No. Llegamos a tiempo.

Won't we arrive late this way?

No. We'll arrive on time.

Antónimos
tarde late
a tiempo on time

J: —¿Trabajaste también el sábado pasado?

A: —Sí, y trabajé toda la semana pasada, el mes pasado y el año pasado.

Did you work last Saturday, too?

Yes, and I worked all last week, last month, and last year

"Last _____"
el sábado pasado last Saturday
la semana pasada last week
el año pasado last year
el mes pasado last month

J: —¿Y trabajas el sábado que viene?

A: —El sábado próximo, la semana próxima, el mes próximo, y el año próximo.

And *next* Saturday?

Next Saturday, next week, next month, and next year.

Next *"Sinónimos"*
el año que viene next year
el año próximo next year
Antónimos
_____ **pasado-a** last
_____ **próximo-a** (que viene) next

J: —Así trabajas mucho pero estudias pocas veces como yo.	Then you work a great deal, but you study rarely like me.	*Antónimos* **pocas veces** rarely **a menudo** (muchas veces) often
A: —No. Estudio a menudo (muchas veces).	No. I often study.	

J: —Entonces ¿vas conmigo al cine todas las semanas?	Then will you go with me to the movies every week?	*Antónimos* **todas las semanas** every week
A: —No voy ni esta noche, ni esta semana, ni este mes, ni este año.	No, I'm not going tonight, or this week, or this month, or this year.	**esta semana** this week **todas las noches** every night **esta noche** tonight

J: —¿Por qué no deseas salir conmigo ahora?	Why don't you want to go out with me now?	**todos los días** every day **hoy** today **todos los meses** every month
A: —No tengo tiempo para hablar contigo hoy ni todos los días, ni todos los meses, ni todos los años.	I don't have time to chat with you today, or every day, or every month, or every year.	**este mes** this month **todos los años** every year **este año** this year

STUDY THE IDIOMS BEFORE BEGINNING THE EXERCISES!

I. (1) Write an affirmative answer in a complete Spanish sentence beginning your answer with the cue words in parentheses. (2) Translate your answer into English.

1. ¿Asistes a fiestas a menudo? (1) _____
   (Asisto)

   (2) _____

2. ¿Fuiste a muchas fiestas el mes pasado? (1) _____
   (Fui)

   (2) _____

3. ¿Llegas muchas veces a tiempo? (1) _____
   (Llego)

   (2) _____

4. ¿Deseas ir de nuevo? (1) _____
   (Deseo)

   (2) _____

5. ¿Quieres ir en seguida? (1) _____
   (Quiero)

   (2) _____

6. ¿Terminas el trabajo para la clase más tarde? (1) _____
   (Termino)

   _____

   (2) _____

7. ¿Estudias pocas veces este año como el año pasado? (1) _____
   (Estudio)

   _____

   (2) _____

8. ¿Luego aprendes poco a poco? (1) _____
   (Aprendo)

   (2) _____

9. ¿Pero trabajaste mucho toda la semana pasada? (1) _____
   (Trabajó)

   _____

   (2) _____

10. Entonces ¿vas a México el año próximo como todos los años? (1) _____
    (Voy)

    _____

    (2) _____

11. ¿Celebras el cumpleaños la semana próxima? (1) _____
    (Celebro)

    _____

    (2) _____

12. ¿Vas al campo otra vez el mes que viene? (1) _____
    (Voy)

    (2) _____

13. ¿Das una fiesta esta semana como todas las semanas? (1) _____
    (Doy)

    _____

    (2) _____

14. ¿Sales esta noche como todas las noches? (1) _____
    (Salgo)

    (2) _____

15. ¿Asistes a las clases hoy como todos los días? (1) _____
    (Asisto)

    _____

    (2) _____

II. Write the expression that best completes the sentence, and circle the letter.

1. Para ver todas las buenas películas hay que ir al cine _____
   a. a menudo   b. sin dinero   c. a caballo   d. con dolor

2. Conocen muchos países porque viajan a Europa _____
   a. todos los días   b. todos los años   c. más tarde   d. en seguida

3. Ayer tuvimos un examen, y hoy hay un examen _____
   a. a tiempo   b. de nuevo   c. poco a poco   d. muchas veces

4. La escuela se abre a las ocho y nosotros entramos en la clase _____
   a. todos los sábados   b. el domingo que viene   c. a tiempo   d. el año pasado

5. Si no podemos salir en seguida, vamos a salir _____
   a. más tarde   b. anoche   c. el mes pasado   d. otra vez

III. Write the expression that best completes the answer, and circle the letter.

1. —¿Cómo aprendes el español?

   —Lo aprendo _____
   a. el año pasado   b. todos los meses   c. poco a poco

2. —¿Hay que estudiar hoy?

   —Siempre hay que estudiar _____
   a. todos los días   b. el mes pasado   c. el año pasado

3. —¿Presta la clase atención a menudo?

   —Sí, _____
   a. escucha muchas veces   b. presta atención en seguida   c. estudia pocas veces

4. —¿Cuándo celebramos un cumpleaños?

—Lo celebramos _____ _____
    a. todos los años   b. todos los meses   c. todas las semanas

5. —¿Pones la mesa de nuevo?

—Sí, la pongo _____ _____
    a. pocas veces   b. otra vez   c. el mes pasado

IV. Write the expression that means the opposite of the expression in *italics*. Circle the letter.

1. Estudian *pocas veces*. _____ _____
    a. poco a poco   b. a menudo   c. más tarde   d. la próxima semana

2. Van *la semana próxima*. _____ _____
    a. la semana pasada   b. antes   c. tarde d. la semana que viene

3. Aprenden *en seguida*. _____ _____
    a. en punto   b. a tiempo   c. poco a poco   d. a menudo

4. Viene *más tarde*. _____ _____
    a. muchas veces   b. en seguida   c. pocas veces   d. el año pasado

5. Llega a *tiempo*. _____ _____
    a. en seguida   b. tarde   c. en punto   d. a menudo

V. Complete in Spanish with the appropriate expression from the selection below.

1. Pepe: —¿Sales _____ _____ menudo?

2. Lola: —Sí, salgo muchas _____

3. Pepe: —¿Tienes tiempo para salir _____ noche?

4. Lola: — _____ seguida no tengo tiempo, pero _____ tarde sí.

5. Pepe: —Entonces salgamos temprano para llegar al cine _____ tiempo.

6. Lola: —Salimos todas _____ semanas y nunca llegamos tarde. ¡No lo repitas

_____ nuevo la semana _____!

Selection: **a, de, en, esta, las, más, próxima, veces**

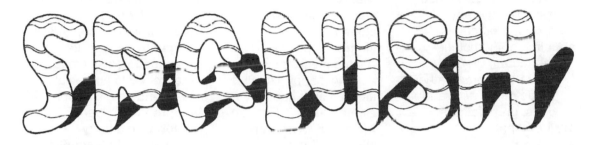

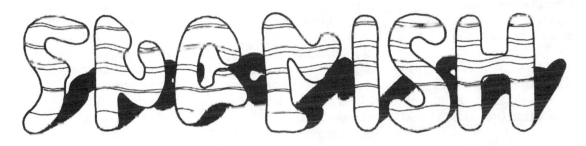

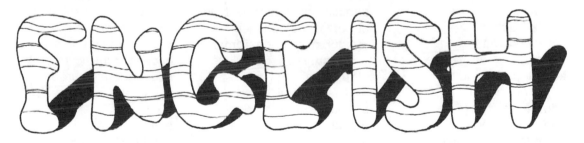

Vocabulary
Spanish-English

A

a at, in, to, on; **a causa de** because of; **a la derecha** on the right; **a menudo** often; **a veces** at times

abajo below

abierto, -a open

abogado, -a *m. f.* lawyer; **abogado, -a defensor** defense attorney

abrigo *m.* overcoat

abuela *f.* grandmother; **abuelita** *f.* grandma; **abuelo** *m.* grandfather; **abuelos** *m. pl.* grandparents, grandfathers

abril *m.* April

abrir to open

aburrido, -a bored

acá here, around here

acabar de (regresar) to have just (returned)

accidente *m.* accident

aceptar to accept

acerca de about, concerning

acostarse (ue) to go to bed

actividad *f.* activity

activo, -a active

actor *m.* actor

actriz *f.* actress

actual present day

además besides, moreover

adivinanza *f.* riddle

adiós good-bye

admirar to admire

¿adónde? where

aeroplano *m.* airplane

aeropuerto *m.* airport

afortunadamente fortunately

afuera outside

agencia de viajes *f.* travel agency

agosto August

agradable agreeable

agua *f.* water

ahora now; **ahora mismo** right now; **por ahora** for now

aire *m.* air; **al aire libre** in the open air

ajá aha

a las doce (at) 12:00

a las once (at) 11:00

a las siete (at) 7:00

al to the, at the, in the **al aire libre** outdoors; **al fin** finally, at last; **al + inf.** upon __ing; **al dar** upon striking

Alberto Albert

alcoba *f.* bedroom

aldea *f.* town

alegre happy, lively, cheerful; **me alegro mucho;** I'm very happy, I'm glad

alegremente happily

alemán, -a *m./f.* German

Alemania *f.* Germany

alfombra *f.* carpet

Alfredo Alfred

algo something

algodón *m.* cotton

alguien someone, somebody

algún (o) -a some; **algunas veces** sometimes

Alicia Alice

alimentos *m. pl.* food

allá there, around there

allí there

almacén *m.* department store

almorzar (ue) to lunch

almuerzo *m.* lunch; **tomar el almuerzo** to have lunch

alquiler *m.* rent

alto, -a tall, high

alumno, -a *m./f.* student

amable friendly, pleasant

amarillo, -a yellow

americano, -a *m./f.* American

amigo, -a *m./f.* friend

amiguito, a *m./f.* little friend

amor *m.* love

Ana Ann

anaranjado, -a orange

ancho, -a wide

anciano *m.* old man

andar to go, to walk; **andar en bicicleta** to go bicycle riding

animal *m.* animal

anoche last night

ansioso, -a anxious, worried

antes (de) before

antiguo, -a ancient, former

antipático, -a unpleasant

Antonio Anthony, Tony

año *m.* year; **Año Nuevo (el)** New Year; **el año pasado** last year; **tener ___ años** to be ___ years old; **¿cuántos años tiene Vd.?** how old are you?

apendicitis *f.* appendicitis

apetito *m.* appetite

aplicado, -a studious

apreciar to appreciate

aprende he, she, you learn(s)

aprender to learn

aprisa in a hurry

aquel *m.* that; **aquella** *f.* that; **aquellas** *f. pl.* those; **aquellos** *m. pl.* those

aquí here

árbol *m.* tree

arbusto *m.* bush

aritmética *f.* arithmetic

armario *m.* closet

arriba above, up

arroz *m.* rice

artículo *m.* article

artista *m./f.* artist

Arturo Arthur

asa *f.* handle

ascensor *m.* elevator

asesinato *m.* murder

así so, (in) this way; **así, así** so, so

asiento *m.* seat

asistir (a) to attend

aspirina *f.* aspirin

astronauta *m./f.* astronaut

atados tied up

atención *f.* attention; **prestar atención** to pay attention; **con atención** attentively

atentamente attentively

atleta *m./f.* athlete

atractivo, -a attractive

aún even

aunque although

autobús *m.* bus; **autobús turístico** sightseeing bus

automóvil *m.* automobile
autor *m.* author
avenida *f.* avenue
aventura *f.* adventure
aviador, -a *m./f.* aviator
avión *m.* airplane
ayer yesterday
ayuda *f.* aid, help
azúcar *m.* sugar
azul blue

B

bailar to dance
baile *m.* dance
bajar to go down, to put down; **bajar (de)** to get down (from)
bajito, -a short
bajo, -a low, short
balcón *m.* balcony
banco *m.* bank, bench
bandera *f.* flag
banquero, -a *m./f.* banker
bañarse to bathe
baño *m.* bath; **cuarto de baño** *m.* bathroom
barato, -a cheap
barbería *f.* barber shop
barco *m.* ship, boat
barra *f.* bar, rod
barrio *m.* district
bastante enough
beber to drink
bebida *f.* drink
béisbol *m.* baseball
bello, -a pretty
beso *m.* kiss
biblioteca *f.* library
bicicleta *f.* bicycle
bien well, good
bienvenido, -a welcome
billete *m.* ticket, bill
billetera *f.* wallet
blanco, -a white
blusa *f.* blouse
boca *f.* mouth
bodega *f.* grocery store
bola *f.* ball
bonito, -a pretty
borracho, -a drunk
borrador *m.* eraser
bolsillo *m.* pocket
bosque *m.* woods
bote *m.* boat
botella *f.* bottle
brazo *m.* arm
breve brief

brillante brilliant
bueno, -a good, well; all right
burro *m.* donkey
buscar to look for

C

caballo *m.* horse; **a caballo** on horseback
caballero *m.* gentleman
cabello *m.* hair
cabeza *f.* head
cada each
caer to fall; **caerse** to fall down; **se cayó** he fell down
café *m.* coffee, café (informal restaurant)
cafetería *f.* cafeteria
caja *f.* box
calabaza *f.* pumpkin
calcetines *m. pl.* socks
caliente warm, hot
calor *m.* heat; **hacer (mucho) calor** to be (very) warm (weather); **tener calor** to be warm (persons)
calle *f.* street
cama *f.* bed; **guardar cama** to stay in bed
camarero, -a waiter, waitress
cambiar to change, exchange
caminar to walk, to go
camino *m.* road
camisa *f.* shirt
campamento *m.* camp; **campamento de verano** summer camp
campo *m.* field, country
Canadá (el) *m.* Canada
canal *m.* channel
canción *f.* song
cansado, -a tired
cantar to sing
Caperucita Roja Little Red Riding Hood
capital *f.* capital
capitán *m.* captain
capítulo *m.* chapter
cara *f.* face
cárcel *f.* jail
cariñosamente affectionately
Carlos Charles
Carlota Charlotte
carnaval *m.* carnival
carne *f.* meat
carnicería *f.* butcher shop

carnicero, -a *m./f.* butcher
caro, -a expensive, dear
carro *m.* car
carta *f.* letter
cartera *f.* purse
cartero *m./f.* letter carrier
cartón *m.* cardboard
casa *f.* house; **en casa** at home; **casa particular** private house; **casa de apartamentos (pisos)** apartment house; **Casa Blanca (la)** the White House
casarse (con) to marry
casi almost
caso *m.* case
castañuela *f.* castenet
castellano *m.* Spanish, Castilian
Castilla *f.* Castille
católico, -a Catholic
catorce fourteen
causa *f.* cause
caverna *f.* cave
cayó he, she, you fell
cebolla *f.* onion
celebrar to celebrate
celo *m.* zeal
cena *f.* supper; **tomar la cena** to have supper
centavo *m.* cent
central central
centro *m.* downtown
Centro América Central America
cerca (de) near
cercano, -a nearby
ceremonias *f.* ceremonies
cereza *f.* cherry
cero *m.* zero
cerrado, -a closed
cerrar (ie) to close
cesto, -a *m./f.* basket
cielo *m.* sky; **mi cielo** my darling
ciencia *f.* science
científico, -a *m./f.* scientist
cien (to) a hundred
cierto, -a (a) certain
cinco five
cincuenta fifty
cine *m.* movie(s)
circo *m.* circus
cita *f.* date, appointment
ciudad *f.* city
claro, -a clear

¡claro! of course!
clase *f.* **sala de clase** classroom
clavel *m.* carnation
clima *m.* climate
coche *m.* car; **en (por) coche** by car; **coche patrullero** patrol car
cocina *f.* kitchen; **clase de cocina** *f.* cooking class
cocinar to cook
cocinero, -a *m./f.* cook
coleccionista *m./f.* collector
colegio *m.* high school, private boarding secondary school
Colón Columbus
color *m.* color
comedor *m.* dining room
comenzar (ie) to begin
comer to eat
comercial commercial
comerciante *m./f.* business person
comestibles *m. pl.* groceries
cometer faltas to make errors
comida *f.* meal, dinner, food
como like, as
¿cómo? how? what do you mean? **¡cómo no!** of course! **¿cómo qué no?** what do you mean, "no"?
cómodo, -a comfortable; **cómodamente** comfortably
compañero, -a *m./f.* companion, friend
compañero, -a de clase *m./f.* classmate
comparar to compare
compra *f.* purchase; **ir de compras** to go shopping
comprador *m.* buyer
comprar to buy
comprender to understand
con with **conmigo** with me; **contigo** with you (*fam.*); **con ella** with her
¡concedido! agreed!
concierto *m.* concert
concurso *m.* contest
conducir to drive, to lead
congelado, -a frozen
conocer to know (acquainted)
consejo *m.* advice

consejero, -a *m./f.* counselor
conservar to conserve
construir to construct
consultorio *m.* clinic
consultorio sentimental *m.* advice to the lovelorn
consumir to consume
contar (ue) to tell, to count; **cuenta** he tells
contento, -a happy; **contentamente** happily
contestar to answer
contra against
conversación *f.* conversation
conversar to converse, to chat
copa *f.* (wine) glass
copiar to copy
corbata *f.* tie
corona *f.* crown
correcto, -a correct; **correctamente** correctly
correr to run
cortar to cut
cortés polite(ly)
cortina *f.* curtain
corto, -a short
cosa *f.* thing
cosméticos *m. pl.* cosmetics
costa *f.* coast
costar (ue) to cost; **cuesta** it costs; **me costó** it cost me
crecer to grow
creer to believe, to think; **creer que sí (no)** to believe so (not)
crema *f.* cream
creo I believe
criado, -a *m./f.* maid, servant
criminal *m./f.* criminal
crudo, -a raw
cruzar to cross
cuaderno *m.* notebook
cuadro *m.* picture
¿cuál? which (one)?, what?
cuando when; **¿cuándo?** when?
¿cuánto, a? how much? **¿cuánto tiempo?** how long?; **¿cuántos, -as?** how many?; **¿cuántos años tiene?** How old is he (she)?; **¿a cuántos estamos hoy?** what's today's date?
cuarto *m.* room, quarter;

cuarto de baño bathroom
cuatro four
cuatrocientos four hundred
Cuba *f.* Cuba, **cubano, -a** *m./f.* Cuban
cubrir to cover
cuchara *f.* spoon
cucharita *f.* teaspoon
cuchillo *m.* knife
cuello *m.* collar, neck
cuenta he tells
cuento *m.* story
cuerpo *m.* body
cuesta it costs
culpable guilty
cultivar to grow
cultural cultural
cumpleaños *m.* birthday
cuñado *m.* brother-in-law
curar to cure

CH
chal *m.* shawl
chaqueta *f.* jacket
charlar to chat
cheque *m.* check
chica girl; **chico** boy
chicle *m.* chewing gum
Chile South American country
chino, -a *m./f.* Chinese; **damas chinas** *f. pl.* checkers
chocar to crash
chocolate *m.* chocolate
chófer or **chofer** *m./f.* driver

D
dale give him
da(n) he, she, (they) (gives) **dar** to give; **doy** I give; **dar la mano** to shake hands; **dar las gracias** to thank; **dar un paseo** to take a walk; **dar un paseo a caballo, a pie, en automóvil** to go horseback riding, to take a walk, to take a drive
de of, from; than; **de acuerdo** in agreement; **de compras** shopping; **de día** by day; **de la mañana** A.M.; **de la noche** P.M.; **de la tarde** P.M.; **de nada** you're welcome; **de ninguna**

manera by no means; **de niño** as a child; **de noche** at night; **de nuevo** again; **de pie** on foot; **de repente** suddenly

debajo (de) below, underneath

deber to owe, must; ought to

deberes m. pl. duties, homework

débil weak

decidir to decide

decir to say, to tell; **dice(n)** he, she, you, (they) tell(s); **¿cómo se dice . . .?** how do you say . . .?

decisión f. decision

defender (ie) to defend

dejar to leave, to let; **dejar caer** to drop

del of the, in the

delante (de) in front (of)

delgado, -a slender, thin

delito m. offense, crime

demás m. pl. others

demasiado, -a too much

democracia f. democracy

dentro inside

dependiente, -a m./f. clerk

derecho m. straight ahead; **a la derecha** to the right

desafortunadamente unfortunately

desayuno m. breakfast; **desayunar (se)** to eat breakfast; **tomar el desayuno** to have breakfast

descansar to rest

describir to describe

descubrir to discover

desde from, since

desear to wish, to want

desesperado, -a desperate

desierto, -a deserted

despacio slowly

despertarse (ie) to wake up

después (de) after(wards)

detestar to detest

detrás de behind

día m. day; **al día siguiente** the next day; **buenos días** good morning; **de día** by day; **todos los días** everyday

día de entrevistas entre los padres y maestros Open School Day

Día de la Raza Columbus Day (October 12)

Día de los Reyes Magos Day of the Epiphany (January 6)

Día de los Inocentes April Fool's Day (Aprill 1)

diario, -a daily

diciembre December

dice(n) he says (they say)

dictado m. dictation

dictadura f. dictatorship

diente m. tooth

diferencia f. difference

diferente different

difícil difficult

difícilmente with difficulty

dificultad f. difficulty

digo I say, I tell **(decir)**

dígame tell me

dijo he, she, you said **(decir)**

dile tell him (fam.)

diligente diligent

dinero m. money

Dios m. God; **¡Dios mío!** My God!

director, -a m./f. principal

dirigir to direct; **dirigirse** to go toward

disco m. record

dispense Vd. excuse me

disputa f. dispute

distinto, -a different

doblar la esquina to turn the corner

docena f. dozen

doctor, -a m./f. doctor

dólar m. dollar

doler to hurt

dolor m. ache, pain; **dolor de cabeza (muelas, estómago)** headache (toothache, stomachache)

domingo m. Sunday

dominó m. dominoes

donde where; **¿dónde?** where?

dormir (ue) to sleep **durmiendo** sleeping

dormitorio m. bedroom

Dorotea Dorothy

dos two

dote m. dowry

doy (dar) I give; **doy las gracias** I thank; **doy un**

paseo I take a walk; I take a ride

drama m. drama, play

ducha f. shower

duelo m. duel

duermo I sleep

dulce sweet; **dulces** m. pl. candy

durante during; for (time)

duro, -a hard

E

e and

edad f. age

edificio m. building

ejercicio m. exercise

el m. the

él he, it

eléctrico, -a electric

elefante m. elephant

elegante elegant

elemental elementary

Elena Elaine

ella she, it; **ellas** they, them

empezar (ie) to begin

empieza (n) he, she, begins (they begin)

empiezo I begin

empleado, -a m./f. employee, clerk

empleo m. job, employment

en in, on, at; **en casa** at home; **en punto** sharp, exactly; **¿en qué puedo servirle?** what can I do for you?; **en seguida** immediately; **en vez de** instead of; **en voz baja** in a whisper

enamorado, -a in love

encontrar (ue) to meet, to find

enero January

enfermedad f. illness

enfermero, -a m./f. nurse

enfermo, -a sick, ill

enojado, -a angry

enorme enormous, large

Enrique Henry

ensalada f. salad; **ensalada de papas** potato salad

enseñanza f. teaching

enseñar to show, to teach

entender (ie) to understand

entero, -a entire, all

entonces then

entrada f. ticket, entrance

entrar (en) to enter
entre between, among
entrevista *f.* interview
enviar to send
equipo *m.* team
equivocado, -a mistaken
eran they were
eres you are *(fam. s.)* **(ser)**
error *m.* error
es is **(ser)**
esa *f.* that; **esas** *f. pl.* those
escape *m.* escape
escribir *m.* to write
escritor, -a *m./f.* writer
escritorio *m.* desk
escuela *f.* school; **escuela de cocina** cooking school; **escuela superior** high school
escuchar to listen to
ese *m.* that; **esos** *m. pl.*
esencial essential
eso that *(neut.)* **por eso** therefore
esos *m. pl.* those
espacio *m.* space
espalda *f.* back
España *f.* Spain
español, -a Spanish *m./f.* Spaniard
especialmente specially
esperanza *f.* hope
esperar to hope, to wait for
espléndido, -a splendid
esposa *f.* wife
esposo *m.* husband
esposos *m. pl.* husbands, husband and wife, Mr. and Mrs.
esquiar to ski
esta *f.* this; **esta noche** tonight
estación *f.* season, station
estado *m.* state
Estados Unidos (los) *m. pl.* the United States
estante *m.* shelf
estar to be; **estar bien (mal)*** to be well (ill); **está bien** O.K.; **¿cómo está usted?** how are you?; **estar de pie** to be standing
estas *f. pl.* these
estás you are *(fam. s.)*
este *m.* this

este *m.* east
esto this *(neut.)*
estómago *m.* stomach
estos *m. pl.* these
estoy I am **(estar)**
estrecho, -a narrow
estrella *f.* star
estudia he, she studies
estudiante *m./f.* student
estudiar to study
estudios *m. pl.* studies
estudioso, -a studious
estufa *f.* stove
estupendo, -a stupendous
etiqueta *f.* label
Europa *f.* Europe
evento *m.* event
exactamente exactly
examen *m.* examination
examinar to test
excursión *f.* trip
exhausto, -a exhausted
experiencia *f.* experience
explicar to explain
explorador, -a *m./f.* explorer, Boy Scout, Girl Scout
explorar to explore
extraño, -a strange
extraordinario, -a extraordinary
extravagante extravagant

F

fábrica *f.* factory
fácil easy
fácilmente easily
falda *f.* skirt
falta *f.* mistake
faltar to be missing
familia *f.* family; **toda la familia** the whole family
familiar *m./f.* family member
famoso, -a famous
fantasma *m.* ghost
fantástico, -a fantastic
farmacia *f.* pharmacy
fatigado, -a tired
favor *m.* favor; **hacer el favor de + *inf.*** please; **por favor** please
favorito, -a favorite
fecha *f.* date; **¿cuál es la fecha de hoy?** what is today's date?; **¿a cuántos estamos hoy?** what is today's date?

felicidades *f.* congratulations
Felipe Phillip
feliz happy, content
felizmente happily
feo, -a ugly
ferrocarril *m.* railroad
fiebre *f.* fever
fiesta *f.* party
fin *m.* end; **al fin** at last; **fin de semana** *m.* weekend; **por fin** finally
fiscal *m./f.* district attorney
flaco, -a thin, skinny
flojo, -a lazy
flor *f.* flower
flotar to float
forma *f.* form
foto (grafía) *f.* photo(graph)
francés *m.* French, Frenchman; **francesa** Frenchwoman (girl)
Francia *f.* France
Francisco Frank, Francis
frase *f.* sentence
frecuentemente frequently
frente *m.* front; **al frente** in front
fresco, -a fresh, cool; **hacer fresco** to be cool (weather)
frío, -a cold, cool; **hacer frío** to be cold (weather); **tener frío** to be cold (persons)
frito, -a fried
fruta *f.* fruit
fuerte strong
fumar to smoke
fútbol *m.* football, soccer

G

gallina *f.* hen
gallo *m.* rooster
ganar to earn, to win
garganta *f.* throat
gaseosa *f.* soda
gastar to spend
gatito, -a *m./f.* kitten
gato -a *m./f.* cat
generalmente generally
generoso, -a generous
gente *f.* people
geografía *f.* geography
Gertrudis Gertrude
gimnasia *f.* gymnastics
gimnasio *m.* gymnasium

golpe *m.* blow
goma *f.* rubber
gordo, -a fat
gorra *f.* cap
gota *f.* drop
gozar to enjoy
grabado *m.* picture
gracias *f. pl.* thanks; **dar las gracias** to thank; **muchas gracias** thank you very much
gramática *f.* grammar (book)
gran great
grande big, large
gratis free
grave serious
gris gray
gritar to shout
grito *m.* shout
guante *m.* glove; **guante de béisbol** baseball glove
guapo, -a handsome
guardar to keep; **guardar cama** to stay in bed
guía *m.* guide
Guillermo William
guitarra *f.* guitar
guitarrista *m./f.* guitarist
gustar to like, to be pleasing; **me, te, le gusta** I, you, (he), (she), you like(s); **nos, os, les gusta** we, you, they, you like.
gusto *m.* pleasure; **con mucho gusto** gladly, with much pleasure

H
ha conocido has known
había there was, were
habitación *f.* room
hablando speaking
hablar to speak; **¡hable!** speak!
hacer to do, to make; **hacer buen (mal) tiempo** to be good (bad) weather; **hacer frío (calor, sol, viento, fresco)** to be cold (warm, sunny, windy, cool) weather; **hacer el favor de +** *inf.* please; **hacer preguntas** to ask questions; **hace una semana (un mes, etc.)** (a month ago, etc.)

haga el favor de + *inf.* please
hago I do, I make **(hacer)**
hallar to find
hambre *f.* hunger; **tener hambre** to be hungry
hasta until, up to
hasta la vista until I see you again; **hasta luego** until then; **hasta mañana** until tomorrow
hay there is, there are; **no hay de qué** you're welcome; **hay que +** *inf.* one must
hebreo *m.* Hebrew
helado *m.* ice cream
hermana *f.* sister; **hermano** *m.* brother; **hermanos** *m. pl.* brother(s) and sister(s)
hermoso, -a beautiful
hice I made, did **(hacer)**
hierba *f.* grass
hierro *m.* iron
hija *f.* daughter; **hijo** *m.* son; **los hijos** *m. pl.* son(s) and daughter(s)
hijita, -o *f./m.* little daughter, little son
hispánico, -a Hispanic
hispano, -a Hispanic, Spanish-speaking
hispanoamericano, -a Spanish-American
historia *f.* story, history
histórico, -a historic
hoja *f.* leaf
hola hello
hombre *m.* man
hombro *m.* shoulder
honor *m.* honor
honrado, -a honest, honorable
hora *f.* hour, time; **¿a qué hora?** at what time?; **a la una** at one o'clock; **a las dos** at two o'clock; **a esta(s) hora(s)** at this time; **por hora** by the hour; **¿qué hora es?** what time it it?; **es la una** it's one o'clock; **son las dos** it's two o'clock
hormiga *f.* ant
hospital *m.* hospital
hotel *m.* hotel
hoy today
hueso *m.* bone

huevo *m.* egg; **huevos duros** hard-boiled eggs
huir to flee

I
idea *f.* idea
idioma *m.* language
iglesia *f.* church
imaginario, -a imaginary
importante important
imposible impossible
impresión *f.* impression
independencia *f.* independence
indio, -a *m./f.* Indian
Inés Agnes, Inez
información *f.* information
Inglaterra *f.* England; **Inglés** *m.* English, Englishman; **Inglesa** Englishwoman
inmediatamente immediately
inquieto, -a restless
insistir to insist
instrumento *m.* instrument
inteligencia *f.* intelligence
inteligente intelligent
interés *m.* interest
interesante interesting
interesar to interest
interrumpir to interrupt
invierno *m.* winter
invitado, -a *m./f.* guest; invited
invitación *f.* invitation
invitar to invite
ir go **voy, vas, va** I, you, (he), (she), you, (it) go(es); **vamos, vais, van** we, you, they, you go; **ir a casa (a la escuela, de paseo)** to go home (to school, for a walk); **ir de compras** to go shopping
isla *f.* island
Isabel Elizabeth
Italia *f.* Italy
italiano, -a Italian
izquierdo *m.* left; **a la izquierda** to the left

J
Jaime James
jardín *m.* garden
Jorge George
José Joseph
jota *f.* j (letter)
joven *m./f.* young person

Juan John
Juana Jane, Joan
juega (n) he, she, (you), (they) (play)s; **juegas** you play (fam.)
juego *m.* game
jueves *m.* Thursday
juez *m.* judge
jugador *m.* player
jugar (ue) (a) to play
jugo *m.* juice; **jugo de naranja** orange juice
julio July
junio June
junto together
juvenil juvenile

K
kilómetro *m.* kilometer

L
la (las) *f. pl.* the; **las (veo)** (I see) them
labio *m.* lip
laboratorio *m.* laboratory
lado *m.* side; **al lado de** beside, next to; **por otro lado** on the other hand
ladrar to bark
ladrón *m.* thief
lago *m.* lake
lámpara *f.* lamp
lana *f.* wool
lápiz *m.* pencil
largo, -a long
las *f. pl.* the, them
lástima pity; **¡qué lástima!** what a shame!
latín *m.* Latin
latinoamericano, -a Latin-American
lavar (se) to wash (oneself)
La Paz Bolivian capital
le him, you *in Spain*
le to him, to her, to you, to it
le gusta he, she, (you) it (like)s
le gustaron he, she, you, it liked
lección *f.* lesson
lectura *f.* reading
leche *f.* milk
leer to read
legumbres *f. pl.* vegetables
lejos de far from
lengua *f.* language, tongue
lento, -a slow; **lentamente** slowly

león *m.* lion
les to them, to you
les gusta they, you like
letrero *m.* sign
levantado, -a up, standing
levantarse to get up
leve light
liberal liberal
libra *f.* pound
libre free
libro *m.* book
Lima Peru's capital
limón *m.* lemon
lindo, -a pretty
lista *f.* lista; **lista de platos** menu
listo, -a ready
lo *m.* him, it, you; **los** *m. pl.* the, them, you; **lo siento (mucho)** I'm (very) sorry; **lo que** what
lobo, -a *m./f.* wolf
loco, -a crazy
locutor *m.* announcer
Londres London
luego next, then; **hasta luego** until then, see you later
lugar *m.* place
Luís Louis
Luisa Louise
luna *f.* moon
lunes *m.* Monday
luz *f.* light

LL
llamar to call; **llamar a la puerta** to knock at the door; **llamar(se)** to (be) called; to (be) name(d); **¿cómo se llama Vd?** what's your name.
llave *f.* key
llegar to arrive
llenar to fill
llevar to carry, to wear, to take
llorar to cry
llover (ue) to rain
lloviendo raining
llueve it rains, it's raining
lluvia *f.* rain

M
madera *f.* wood; **de madera** wooden
madre *f.* mother

maestro, -a *m./f.* teacher; **maestro de ceremonias** master of ceremonies
magnífico, -a magnificent
maíz *m.* corn
mal badly, ill
maleta *f.* suitcase
malo, -a bad, ill
mamá *f.* mom, mommy
mandar to order, to send
manejar to drive
mano *f.* hand; **dar la mano** to shake hands; **en las manos de** in the hands of
mantel *m.* tablecloth
mantequilla *f.* butter
mantilla *f.* lace shawl
manzana *f.* apple
mañana *f.* morning, tomorrow; **de la mañana** A.M.; **por la mañana** in the morning; **hasta mañana** until tomorrow
mapa *m.* map
máquina de coser *f.* sewing machine
máquina de escribir *f.* typewriter
mar *m.* sea
marchar to walk
María Mary
marido *m.* husband
marisco *m.* shellfish
Marta Martha
martes *m.* Tuesday
más most, more; **más tarde** later; **lo más pronto posible** as soon as possible
material *m.* material
mayo May
mayor older, larger
me (to) me, myself
me gusta (n) I like
me presento I introduce myself
mecanismo *m.* mechanism
medianoche *f.* midnight
medias *f. pl.* stockings
médico *m./f.* doctor
medio, -a half; **en medio de** in the middle of; **media hora** half an hour
mediodía *m.* noon
mejor better; **el mejor** best
melodía *f.* melody

memoria *f.* memory
menor younger, smaller
menos few, less, minus; **al menos** at least
mentón *m.* chin
menudo, -a small; **a menudo** often
mercado *m.* market
mes *m.* month; **el mes pasado** last month
mesa *f.* desk, table; **poner la mesa** to set the table
mesita *f.* small table, end table
meter to put (in)
método *m.* method
mexicano, -a Mexican
México Mexico
mezcla *f.* mixture
mi, mis my
mí me
micrófono *m.* microphone
miedo *m.* fear
mientras while
miércoles Wednesday
Miguel Michael; **Miguelito** Mike
mil one thousand
mineral mineral
minuto *m.* minute
mío, -a (of) mine, my
mirar to look (at)
misa *f.* mass
mismo, -a same; **lo mismo** the same
mitad *f.* half
moderno, -a modern
molestar to bother
momento *m.* moment
mono *m.* monkey
montaña *f.* mountain
monte(s) *m. (pl.)* mountain(s)
monumento *m.* monument
moreno, -a dark-haired, dark-eyed brunette*
morir to die
mostrar (ue) to show
mover (ue) to move
mozo *m.* boy, waiter
muchacha *f.* girl; **muchacho** *m.* boy (teenagers)
mucho, -a much, a lot
muchos, -as many
muebles *m. pl.* furniture
muerto, -a dead
mujer *f.* woman, wife

mundo *m.* world; **todo el mundo** everyone
muñeca *f.* doll
museo *m.* museum
música *f.* music
músico *m./f.* musician
muy very; **muy bien** very well

N

nacer to be born
nación *f.* nation
nacional national
Naciones Unidas *f. pl.* (ONU) United Nations
nada nothing; **de nada** you're welcome
nadar to swim
nadie no one, anyone
naranja *f.* orange
nariz *f.* nose; **narices** *pl.* noses
natación *f.* swimming
naturalmente naturally
navaja *f.* razor
Navidad *f.* Christmas, **Feliz Navidad** Merry Christmas; **Día de Navidad** Christmas Day
neblina *f.* fog
necesario, -a necessary
necesitar to need
negocio *m.* business
negro, -a black
nene *m.* infant
nervioso, -a nervous
nevado, -a snowy, snow-capped
ni nor, not even
ni . . . ni neither . . . nor
nieta *f.* granddaughter; **nieto** *m.* grandson; **nietos** *m. pl.* grandchildren
nieva it snows, it's snowing
nieve *f.* snow
nilón *m.* nylon
ninguno, -a none
niño, -a *m./f.* child
¿no? really?, no?
no importa it doesn't matter
noche *f.* night; **buenas noches** good night, good evening; **de noche** at night; **de la noche** P.M.; **esta noche** tonight; **por la noche** in the evening, at night

nombre *m.* name
normal normal
norteamericano, -a North American
nos us, to us, ourselves
nos gusta we like
nosotros, -as we, us
nota *f.* grade, note
notar to note, to comment on
noticia *f.* news
novedad *f.* novelty; **sin novedad** as usual
novela *f.* novel
noventa ninety
noviembre November
nube *f.* cloud
nuestro, -a (of) our(s)
Nueva York New York
nueve nine
nuevo, -a new; **de nuevo** again
Nuevo Mundo New World
número *m.* number
numeroso, -a numerous
nunca never

O

o or
obedecer to obey
obra *f.* work
observar to observe
Océano Atlántico *m.* Atlantic Ocean
octubre October
ocupado, -a (en) busy (with)
ochenta eighty
ocho eight
oeste *m.* west
oficina *f.* office
ofrecer to offer
¡oiga! I hear
oigo I hear
oír to hear; **oye** he, she, (you)(hear)s; **se oyen** are heard; **oyó** he, she, you heard
ojo *m.* eye
olor *m.* odor
olvidar to forget
ómnibus *m.* bus
once eleven; **a las once** (at) 11:00
operación *f.* operation
operar to operate
opinión *f.* opinion
ordenar to order

*For some Central Americans **moreno** means *black*

347

oreja *f.* ear
Organización de Estados Americanos *f.* (OEA) Organization of American States
oro *m.* gold
otoño *m.* autumn
otro, -a (an) other; **otros, -as** others(s); **otras veces** on other occasions
oyó he heard **(oír)**

p
Pablo Paul
Paco Frank
paciencia *f.* patience
paciente *m./f.* patient
padre *m.* father; **padres** *m. pl.* parents, mother(s) and father(s)
pagar to pay (for)
página *f.* page
país *m.* country
pájaro *m.* bird
palabra *f.* word
palacio *m.* palace
pálido, -a pale; **se puso pálido** he turned pale
pan *m.* bread
panadería *f.* bakery
panadero *m.* baker
pantalones *m. pl.* pants
pañuelo *m.* handkerchief
papá *m.* dad, father
papas *f. pl.* potatoes; **papas fritas** French fries
papel *m.* paper
paquete *m.* package
par *m.* pair
para for, in order to; **para que** in order that; **¿para qué?** why?
parada *f.* stop, military parade
paraguas *m.* umbrella
paralítico, -a paralyzed
pardo, -a brown
parecer to look like, seem; **¿qué te parece?** what do you think of it?
pared *f.* wall
pareja *f.* pair, couple
pariente *m./f.* relative; **parientes** *pl.* relatives
parque *m.* park; **parque zoológico** *m.* zoo

párrafo *m.* paragraph
parte *f.* part; **por todas partes** everywhere
participar to participate
particular private, particular
partido *m.* game, match, political party
partir to leave
pasado *m.* past
pasado, -a past; **el año pasado** last year; **el mes pasado** last month; **la semana pasada** last week
pasajero, -a passenger
pasar to spend (time), to happen; **pasar un buen (mal) rato** to have a good (bad) time; **¡pase Vd.!** come in!; **¿qué le pasa a Vd.?** what's the matter with you? **¿qué pasa?** what's going on?
Pascua Florida *f.* Easter
paseo *m.* walk; **dar un paseo** to take a walk; **ir de paseo** to go for a walk
pasión *f.* passion
pasta *f.* dough, paste
pasta dentífrica *f.* toothpaste
pastel *m.* cake, pie
patatas *f. pl.* potatoes
patio *m.* yard
patria *f.* country, motherland
patrón, -a *m./f.* boss
payaso *m.* clown
pecho *m.* chest
pedazo *m.* piece
pedir (i) to ask for
Pedro Peter
película *f.* movie
peligroso, -a dangerous
pelo *m.* hair
pelota *f.* ball
pensar (ie) to think; **pensar en** to think of; **pensar + inf.** to intend
pensión *f.* boarding house
pequeño, -a small
pera *f.* pear
perder (ie) to lose
perdóneme excuse me
perezoso, -a lazy
perfecto, -a perfect
periódico *m.* newspaper
permiso *m.* permission; **con permiso** excuse me

pero but
perro, -a *m./f.* dog; **perrito** *m.* puppy
persona *f.* person
personaje *m.* character
personalidad *f.* personality
pescado *m.* fish
peseta *f.* Spanish money
peso *m.* Mexican money
piano *m.* piano
pie *m.* foot; **a pie** on foot; **al pie de** at the bottom of; **estar de pie** to be standing
piedra *f.* stone
piensa he, she (you) (think)s **(pensar)**
pierna *f.* leg
piloto *m.* pilot
pimienta *f.* pepper
pintar to paint; **pintado, -a** painted
pintura *f.* painting
pipa *f.* pipe
piso *m.* floor, story, apartment; **piso de arriba (abajo)** upstairs (downstairs)
pizarra *f.* blackboard
planchar to iron
planta *f.* plant
plata *f.* silver
platillo *m.* saucer
plato *m.* dish (of food)
playa *f.* beach
plaza *f.* square, plaza
pluma *f.* pen
pobre poor
poco, -a few, little; **pocas veces** few times; **poco a poco** little by little; **poco después** shortly afterward **un poco de** *m.* a little of
poder (ue) to be able; **puede** he, she, (you) can, is (are) able; **no poder más** not to be able to go on
poesía *f.* poetry
policía *m./f.* police officer
polvo *m.* dust
pollitos *m. pl.* chicks
pollo *m.* chicken
poncho *m.* woolen blanket pulled overhead and worn as an overgarment

poner to put, to place; **poner la mesa** to set the table; **ponerse** to become, to put on; **me pongo** I put on; **se pone** he becomes

por for, through, by, times (multiply); **por ahora** for now; **por eso** therefore; **por favor** please; **por fin** at last; **por hora** per hour; **por la mañana (tarde, noche)** in the morning (afternoon, evening); **por otro lado** on the other hand; **por supuesto** of course; **por todas partes** everywhere

porque because

¿por qué? why?

portugués, -a m./f. Portuguese

postre m. dessert

practicar to practice

práctico, -a practical

preceder to go before

precio m. price

preferido, -a favorite

preferir (ie) to prefer

prefiero I prefer

pregunta f. question; **hacer preguntas** to ask questions

preguntar to ask, **preguntar por** to ask about

prehistórico, -a prehistoric

preocupado, -a worried

preparar to prepare

presentar to present

presente m. present; **los presentes** those present; **me presento** I introduce myself

presidente m. president

prestar to lend; **prestar atención** to pay attention; **prestar juramento** to be sworn in

pretérito m. preterite

primavera f. spring

primero, -a first

primo, -a m./f. cousin

principal main

prisa f. speed, haste; **de (con) prisa** in a hurry

privilegio m. privilege

problema m. problem

procesión f. procession

produce you produce

producto m. product

profesor, -a m./f. teacher

programa m. program

prometer to promise

pronto soon

pronunciar to pronounce

propio, -a own

próximo, -a next

público m. public

pudieron they could, were able **(poder)**

pueblo m. town

puede (n) he, she can; (they can) **(poder)**

puedo I can **(poder)**

puente m. bridge

puerco m. pig

puerta f. door

puertorriqueño, -a Puerto Rican

pues well

puesto m. job, position

pulso m. pulse; caution

punto m. period; **en punto** on the dot (on time)

pupitre m. desk

puro, -a pure

puso he, she put **(poder)**; **se puso pálido** he turned pale

Q

que that, than, who; **¡qué!** how . . .!, what a . . .!, what!; **¿qué?** what?, which?; **¿qué hay?** what's the matter?, what's up?; **¿qué le pasa a Vd.?** what's the matter with you?; **¿qué pasa?** what's going on?; **¿qué tal?** how's everything?; **que viene** next, that is coming; **lo que** what

quedar to remain

querer (ie) to want, to love; **querer a** to love; **querer decir** to mean; **¿qué quiere decir. . .?** what does . . . mean?

querido, -a dear

queso m. cheese

quien(es) who; **¿quién(es)?** who?; **¿a quién(es)?** to

whom?; **¿de quién(es)?** whose?, of whom?; **¿para quién?** for whom?

quieres you (fam. s.) want

quince fifteen

quinientos, -as five hundred

quitarse to remove, to take off

R

rabo m. tail

radio m./f. radio

Ramón Raymond

rancho m. ranch

rápido, -a rapid; **rápidamente** rapidly

raro, -a strange

rascacielos m. skyscraper

rato m. a while; **pasar un buen (mal) rato** to have a good (bad) time

real real

recibir to receive

recién recently

recordar (ue) to remember

recuerda he, she, (you) (remember)s

recuerdo I remember

refrescarse to refresh oneself

refresco m. cool drink, refreshment

regalo m. gift

regla f. rule

regresar to return

regreso m. return

reír (i) to laugh

reloj m. watch

remoto, -a far away

repite he, she, (you) (repeat)s **(repetir)**

representar to represent

resfriado m. cold (illness)

respectivamente respectively

respirar to breathe

responder to answer

respuesta f. answer

restaurante m. restaurant

reunión f. get-together, meeting

revista f. magazine

Reyes Magos m. pl. Wise Men

Ricardo Richard

rico, -a rich; **¡qué rico!** how delicious!

rincón m. corner

río m. river

risa *f.* laughter
ritmo *m.* rhythm
robar to steal, to rob
Roberto Robert
rojo, -a red
romántico, -a romantic
ropa *f.* clothes; **ropa interior** *f.* underwear
rosa *f.* rose
rosado, -a rose-colored
rubio, -a blond
ruido *m.* noise
Rusia Russia
ruso, -a *m./f.* Russian

S

sábado *m.* Sunday
sabe know(s)
saber to know; **saber +** *inf.* to know how to
sabor *m.* flavor
sacar to take out, to stick out *(fam.);* **sacar fotos** to take pictures; **sacar una nota** to get a mark
sal *f.* salt
sala *f.* living room; **sala de clase** classroom
¡salgan Vds.! leave!
salgo I leave **(salir)**
salir (de) to leave, to go out; **salir bien (mal)** to make out well (badly), to pass (fail), unsuccessfully; **salir el sol** sunrise
saltar to jump
salud *f.* health
saludar to greet
Santiago Chile's capital
santo, -a *m./f.* saint
sastre *m./f.* tailor
satisfecho, -a satisfied
se *(reflex.)* himself, herself, yourself, itself, themselves, yourselves; **se +** *3rd person vb.* one, they, you *(in a general sense)*
se cayó (del avión) he fell (out of the plane); **se levanta** he, she, (you) (get)s up; **se oyen** they are heard; **se puso pálido** he turned pale; **se sienta** he, she, (you) (sit)s down
sé I know **(saber)**
secretaria, -o *m./f.* secretary
secreto *m.* secret

secundario, -a secondary
sed *f.* thirst; **tener sed** to be thirsty
seda *f.* silk
seguida; en seguida at once
seguir (i) to follow
seguro, -a sure, certain
seis six
semana *f.* week; **todas las semanas** every week
sencillo, -a simple
sentarse (ie) to sit down; **sentado, -a** seated; **se sienta** he, she, (you)(sit)s; **¡siéntese Vd.!** sit down!
sentido *m.* sense, feeling
sentir (ie) to feel, to regret; **lo siento (mucho)** I'm (very) sorry
señor *m.* Mr., sir, gentleman
señora *f.* Mrs., lady
señorita *f.* Miss, lady
septiembre September
ser to be; **ser la hora de +** *inf.* to be time to
serio, -a serious
serpiente *f.* serpent
servicio *m.* service
servidor, -a at your service
servilleta *f.* napkin
servir (i) to serve; **sirve para** is used for
sesenta sixty
setenta seventy
si if, whether
sí yes; **sí que** indeed
siempre always
sienta seats
¡siéntese Vd.! sit down!
siento I'm sorry
siesta *f.* nap, short rest
significar to mean; **esto significa** this means
siguiente following, next
silencio *m.* silence
silla *f.* chair
sillón *m.* armchair
simbolizar to symbolize
similar similar
simpático, -a nice, pleasant
sin without; **sin parar** without stopping
sincero, -a sincere
sirve para is used for
sirven they serve
sitio *m.* place

sobre on, over, about
sobre todo especially
sobrina *f.* niece; **sobrino** *m.* nephew; **sobrinos** *m. pl.* nephew(s) and nieces(s)
sofá *m.* couch, sofa
sol *m.* sun; **hacer sol** to be sunny; **salir el sol** sunrise
solamente only
soldado *m./f.* soldier
solitario, -a lonely
solo, -a alone
sólo only
solterón *m.* bachelor
solterona *f.* spinster
solución *f.* solution
sombrero *m.* hat
somos we are **(ser)**
son they are **(ser)**
sonar to ring
sonido *m.* sound
sonreír to smile
sopa *f.* soup
soplar to blow (out)
sorprendido, -a surprised
sorpresa *f.* surprise
sótano *m.* basement
soy I am **(ser)**
su, sus his, her, their, your, its
subir to go up; **subir a** to get into, go up to; **subir en avión** to go up in a plane
subterráneo *m.* subway
suburbio *m.* suburb
sudar to sweat
sueldo *m.* salary
suelo *m.* ground
suena rings
sueño *m.* dream; **tener sueño** to be sleepy
suerte *f.* luck
sufrimiento *m.* suffering
sufrir to suffer
supermercado *m.* supermarket
supo he found out **(saber)**
sur *m.* south
Susana Susan
suyo, -a (of) his, (of) her(s), (of) your(s), (of) their(s)

T

tal such (a); **¿qué tal?** how are things?
talento *m.* talent
también also
tan so
tan . . . como as . . . as

tango m. Argentine dance
tanto, -a so much, as much
tapa f. cover
tarde f. afternoon, late; **buenas tardes** good afternoon; **de la tarde** P.M.; **más tarde** later; **por la tarde** in the afternoon; **tarde o temprano** sooner or later
tarea f. task, homework
tarjeta f. card
taxi m. taxi
taxista m./f. taxi driver
taza f. cup
te you, to you, yourself
te gusta you (fam.) like
té m. tea
teatro m. theater
techo m. ceiling, roof
telefonear to telephone
teléfono m. telephone
televidente m. TV viewer
televisión f. television
televisor m. television set
temperatura f. temperature
templo m. temple
temprano early
tendero m. storekeeper
tenedor m. fork
tener to have; **tener . . . años** to be . . . years old; **tener calor** to be warm; **tener hambre** to be hungry; **tener interés** to be interested; **tener miedo** to fear; **tener prisa** to be in a hurry; **tener que + inf.** to have to; **tener razón** to be right; **tener sed** to be thirsty; **tener sueño** to be sleepy; **¿qué tiene Vd.?** what's the matter with you?
tengo I have; **tengo que + inf.** I have to, must **(tener)**
tenis m. tennis
tercer third
Teresa Teresa
terminar to end, to finish
tertulia f. chat, social gathering
testigo m. witness
ti you
tiempo m. time, weather; **a tiempo** on time; **hacer buen (mal) tiempo** to be good (bad) weather; **mucho tiempo** for a long time; **al mismo tiempo** at the same time
tienda f. store; **tienda de ropa** clothing store; **tienda de comestibles** grocery store
tiene(n) he, she, (you, they) has (have); **tiene(n) que** he, she, (you, they) has (have) to, must; **¿qué tiene?** what is the matter with him?
tierra f. earth
tigre m. tiger
tijeras f. pl. scissors
timbre m. bell
tinta f. ink
tío m. uncle; **tía** f. aunt; **tíos** m. pl. aunt(s) and uncle(s)
tirar to throw
tiza f. chalk
tocadiscos m. record player
tocar to play (an instrument); to touch, to knock
todo, -a all, everything; **todo el día** m. all day; **todo el mundo** everybody
todos, -as every, all; **todos los días** everyday; **todas las semanas** every week
toldo m. awning
tomar to take, to drink; **tomar el almuerzo** to have lunch; **tomar la cena** to have supper; **tomar el desayuno** to have breakfast; **tomar asiento** to get seated
Tomás Thomas
tonto, -a silly, stupid, dumb
tópico m. topic
toreo m. bullfighter
toro bull
torpe dull, stupid
torta f. cake
tortilla f. omelet
tostado m. toast
trabajar to work
trabajador hardworking
trabajo m. work
traer to bring
traficante m. dealer
tráfico m. traffic
traigo I bring **(traer)**

traje m. suit; **traje de baño** bathing suit
treinta thirty
tren m. train
tres three
triste sad
tristemente sadly
tristeza f. sadness
tu, tus your (fam.)
tú you
tulipán m. tulip
turista m./f. tourist
tuyo, -a (of) your(s) (fam.)

U

un(o), una m./f. a, an, one; **unos, -as** some, a few; **un poco de . . .** a bit of . . .
único, -a only
universidad f. university
usar to use, to wear
usted (es) you (pl.)
utensilio m. utensil
útil useful

V

va he, she, you go (es) **(ir)**
vaca f. cow
vacaciones f. pl. vacation; **las vacaciones de verano** summer vacation
vago, -a m./f. vagrant, bum
valer to be worth; **vale** it costs
vamos we go, we're going; let's go **(ir)**
van they go **(ir)**
vapor m. steamship
varios, -as several
vaso m. glass
¡vaya! go! **(ir)**
Vd(s). you (abbrev.)
veces times; **a veces** at times; **algunas veces** sometimes; **otras veces** other times
vecindario m. neighborhood
vecino, -a m./f. neighbor, (adj.) neighboring
vegetal m. vegetable
veinte twenty
vela f. candle
vendedor, -a m./f. seller
vender to sell
¡venga! come **(venir)**
vengo I come
venir to come; **viene** he, she, (you) (come)s

351

venta sale; **a la venta** for sale
ventana *f.* window
ventanilla *f.* window (of a car or bus)
veo I see (ver) **ver** to see; **a ver** let's see; **veo** I see
verano *m.* summer
verdad *f.* truth; **¿no es verdad?** isn't it so?; **¿verdad?** right
verde green
vestíbulo *m.* vestibule
vestido *m.* dress, suit
vestido, a(de) dressed (in)
vez *f.* time; **por primera vez** for the first time; **a veces** at times; **algunas veces** sometimes; **muchas veces** many times, often; **otra vez** again; **otras veces** on other occasions; **pocas veces** a few times
viajar to travel

viaje *m.* trip
viajero, -a *m./f.* traveler
Vicente Vincent
vida *f.* life; **mi vida** my darling
vidrio *m.* glass
viejo, -a old; **el viejo** old man
viene he, she (you)(come)s
viento *m.* wind; **hacer viento** to be windy
viernes *m.* Friday
vino m. wine
violeta *f.* violet
violín *m.* violin
visita *f.* visit
visitar to visit
Víspera *f.* **de Todos los Santos** Halloween
vista *f.* view, sight; **hasta la vista** until I see you again
vivir to live
volar (ue) to fly
volumen *m.* volume, book
volver (ue) to return; **vuelve a casa** he, she (you)

(return)s home; **volver a mirarlo** to see something again
votar to vote
voy I go; **va** he, she, (you) (go)es; **van** they, you go **(ir)**
voz *f.* voice; **en voz baja** in a whisper
vuela he, she flies **(volar)**
vuestro, -a (of) your(s) (*fam.*)

Y
y and
ya now, already
ya no no longer
¡ya lo creo! I should say so!
yo I
yo no not I

Z
zapatería *f.* shoestore
zapatero, -a *m./f.* shoemaker
zapatos *m.* shoes

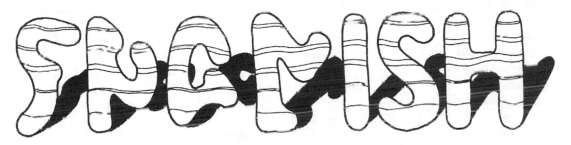

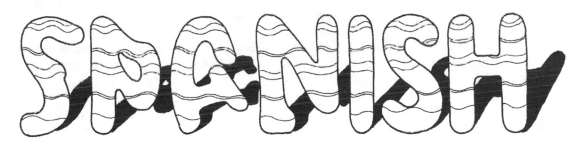

Vocabulary

English-Spanish

A

a, an **un, -a**
able, can **poder (ue)**
above **arriba, sobre**
absent **ausente**
advice **consejo;** to the lovelorn **consultorio sentimental**
affectionately **cariñosamente**
after **después (de)**
afternoon **la tarde;** good afternoon **buenas tardes;** in the afternoon **por la tarde;** P.M. **de la tarde**
again **de nuevo, otra vez**
against **contra**
agreed! **¡concedido!** in agreement **de acuerdo**
air **el aire;** in the open air **al aire libre**
airplane **el avión**
all **todo, -a**
all day **todo el día**
all right **bueno, -a**
always **siempre**
A.M. **de la mañana**
angry **enojado, -a**
animal **el animal**
announcer **el locutor, la locutora**
another **otro, -a**
answer **la respuesta;** to answer **contestar, responder**
ant **la hormiga**
apartment **el piso, el apartamiento**
apple **la manzana**
appointment **la cita**
April **abril**
arm **el brazo**
armchair **el sillón**
to arrive **llegar**
as **como;** as . . . as **tan . . . como**
to ask for **pedir**
at **a, en;** at once **en seguida;** at the **al, a la, en el, en la;** at last **al fin;** at least **al menos**
to attend **asistir la atención;**

to pay attention **prestar atención**
attentively **con atención**
August **agosto**
aunt **la tía**
automobile **el automóvil**
autumn **el otoño**
avenue **la avenida**

B

bachelor **el solterón, el soltero**
back **la espalda**
bad **malo, -a**
baker **el panadero**
bakery **la panadería**
barber shop **la barbería**
basement **el sótano**
basket **el cesto, la cesta**
bathroom **el cuarto de baño**
to be **estar;** to be standing **estar de pie;** to be well (ill) **estar bien (mal)**
to be **ser;** to be time to **ser hora de +** *inf.;* to be afraid **tener miedo;** be cold **tener frío;** be hungry **tener hambre;** be in a hurry **tener prisa;** be sleepy **tener sueño;** be thirsty **tener sed;** be warm **tener calor;** be . . . years old **tener . . . años**
beach **la playa**
beautiful **hermoso, -a**
because **porque;** because of a **causa de**
bed **la cama**
bedroom **el dormitorio**
before **antes (de)**
behind **detrás (de)**
to believe **creer;** believe so (not) **creer que sí (no)**
bell **el timbre**
below **abajo**
between **entre**
better **mejor**
best **el mejor**
bicycle **la bicicleta**
big **grande**
bird **el pájaro**

birthday **el cumpleaños**
bit of **un poco de . . .**
blackboard **la pizarra**
blond **rubio, -a**
blouse **la blusa**
blow **el golpe**
to blow (out) **soplar**
blue **azul**
boat **el bote, el barco**
body **el cuerpo**
bone **el hueso**
book **el libro**
bored **aburrido, -a**
to be born **nacer**
to bother **molestar**
boy **el niño, el chico, el muchacho**
bread **el pan**
breakfast **el desayuno;** to breakfast **tomar el desayuno**
bridge **el puente**
to bring **traer**
brother **el hermano;** brother-in-law **el cuñado**
brown **pardo, -a**
brunette **moreno, -a**
building **el edificio**
bus **el autobús, la guagua** (Carib.)
businessperson **el comerciante, la comerciante**
butcher **el carnicero, la carnicera**
butchershop **la carnicería**
butter **la mantequilla**
to buy **comprar**
by **por;** by no means **de ninguna manera**

C

cake **la torta**
camp **el campamento;** summer camp **el campamento de verano**
can **poder (ue)**
Canada **el Canadá**
candle **la vela**
cap **la gorra**
captain **el capitán**
car **el carro, el coche**

cardboard **el cartón**

carnation **el clavel**

carnival **el carnaval**

carpet **la alfombra**

to carry **llevar**

Castillian **el castellano**

cat **el gato, la gata**

cave **la caverna**

chair **la silla**

chalk **la tiza**

to change **cambiar**

channel **el canal**

character **el personaje**

cheerful **alegre**

cheese **el queso**

cherry **la cereza**

chest **el pecho**

chin **el mentón**

Chinese **el chino, la china**

Christmas **la Navidad**

church **la iglesia**

class **la clase**

classroom **la sala de clase**

clinic **el consultorio**

closet **el armario**

clothes **la ropa;** clothing store **la tienda de ropa**

cloud **la nube**

coffee (house) **el café**

cold **el frío** (weather); **el resfriado** (illness); to be cold (persons) **tener frío;** to be cold weather **hacer frío**

color **el color**

Columbus **Colón**

Columbus Day **el Día de la Raza**

to come **venir**

comfortable **cómodo, -a**

concert **el concierto**

congratulations **felicidades, felicitaciones**

to conserve **conservar**

to construct **construir**

to consume **consumir**

contest **el concurso**

cool **fresco, -a;** to be cool **hacer fresco**

cotton **el algodón**

country **el país, la patria** (nation)

cousin **el primo, la prima**

cover **la tapa**

cow **la vaca**

to crash **chocar**

crazy **loco, -a**

cup **la taza**

curtain **la cortina**

to cut **cortar**

D

to dance **bailar**

dangerous **peligroso, a**

date **la fecha;** what's today's date? **¿cuál es la fecha de hoy? ¿a cuántos estamos hoy?**

daughter **la hija**

day **el día;** the next day **al día siguiente;** everyday **todos los días**

December **diciembre**

defense attorney **el abogado defensor**

democracy **la democracia**

department store **el almacén**

desk **el escritorio, la mesa, el pupitre;** (small student's classroom desk)

dessert **el postre**

dictation **el dictado**

dictatorship **la dictadura**

to die **morir**

different **diferente**

difficult **difícil**

to dine **cenar, comer;** dining room **el comedor;** dinner **la cena, la comida**

dish **el plato**

district **el barrio**

district attorney **el fiscal, la fiscal**

divided by **dividido por**

to do **hacer;** to do well (on an examination) **salir bien;** to do poorly **salir mal**

doctor **el doctor, la doctora, el médico, la medica**

dog **el perro, la perra**

doll **la muñeca**

door **la puerta**

downstairs **piso de abajo**

dozen **la docena**

dreaming **soñando**

dress **el vestido**

to drink **beber, tomar**

driver **el chófer, la chófer**

to drive **conducir, manejar, guiar**

to drop **dejar caer**

drunk **borracho, -a**

duty **el deber**

E

ear **la oreja, el oído** (inner)

early **temprano**

to earn **ganar**

earth **la tierra**

east **el este**

Easter **la Pascua Florida**

easy **fácil**

to eat **comer**

egg **el huevo;** hard-boiled eggs **huevos duros**

eight **ocho**

eighteen **diez y ocho**

elephant **el elefante, la elephanta**

elevator **el ascensor**

eleven **once**

to end **terminar**

England **Inglaterra;** English **el inglés;** Englishman **el inglés;** Englishwoman **la inglesa**

to enjoy **gozar**

enough **bastante**

to enter **entrar**

equals **son**

eraser **el borrador**

error **la falta**

evening **la noche;** in the evening **por la noche;** P.M. **de la noche**

ever **aún**

every **todo, -a;** everybody **todo el mundo;** every Sunday **todos los domingos;** everything **todo;** every week **todas las semanas;** everywhere **por todas partes**

examination **el examen**

to exchange **cambiar**

excuse me! **¡dispense Vd.!, ¡perdón! ¡perdóneme Vd.!**

exercise **el ejercicio**

exhausted **exhausto, -a**

expensive **caro, -a**

to explain **explicar**

eye **el ojo**

F

face **la cara**

factory **la fábrica**

to fall **caer**

fall **el otoño**

family **la familia**

far (from) **lejos (de)**

farmer **el campesino**
father **el padre**
to fear (be afraid) **tener miedo de**
February **febrero**
feeling **el sentido**
few **poco, -a; pocos, -as**
field **el campo**
fifteen **quince**
to fill **llenar**
finger **el dedo**
five **cinco**
flag **la bandera**
to flee **huir**
floor **el piso**
flower **la flor**
to fly **volar (ue)**
fog **la neblina**
to follow **seguir**
foot **el pie**
for **para, por**
fork **el tenedor**
fortunately **afortunadamente**
four **cuatro**
fourth **(el) cuarto**
France **Francia**
free **libre;** (for) free **gratis**
French **el francés;**
  Frenchman **el francés;**
  Frenchwoman **la francesa**
Friday **viernes**
friend **la amiga, el amigo**
from **de, desde**
front **el frente**
frozen **congelado, -a**
fruit **la fruta**
furniture **los muebles**

G
garden **el jardín**
gentleman **el señor**
Germany **Alemania;** German (lang. and person) **el alemán; la alemana**
Gertrude **Gertrudis**
to get off, down (from) **bajar de**
to get on **subir a**
to get seated **tomar asiento**
ghost **el fantasma**
girl **la niña; la chica, la muchacha**
to give **dar;** give thanks **dar las gracias**
glass **el vidrio;** (for drinking) **el vaso**
gloves **los guantes**

to go **ir;** go down **bajar;** go for a walk **ir de paseo, dar un paseo;** go home **ir a casa;** go on foot **ir a pie;** go out **salir;** go shopping **ir de compras;** go to school **ir a la escuela;** go up **subir**
gold **el oro**
good **bien, bueno, -a**
goodbye **adiós**
granddaughter **la nieta**
grandfather **el abuelo**
grandmother **la abuela**
grandparents **los abuelos**
grandson **el nieto**
grass **la hierba**
gray **gris**
green **verde**
groceries **los comestibles**
grocery store **la bodega** (Carib.), **la tienda de comestibles**
ground **el suelo**
guide **el guía, la guía**
guilty **culpable**
gymnasium **el gimnasio**

H
hair **el pelo, el cabello**
half **medio, -a;** (one) half **la mitad;** half an hour **media hora**
Halloween **la Víspera de Todos los Santos**
hand **la mano;** to shake hands **dar la mano**
handkerchief **el pañuelo**
to happen **pasar**
happy **alegre, contento, -a, feliz**
hardworking **trabajador, -a**
hat **el sombrero**
to have **tener;** to have to **tener que;** to have just **acabar de**
head **la cabeza;** headache **el dolor de cabeza**
health **la salud**
to hear **oír**
heat **el calor;** to be warm (weather) **hacer calor;** to be warm (persons) **tener calor**
Hebrew **el hebreo**
hello **hola**

help **la ayuda**
to help **ayudar**
hen **la gallina**
her **su, sus, la (para) ella**
here **aquí**
high **alto, -a**
him **lo, le (para) él**
his **su, sus**
home **la casa,** at home **en casa**
homework **la tarea, el trabajo**
horse **el caballo**
hospital **el hospital**
hotel **el hotel**
hour **la hora**
house **la casa;** private house **una casa particular**
how? **¿cómo?;** how are you? **¿cómo está Vd.?;** how are things? **¿qué tal?**
how many? **¿cuántos, -as?**
how much? **¿cuánto, -a?**
how old is he (she)? **¿cuántos años tiene?**
human **humano, -a**
hunger **el hambre** *(fem.);* to be hungry **tener hambre**
hurry **la prisa;** in a hurry **de (con) prisa**
to hurt **doler**
husband **el marido**

I
illness **la enfermedad**
imaginary **imaginario, -a**
important **importante**
in **a, en**
in a hurry **a prisa**
infant **el nene, la nena**
in front **al frente**
in front of **delante de**
ink **la tinta**
in order to **para**
inside **dentro**
intelligent **inteligente**
interview **la entrevista**
invitation **la invitación**
iron **el hierro**
Italian (lang. and person) **el italiano; el italiano, la italiano**
Italy **Italia**

J
jacket **la chaqueta**
January **enero**

jail **la cárcel**
job **el empleo, el puesto**
judge **el juez, la jueza**
July **julio**
to jump **saltar**

K

to keep **guardar**
key **la llave**
kitchen **la cocina**
knife **el cuchillo**
to know **conocer;** (acquaint-
ed), **saber;** to know how
saber + *inf.*

L

label **la etiqueta**
lamp **la lámpara**
language **la lengua**
large **grande**
late **tarde**
later **más tarde**
Latin **el latín**
lawyer **el abogado,**
la abogada
lazy **perezoso, -a**
to learn **aprender**
at least **a lo menos**
to leave **salir (de)**
left **el izquierdo;** to the left **a**
la izquierda
leg **la pierna**
lemon **el limón**
lesson **la lección**
letter-carrier **el cartero**
life **la vida**
to like (be pleasing) **gustar**
lion **el león**
lips **los labios**
to listen (to) **escuchar**
little **poco, -a;** little by little
poco a poco
to live **vivir**
living room **la sala**
loafer **el holgazán**
long **largo, -a**
to look (at) **mirar**
love **el amor**
to love **querer (a)**
luck **la suerte**
lunch **el almuerzo;** to have
lunch **almorzar (ue),**
tomar el almuerzo

M

magazine **la revista**
to make **hacer**

many **muchos, -as**
map **el mapa**
March **marzo**
mark **la nota;** to get a mark
sacar una nota
market **el mercado**
to marry **casarse (con)**
master of ceremonies **mae-**
stro de ceremonias
May **mayo**
meal **la comida**
to mean **querer decir,**
significar; what does . . .
mean? **¿qué quiere decir**
. . .?
meat **la carne**
menu **la lista de platos**
Merry Christmas **Feliz**
Navidad
method **el método**
Mexico **México**
Michael **Miguel**
microphone **el micrófono**
midnight **la medianoche**
in the middle **en medio de**
milk **la leche**
minus **menos**
minute **el minuto**
Miss **(la) señorita**
to be missing **faltar**
mistaken **equivocado, -a**
mixture **la mezcla**
Monday **lunes**
money **el dinero**
monkey **el mono, la mona**
month **el mes**
moon **la luna**
more **más**
morning **la mañana;** good
morning **buenos días;**
in the morning **por la**
mañana
mother **la madre**
mountain **la montaña;**
el monte
mouth **la boca**
movie **la película**
movies, movie theater **el cine**
Mr. **(el) señor**
much **mucho, -a**
murder **el asesinato**
museum **el museo**
music **la música**
my **mi, mis; mío, -a**

N

name **el nombre;** what is

your name? **¿cómo se**
llama Vd.?, ¿cómo te
llamas?; to be called
llamarse
napkin **la servilleta**
narrow **estrecho, -a**
near **cerca (de)**
neck **el cuello**
to need **necesitar**
neighbor **el vecino, la vecina**
neighborhood **el vecindario,**
el barrio
nephew **el sobrino**
never **nunca**
new **nuevo, -a;** nothing's new
sin novedad
New York **Nueva York**
newspaper **el periódico**
niece **la sobrina**
night **la noche;** good night
(evening) **buenas**
noches; last night
anoche; at night **de**
noche
nine **nueve**
nineteen **diez y nueve**
no? **¿no?**
noise **el ruido**
none **ninguno, -a**
noon **el mediodía**
no one **nadie**
north **el norte**
nose **la nariz; las narices**
(pl.)
not I **yo no**
notebook **el cuaderno**
nothing **nada**
November **noviembre**
now **ahora**
number **el número**
nurse **el enfermero;**
la enfermera
nylon **el nilón**

O

October **octubre**
of **de;** of course **por**
supuesto
office **la oficina**
often **a menudo**
O.K. **está bien**
old **viejo, -a**
to be __ years old **tener __**
años
older **mayor**
omelet **la tortilla**
on **en, sobre**

one **un, una, uno**
only **solamente, sólo; único,
-a**
to open **abrir**
or **o, u**
orange **la naranja**
orange (color) **anaranjado, -a**
orange juice **jugo de naranja**
others(s) **otro(s)**
our **nuestro, -a**
outside **afuera**
over **sobre**
overcoat **el abrigo**
to owe **deber**
own **propio, -a**

P
package **el paquete**
page **la página**
pair **el par, la pareja**
palace **el palacio**
pants **los pantalones**
paper **el papel**
paragraph **el párrafo**
parents **los padres**
park **el parque**
party **la fiesta**
past **el pasado**
patrol car **el coche patrullero**
pear **la pera**
pen **la pluma**
pencil **el lápiz**
people **la gente**
pepper **la pimienta**
permission **el permiso;**
excuse me **con (su)
permiso**
pharmacy **la farmacia**
picture **el cuadro, el grabado**
pig **el puerco**
pilot **el piloto, la piloto**
pity **lástima;** what a pity!
¡qué lástima!
place **el lugar, el sitio**
plant **la planta**
to play a game **jugar (ue) -a**
to play the piano **tocar el
piano**
pleasant **simpático, -a**
please **hacer el favor de +**
inf. **por favor**
plus **y**
P.M. **de la tarde, de la noche**
pocket **el bolsillo**
poor **pobre**
Portuguese (lang. and per-
son) **el portugués; el**

portugués, la portuguesa
potatoes **las patatas, las
papas** (Latin-American)
pound **la libra**
prehistoric **prehistórico, -a**
to prepare **preparar**
to present **presentar**
present **el regalo**
president **el presidente,
la presidenta**
pretty **bonito, -a, lindo, -a**
price **el precio**
principal **el director, la direc-
tora**
privilege **el privilegio**
program **el programa**
to put **poner**

Q
quarter **el cuarto**
question **la pregunta;** to
question **preguntar**

R
radio **la radio, el radio**
railroad **el ferrocarril**
rain **la lluvia;** to rain **llover
(ue)**
raw **crudo, -a**
razor **la navaja**
to read **leer**
ready **listo, -a**
record **el disco**
record player **el tocadiscos**
red **rojo, -a**
relative **el pariente, la
pariente;** relatives **los
parientes**
rent **el alquiler**
republic **la república**
restaurant **el restaurante**
to return **regresar, volver (ue)**
rich **rico, -a**
riddle **la adivinanza**
right? **¿verdad?**
right **el derecho;** to the right
a la derecha; to be right
tener razón
to ring **sonar;** it rings **suena**
river **el río**
road **el camino**
romantic **romántico, -a**
roof **el techo**
room **el cuarto, la habitación**
rooster **el gallo**
rose **la rosa**
rule **la regla**

Russian (lang. and person)
el ruso; el ruso, la rusa

S
sad **triste;** sadness **la
tristeza**
salad **la ensalada**
salary **el sueldo**
salt **la sal**
same **mismo, -a**
Saturday **sábado**
saucer **el platillo**
to say, tell **decir;** how do you
say . . .? **¿cómo se dice
. . .?**
scientist **el científico,
la científica**
scissors **las tijeras**
sea **el mar**
season **la estación**
seat **el asiento**
secret **el secreto**
to see **ver**
to send **enviar**
sentence **la frase**
September **septiembre**
serpent **la serpiente**
seven **siete**
seventeen **diez y siete**
sharp **en punto**
shellfish **el marisco**
shirt **la camisa**
shoes **los zapatos**
shoestore **la zapatería**
short **bajo, -a, bajito, -a,
corto, -a**
shoulder **el hombro**
sick **enfermo, -a; mal (o, -a)**
sightseeing bus **el autobús
turístico**
sign **el letrero, el cartel**
silver **la plata**
similar **similar**
simple **sencillo, -a**
to sing **cantar**
sir **(el) señor**
six **seis**
sixteen **diez y seis**
skirt **la falda**
sky **el cielo**
sleep **dormir (ue);** to be
sleepy **tener sueño**
slender **delgado, -a**
small **pequeño, -a**
smile **la sonrisa**
to smoke **fumar**
snow **la nieve;** to snow **nevar**

(ie); it snows **nieva**

so **tan;** so much **tanto**

so, so **así, así**

socks **los calcetines**

soda **la gaseosa**

sofa **el sofá**

soldier **el soldado, la soldado**

solution **la solución**

son **el hijo**

song **la canción**

soon **pronto;** as soon as possible **lo más pronto posible;** sooner or later **tarde o temprano**

south **el sur**

South America **la América del Sur, Sudamérica;** South American **sudamericano, -a**

Spain **España;** Spaniard **el español, la española**

to speak **hablar**

speed **la prisa**

to spend (time) **pasar;** (money) **gastar**

spoon **la cuchara**

spring **la primavera**

star **la estrella**

to stay in bed **guardar cama**

steamship **el vapor**

to stick out **sacar**

stockings **las medias**

store **la tienda**

story **el cuento**

stove **la estufa**

strange **extraño, -a**

street **la calle**

strong **fuerte**

student **el alumno, la alumna**

to study **estudiar**

stupid **tonto, -a**

subway **el subterráneo**

such (a) **tal**

suddenly **de repente**

suffering **el sufrimiento**

sugar **el azúcar**

suit **el traje**

summer **el verano**

summer vacation **las vacaciones de verano**

sun **el sol;** to be sunny **hacer sol**

Sunday **domingo**

supermarket **el supermercado**

supper **la cena**

surprised **sorprendido, -a**

to sweat **sudar**

swimming **la natación**

T

table **la mesa;** to set the table **poner la mesa**

tablecloth **el mantel**

tailor **el sastre**

to take **tomar;** to take a walk **dar un paseo;** take a horseback ride **dar un paseo a caballo;** to go on foot **ir a pie;** to take a car ride **dar un paseo en automóvil;** to take out **sacar;** to take pictures **sacar fotos**

tall **alto, -a**

taxi **el taxi**

tea **el té**

to teach **enseñar;** teaching **la enseñanza**

teacher **el maestro, la maestra, el profesor, la profesora**

team **el equipo**

teaspoon **la cucharita**

telephone **el teléfono**

television **la televisión;** T.V. viewer **el televidente**

temple **el templo**

ten **diez**

thank you (very much) **(muchas) gracias**

that **ese, esa, aquel, aquella** *(dem. adj.),* **que** *(rel. pro.)*

the **el, los** *(masc.),* **la, las** *(fem.)*

theater **el teatro**

their **su, sus**

them **los, las, (para) ellos, -as**

then **luego**

there **allí**

therefore **por eso**

there is, are **hay;** there was, were **había**

these **estos, -as**

thin **delgado, -a; flaco, -a**

to think (of) **pensar (en)**

third **tercer**

thirst **la sed;** to be thirsty **tener sed**

thirteen **trece**

thirty **treinta**

those **aquellos, -as; esos, -as**

thousand **mil**

three **tres**

throat **la garganta**

to throw **tirar**

Thursday **jueves**

tie **la corbata**

tiger **el tigre, la tigresa**

time **el tiempo;** at the same time **al mismo tiempo;** on time **a tiempo** (instance) few times **pocas veces;** many times **muchas veces**

time **la hora;** at what time? **¿a qué hora?;** at one o'clock **a la una;** at two o'clock **a las dos;** what time is it? **¿qué hora es?;** it's one o'clock **es la una;** it's two o'clock **son las dos;** on the dot **en punto**

times (multiply) **por**

tired **cansado, -a; fatigado, -a**

to **a, en**

today **hoy**

together **junto**

tomorrow **mañana;** until tomorrow **hasta mañana**

tongue **la lengua**

too much **demasiado, -a**

tooth **el diente**

to the **al, a la, a los, a las**

town **el pueblo, la aldea**

train **el tren**

to travel **viajar;** travel agency **la agencia de viajes**

tree **el árbol**

trip **la excursión, el viaje**

truth **la verdad**

Tuesday **martes**

tulip **el tulipán**

twelve **doce**

twenty **veinte**

two **dos**

U

ugly **feo, -a**

umbrella **el paraguas**

uncle **el tío**

under **debajo (de)**

to understand **comprender, entender (ie)**

underwear **la ropa interior**

unfortunately **desafortunadamente**

United Nations **las Naciones Unidas**

United States **los Estados Unidos**

until I see you again **hasta la vista**

until then **hasta luego**

up **arriba;** upstairs **piso de arriba**

us **nos, para nosotros, -as**

to use **usar**

useful **útil**

V

vacation **las vacaciones**

vagrant **el vago, la vaga**

vegetables **las legumbres, los vegetales**

very **muy**

violet **la violeta**

to visit **visitar**

voice **la voz;** in a low voice **en voz baja**

W

waiter **el mozo, el camarero**

walk **el paseo;** to walk **caminar;** to take a walk **dar un paseo**

wall **la pared**

wallet **la billetera, la cartera**

to want **desear, querer (ie)**

watch **el reloj**

water **el agua**

we **nosotros, -as**

weak **débil**

to wear **llevar, usar**

weather **el tiempo;** to be good (bad) weather **hacer buen (mal) tiem-** po; to be warm (cold) **hacer calor (frío);** to be sunny (windy) **hacer sol (viento);** to be cool **hacer fresco**

Wednesday **miércoles**

week **la semana;** last week **la semana pasada;** next week **la semana próxima, que viene**

welcome **bienvenido, -a;** you're welcome **de nada, no hay de qué**

well **bien, bueno, -a**

west **el oeste**

what? **¿qué?, ¿cuál?;** what's going on? **¿qué pasa?;** what's the matter? **¿qué hay?;** what's the matter with him? **¿qué tiene él?**

when **cuando**

when? **¿cuándo?**

where **donde**

where? **¿dónde?**

which **que** (rel. pro.)

which? **¿qué +** noun?

which (one)? **¿cuál?;** which (ones)? **¿cuáles?**

white **blanco, -a**

White House **la Casa Blanca**

who **que** (rel. pro.); who? **¿quién? -es?;** whom? to whom? **¿a quién? -es?;** whose? of whom? **¿de quién -es?**

why? **¿por qué?, ¿para qué?**

wide **ancho, -a**

wind **el viento;** to be windy **hacer viento**

window **la ventana, la** ventanilla (car or bus)

wine **el vino**

winter **el invierno**

to wish **desear, querer**

with **con;** with me **conmigo;** with you (fam.) **contigo**

without **sin;** without stopping **sin parar**

witness **el testigo**

wolf **el lobo, la loba**

woman **la mujer**

wood **la madera**

wooden **de madera**

woods **el bosque**

wool **la lana**

word **la palabra**

work **el trabajo**

to work **trabajar**

worried **preocupado, -a; ansioso, -a**

to be worth **valer**

to write **escribir**

Y

year **el año**

yellow **amarillo, -a**

yesterday **ayer**

you **tú** (fam.)

you **usted (es)** (formal); **Vd(s).** (abbrev.)

young man (woman) **el (la) joven**

younger **menor**

your **tu, tus** (fam.)

your **su, sus** (formal)

Z

zoo **el parque zoológico**

Verb Reference Chart: Present Tense, Preterite Tense, Direct Commands

A. Typical Regular AR, ER, IR Infinitives

Subject Pronouns	AR: Cantar—to sing		ER: Comer— to eat		IR: Vivir—to live	
	Present	Preterite	Present	Preterite	Present	Preterite
Yo	canto	canté	como	comí	vivo	viví
Tú	cantas	cantaste	comes	comiste	vives	viviste
El, Ella, Vd.	canta	cantó	come	comió	vive	vivió
Nosotros (as)	cantamos	cantamos	comemos	comimos	vivimos	vivimos
Vosotros (as)	cantáis	cantasteis	coméis	comisteis	vivís	vivisteis
Ellos (as), Vds.	cantan	cantaron	comen	comieron	viven	vivieron
Direct Commands	¡Cante(n) Vd(s).! Sing! ¡Cantemos! Let us sing!		¡Coma(n) Vd(s).! Eat! ¡Comamos! Let us eat!		¡Viva(n) Vd(s).! Live! ¡Vivamos! Let us live!	

B. Common Level One Irregular and Spelling-Changing Verbs: Present Tense, Preterite Tense, and Direct Commands

Infinitive	PRESENT TENSE is listed first PRETERITE TENSE is listed second	Direct Commands
Andar to go, to walk	*regular in the present tense: See Chart A.* anduve anduviste anduvo anduvimos anduvisteis anduvieron	*regular commands: See Chart A.*
Caber to fit	quepo cabes cabe cabemos cabéis caben cupe cupiste cupo cupimos cupisteis cupieron	¡Quepa(n) Vd(s).! ¡Quepamos!
Caer to fall	caigo caes cae caemos caéis caen caí caíste cayó caímos caísteis cayeron	¡Caiga(n) Vd(s).! ¡Caigamos!
Conocer to know	conozco conoces conoce conocemos conocéis conocen *regular in the preterite tense: See Chart A.*	¡Conozca(n) Vd(s).! ¡Conozcamos!
Creer to believe	*regular in the present tense: See Chart A.* creí creíste creyó creimos creísteis creyeron	*regular commands: See Chart A.*
Dar to give	doy das da damos dais dan di diste dio dimos disteis dieron	¡Dé Vd.! ¡Den Vd(s).! ¡Demos!
Decir to say, to tell	digo dices dice decimos decís dicen dije dijiste dijo dijimos dijisteis dijeron	¡Diga(n) Vd(s).! ¡Digamos!
Estar to be (health, etc)	estoy estás está estamos estáis están estuve estuviste estuvo estuvimos estuvisteis estuvieron	¡Esté(n) Vd(s).! ¡Estemos!
Hacer to do, to make	hago haces hace hacemos hacéis hacen hice hiciste hizo hicimos hicisteis hicieron	¡Haga(n) Vd(s).! ¡Hagamos!
Ir to go	voy vas va vamos vais van fui fuiste fue fuimos fuisteis fueron	¡Vaya(n) Vd(s).! ¡Vamos!
Leer to read	*regular in the present tense: See Chart A.* leí leíste leyó leímos leísteis leyeron	*regular commands: See Chart A.*
Oír to hear	oigo oyes oye oímos oís oyen oí oíste oyó oímos oísteis oyeron	¡Oiga(n) Vd(s).! ¡Oigamos!
Poder can, to be able	puedo puedes puede podemos podeis pueden pude pudiste pudo pudimos pudisteis pudieron	None

Poner to put	pongo pones pone ponemos ponéis ponen puse pusiste puso pusimos pusisteis pusieron	¡Ponga(n) Vd(s).! ¡Pongamos!
Querer to want	quiero quieres quiere queremos queréis quieren quise quisiste quiso quisimos quisisteis quisieron	¡Quiera(n) Vd(s).! ¡Queramos!
Saber to know (facts), to know (how)	sé sabes sabe sabemos sabéis saben supe supiste supo supimos supisteis supieron	¡Sepa(n) Vd(s).! ¡Sepamos!
Salir to go out, to leave	salgo sales sale salimos salís salen *regular in the preterite tense: See Chart A.*	¡Salga(n) Vd(s).! ¡Salgamos!
Ser to be	soy eres es somos sois son fui fuiste fue fuimos fuisteis fueron	¡Sea(n) Vd(s).! ¡Seamos!
Tener to have	tengo tienes tiene tenemos tenéis tienen tuve tuviste tuvo tuvimos tuvisteis tuvieron	¡Tenga(n) Vd(s).! ¡Tengamos!
Traer to bring	traigo traes trae traemos traéis traen traje trajiste trajo trajimos trajisteis trajeron	¡Traiga(n) Vd(s).! ¡Traigamos!
Venir to come	vengo vienes viene venimos venís vienen vine viniste vino vinimos vinisteis vinieron	¡Venga(n) Vd(s).! ¡Vengamos!
Ver to see	veo ves ve vemos veis ven vi viste vio vimos visteis vieron	¡Vea(n) Vd(s).! ¡Veamos!

C. Typical Stem Vowel-Changing Verbs. Class 1: **AR and ER Ending Infinitives**

Change **o** to **ue,** or **e** to **ie** in the present tense in persons 1, 2, 3, 6; also in direct commands: ¡___Vd(s).!
The preterite tense of AR and ER ending infinitives has no vowel change.

Subject * Pronouns	Contar (ue) to count	Pensar (ie) to think	Volver (ue) to return	Perder (ie) to lose
1. Yo 2. Tú 3. El, Ella, Vd. 4. Nosotros (as) 5. Vosotros (as) 6. Ellos (as), Vds.	cuento cuentas cuenta contamos contáis cuentan	pienso piensas piensa pensamos pensáis piensan	vuelvo vuelves vuelve volvemos volvéis vuelven	pierdo pierdes pierde perdemos perdéis pierden
Direct Commands	¡Cuente(n) Vd(s).! ¡Contemos!	¡Piense(n) Vd(s).! ¡Pensemos!	¡Vuelva(n) Vd(s).! ¡Volvamos!	¡Pierda(n) Vd(s).! ¡Perdamos!
Other Level I Examples	almorzar, encontrar, mostrar, recordar	cerrar, comenzar, empezar, nevar (nieva)	mover, poder, llover (llueve)	defender, entender querer

*N.B. jugar(ue)   Present Tense: juego juegas juega jugamos jugáis juegan
Direct Commands: ¡Juegue(n) Vd(s).! ¡Juguemos!

Answer Key

Lecciones Preparatorias

Lesson I: La casa

Exercise A. 1. No señor (señorita, señora), no es la puerta. Es el teléfono. 2. No señor (señorita, señora), no es la radio. Es la puerta. 3. Sí señor, es la lámpara. 4. No señor, no es el padre. Es el hermano. 5. No señor, no es la madre. Es la hermana. 6. No señor, no es el disco. Es la mesa. 7. Sí señor, es la ventana. 8. No señor, no es el teléfono. Es el disco. 9. No señor, no es la cocina. Es el televisor. 10. No señor, no es la sala. Es la flor.

Lesson II: Una escuela

Exercise A. 1. Es un libro. 2. Es un cuaderno. 3. Es un pupitre. 4. Es una mesa. 5. Es una pizarra. 6. Es una pluma. **Exercise B.** 1. Sí señor (señorita, señora), es un papel. 2. Sí señor, es un cuaderno. 3. No señor, es una mesa. 4. No señor, es una pluma. **Exercise C.** 1. Es un lápiz. 2. Es un libro. 3. Es una pizarra. 4. Es un mapa. 5. Es un televisor. 6. Es una ventana. 7. Es una puerta. 8. Es un gato.

Lesson III: La ciudad

Exercise A. 1. Es una revista. 2. Es un policía. 3. Es un edificio. 4. Es un coche. 5. Es una mujer. **Exercise B.** 1. No es una revista. Es un periódico. 2. Es un hombre. 3. No es un coche. Es un autobús. 4. Es el cine. 5. No es un profesor. Es un policía. **Exercise C.** 1. El muchacho está en la clase. 2. El policía está en la calle. 3. La madre está en la cocina. 4. La radio está en la mesa. 5. El hombre está en la puerta.

Lesson IV: Los alimentos

Exercise A. 1. Compro dos botellas de leche. 2. Compro un pan. 3. Compro jugo de naranja. 4. Compro helado (de chocolate). 5. Compro queso. **Exercise B.** 1. No compro helado. Compro mantequilla. 2. No compro naranjas. Compro manzanas. 3. No compro dulces. Compro huevos. 4. Compro flores. 5. No compro una Coca-Cola. Compro dos botellas de leche.

Lesson V: Acciones

Exercise A. 1. El profesor escribe en la pizarra. 2. La muchacha come el pan. 3. El alumno sale de la escuela. 4. El policía bebe la Coca-Cola. 5. El hombre lee el periódico. **Exercise B.** 1. La mujer no mira la televisión. Escucha la radio. 2. La hermana canta. 3. El policía no corre. El policía descansa. 4. Carlos no estudia. Mira la televisión. 5. María no come el queso. Bebe la leche.

Lesson VI: Descripciones

Exercise A. 1. El hombre es grande. 2. La lección es difícil. 3. El profesor es perezoso. 4. El alumno es tonto. 5. La madre es trabajadora. **Exercise B.** 1 El elefante no es pequeño. Es grande. 2. No hay pocos alumnos en la clase. Hay muchos. 3. La casa no está aquí. Está allí. 4. La manzana no está deliciosa (tiene un gusano) 5. El hombre come mucho.

Lesson VII: El cuerpo humano

Exercise A. 1. Es una pierna. 2. Es un brazo. 3. Es una boca. 4. Es un pecho. 5. Es un hombro. **Exercise B.** 1. No son orejas; son brazos. 2. No son bocas; son orejas. 3. No son narices; son piernas y pies. 4. No son mentones; son labios. 4. No son cuellos; son manos. **Exercise C.** 1. los ojos. 2. las piernas, los pies. 3. la boca. 4. los hombros. 5. la espalda. 6. el estómago.

Part One: Structures and Verbs

Work Unit 1:
Answers to Reading Exercises: ¡La televisión es muy importante!
Exercise I. (A) 1. estudiosa 2. lección de español 3. papel (cuaderno) 4. periódico. . .sala **363**

5. radio, cocina 6. hermano 7. importante 8. mirar 9. mañana 10. amor, pasión **Ex. I. (B)** 1. cuaderno 2. español 3. lápiz 4. televisión. 5. español. **Exercise II.** 1. Yo necesito estudiar. 2. Esta noche hay programas interesantes. 3. Es muy fácil. 4. Es mi programa favorito. 5. No es necesario estudiar el español. **Exercise III.** 1. lápiz 2. sala 3. libro 4. cuaderno 5. frase 6. hermano 7. también 8. con 9. fácil 10. ahora 11. hay 12. mira 13. noche 14. lee 15. esta **Exercise IV.** Compositions are Ad lib.

Answers to Grammar Exercises: The Noun and the Definite Article (Singular)

Exercise I. (A) 1. La escuela también es interesante. 2. El libro. . . 3. La alumna. . . 4. La maestra. . . 5. El español. . . **Ex. I. (B)** El alumno también estudia mucho. 2. La madre. . . 3. El hermano. . . 4. La muchacha. . . 5. El maestro. . . **Exercise II.** 1. Es el examen. 2. La lección. . . 3. El día. . . 4. La noche. . . 5. La televisión. . . 6. La nación. . . 7. El programa. . . 8. La ciudad. . . 9. La frase. . . 10 El idioma. . . 11. El mapa. . . 12. La cocina. . . 13. La calle. . . 14. El español. . . 15. La clase. . . **Exercise III.** 1. El señor Moreno mira el programa de televisión esta noche. 2. La profesora Mendoza necesita el mapa de la ciudad de Madrid. 3. El presidente Guzmán entra en la capital de la nación mañana. 4. La señorita Gómez estudia el idioma toda la noche. 5. La señorita Molina escucha el programa español en la radio todo el día. **Exercise IV.** 1. Habla español. Pronuncia bien el español. 2. . . .francés. . .el francés 3. . . .italiano. . .el italiano. 4. . . . de vocabulario inglés . . . el inglés. 5. . . . alemán . . . el alemán. **Exercise V. (A)** 1. El alumno estudia también en el avión. 2. . . .la clase de inglés. 3. . . .el tren. 4. . . .la sala 5. . . .la escuela. **Ex. V. (B)** 1. El alumno escucha la música. 2. . . .el disco. 3. . . .el inglés. 4. . . .la lección 5. . . .la radio. **Ex. V. (C)** 1. Su hermano mira el periódico 2. . . .la palabra 3. . . .el papel de vocabulario 4. . . .la casa. 5. . . .el hotel 6. . . .la ciudad 7. . . .la gramática. 8. . . .el programa 9. . . .la calle 10. . . .el coche. **Exercise VI.** 1. La 2. la 3. la 4. la 5. el 6. – 7. La 8. la 9. – 10. el 11. la 12. la 13. el 14. – 15. el 16. - 17. el 18. el 19. – 20. la. **Exercise VII.** Sample answers are provided. Your variations are encouraged. **(A)** El español es fácil. Es también interesante, importante y necesario. **(B)** Yo necesito el libro de gramática. El diccionario también es importante. **(C)** —El examen de español es muy fácil. No es importante. —Es posible estudiar mañana. —Quiero mirar "El amor y la pasión". — ". . . . . " es también mi programa favorito.

Work Unit 2:
Answers to Reading Exercises: Todo es rápido en la ciudad
Exercise I. (A) 1. c 2. d 3. b 4. d **Ex. I. (B)** 1. Nueva York es una ciudad grande. 2. Los edificios . . . 3. . . .las calles. 4. . . .las aldeas. 5. . . .ahora (hoy). **Exercise II.** 1. d. 2. e. 3. a. 4. c. 5. b **Exercise III.** 1. lápiz 2. amor 3. cines 4. importante 5. una 6. dinero 7. ahora 8. descansar **Exercise IV.** 1. a, d 2. b, f 3. c 4. e **Exercise V.** Compositions are Ad lib.

Answers to Grammar Exercises: The Noun and the Definite Article (Plural)

Exercise I. 1. Los chicos son estudiosos 2. Las muchachas. . . 3. Los hombres. . . 4. Las madres. . . 5. Las lecciones. . . 6. Los lápices. . . 7. Los papeles. . . 8. Las mujeres. . . 9. Los profesores. . . 10. Los cines. . . 11. Las frases. . . 12. Los trenes. . . 13. Las ciudades. . . 14. Los días. . . 15. Las flores. . . **Exercise II.** 1. No. Solamente el restaurante grande. 2. . . .el museo. . . 3. . . .la aldea. . . 4. . . .la clase. . . 5. . . .el periódico. . . 6. . . .la gramática. . . 7. . . .el edificio. . . 8. . . .el hotel. . . 9. . . .el parque. . . 10. . . .la calle. . . **Exercise III.** 1. Sí, todos los libros. 2. Sí, todos los papeles. 3. Sí, todas las gramáticas. 4. Sí, todas las canciones. 5. Sí, todos los trenes. 6. Sí, todos los idiomas. 7. Sí, todas las universidades. 8. Sí, todos los mapas. 9. Sí, todas las lecciones de español. 10. Sí, todos los programas de televisión. **Exercise IV.** 1. las 2. los 3. el 4. los 5. Los 6. la 7. el 8. los 9. la 10. la 11. las 12. el 13. los 14. las 15. las 16. los 17. la 18. la 19. Los 20. los. **Exercise V.** Ad lib.

Work Unit 3:
Answers to Reading Exercises: El cumpleaños de Joselito
Exercise I. (A) 1. cumpleaños, años. 2. mundo, ocupado 3. trabajar, ayudar. 4. cantar, bailar 5. refrescos, torta. **Ex. I. (B)** 1. Joselito está solo en su cuarto. 2. Los padres compran la magnífica piñata típica. 3. Los amiguitos llevan regalitos. 4. Los vecinos caminan a la casa de la fami-

lia Hernández. 5. Joselito va a soplar las velas, cortar la torta y tomar el pedazo más grande. Va a ayudar en la fiesta. **Ex. I. (C)** 1. Un niño sopla las velas. 2. Una piñata está llena de dulces. 3. Yo quiero un regalo, una piñata, etc. . . . 4. Todo el mundo está contento. 5. Todos gritan:— ¡Felicidades! ¡Feliz cumpleaños! **Exercise II.** 1. d 2. e 3. a 4. b 5. c. **Exercise III.** 1. feliz 2. escuchar 3. llegar 4. invitar 5. cumpleaños 6. importante 7. dulces 8. abuela 9. desear 10. escuela 11. soplar. **Exercise IV.** Ad lib.

Answers to Grammar Exercises: The Present Indicative Tense: Regular AR Conjugation
Exercise I. (A) 1. Sí. El. . . 2. Ella. 3. Ellos. . . 4. Ellas. . . 5. Nosotros-as **Ex. I. (B)** 1. Yo bailo y canto 2. El baila y canta. 3. Vd. baila y canta. 4. Tú bailas y cantas. 5. Vds. bailan y cantan. 6. Tú y yo bailamos y cantamos. 7. Ella baila y canta. 8. Ellas bailan y cantan. 9. Ellos bailan y cantan. 10. Nosotros bailamos y cantamos. **Ex. I. (C)** 1. a. Sí, ella trabaja. b. nosotros trabajamos. 2. a. Sí, ellos preguntan. b. Pedro pregunta. 3. a. Sí, los amigos escuchan. b. Tú y yo escuchamos. 4. a. Sí, yo contesto. b. Juanita y Pablo contestan. 5. a. Sí, ellos caminan b. Yo camino. **Ex. I. (D)** 1. Sí, yo compro. 2. Sí, yo llego. 3. Sí, nosotros estudiamos. 4. Sí, Vds. necesitan. 5. Sí, Vd. (tú) prepara(s). **Ex. I. (E)** 1. ¿Practico yo? 2. ¿Visita Carlitos? 3. ¿Desean los niños? 4. ¿Regresamos él y yo? 5. ¿Tomamos café Pedro y yo? **Exercise II.** Ad lib.

Work Unit 4:
Answers to Reading Exercises: La carta misteriosa
Exercise I. (A) 1. recibe (lee); comprende. 2. sabe; escribe. 3. sale; corre. 4. abre; vive. 5. asisten; comen. **Ex. I. (B)** 1. Juanita lee la invitación. 2. Es muy tarde. 3. Ella no sabe quién escribe la carta (qué reunión es; por qué es a las once; es tarde; no hay nadie en las calles; está loca de curiosidad). 4. Es a las once de la noche. 5. No hay luz. Un fantasma abre la puerta. **Ex. I. (C)** 1. Es necesario escribir invitaciones para (invitar a los amigos a) las fiestas. 2. Hay tortas, helados y dulces. 3. Necesitamos música. 4. Todo el mundo escribe cartas a los amigos. 5. El treinta y uno de octubre es misterioso porque es la Víspera de Todos los Santos y hay fantasmas con máscaras en las calles a las once de la noche. **Exercise II.** 1. fiesta. 2. aquí 3. nerviosa. 4. tarde 5. abre 6. sorprendida 7. misteriosa 8. amigo. **Exercise III.** Ad lib. **Exercise IV.** 1. f 2. a, e 3. d 4. b, c.

Answers to Grammar Exercises: The Present Indicative Tense: Regular ER and IR Conjugations
Exercise I. (A) 1. Sí. Ella. . . 2. Él. . . 3. Ellas. . . 4. Nosotros. . . 5. Ellas. . . **Ex. I. (B)** 1. Yo respondo. . . 2. Vd. responde. . . 3. Tú respondes. . . 4. Ella responde. . . 5. Vds. responden. . . 6. Vd. y yo respondemos. . . 7. Ellos responden. . . 8. Él responde. . . 9. Nosotras respondemos. . . 10. Él y ella responden. . . **Ex. I. (C)** 1. a. Sí, nosotros comemos. b La niña come. . . 2. a. Sí, yo respondo. . . b. María responde. . . 3. a. Sí, ellos aprenden. . . b. Nosotros respondemos. . . 4. a. Sí, José lee. . . b. Yo leo. . . 5. a. Sí, nosotros comprendemos. . . b. Los muchachos comprenden. . . **Ex. I. (D)** 1. Sí, yo corro. . . 2. Sí, nosotros vendemos. . . 3. Sí, María y yo creemos. . . 4. Sí, las primas ponen. . . 5. Sí, yo como. . . **Exercise II. (A)** 1. Ella. . . 2. Vds. . . . 3. Ellas. . . 4. Ellos. . . 5. Nosotros -as. . . **Ex. II. (B)** 1. Tú asistes. . . 2. Vd. asiste. . . 3. Ellos asisten. . . 4. Vds. asisten. . . 5. Ella y yo asistimos. . . 6. Ellas asisten. . . 7. Yo asisto. . . 8. Él asiste. . . 9. Ella asiste. . . 10. Nosotras asistimos. . . **Ex. II. (C)** 1. a. Sí, Carlos recibe. . . b. Las hermanas reciben. . . 2. a. Sí, los amigos escriben. . . b. Nosotros escribimos. . . 3. a. Sí, yo vivo. . . b. Los primos viven. . . 4. a. Sí, Vd. cubre. . . b. Nosotros cubrimos. . . 5. a. Sí, nosotros subimos. . . b. Luis sube. . . **Ex. II. (D)** 1. Sí, Ana y Vd. abren los periódicos. 2. Sí, yo cubro. . . 3. Sí, nosotros partimos. . . 4. Sí, yo describo. . . 5. Sí, el profesor omite. . . 6. Sí, yo asisto. . . 7. Sí, Juanita recibe. . . 8. Sí, yo vivo. . . 9. Sí, Vds. escriben. . . 10. Sí, ellos suben. . . **Exercise III. (A)** 1. Señor López, Vd. entra. . . 2. Señora Gómez, Vd. cree. . . 3. Profesor Ruiz, Vd. vive. . . 4 Señorita Marín, Vd. loca. . . 5. Doctor Muñoz, Vd. escribe. . . **Ex. III. (B)** 1. Pepe, tú trabajas. . . 2. Ana, tú contestas. . . 3. Carlos, tú aprendes . . 4. Niño, tú corres. . . 5. Niña, tú describes. . . **Ex. III. (C)** 1. ¿Comprendo yo. . . ? 2. ¿Corre Carlitos. . . ? 3. ¿Desean los niños. . . ? 4. ¿Asistimos él y yo. . . ? 5. ¿Tomamos Pedro y yo. . . ? **Exercise IV.** Ad lib.

Work Unit 5
Answers to Reading Exercises: ¿Conoce usted historia?
Exercise I. (A) 1. historia. 2. inteligente, aplicado 3. estudia, aprende 4. muerto 5. enfermo **Ex. I. (B)** 1. El señor. . . es presidente de los Estados Unidos. 2. Una persona que está enferma va al hospital. 3. Debo ir a la escuela para aprender. 4. No hay (Hay . . .) alumnos perezosos en la clase de español. 5. Aprendo mucho de los Estados Unidos en la clase de historia. **Exercise II.** 1. El profesor decide usar otros métodos. 2. Jaimito va a contestar primero. 3. Estoy en esta clase de historia tres años. 4. ¿Dónde vive el presidente? 5. ¿Quién es el presidente de los Estados Unidos? **Exercise III.** Ad lib.

Answers to Grammar Exercises: Simple Negative; Interrogative Words
Exercise I. 1. a. Ellos no hablan de la chica. b. ¿No hablan ellos de la chica? 2. a. Vd. no canta en la fiesta b. ¿No canta Vd. en la fiesta? 3. a. Tú no escribes mucho. b. ¿No escribes tú mucho? 4. a. Nosotros -as no vendemos periódicos b. ¿No vendemos nosotros periódicos? 5. a. Yo no vivo en la ciudad. b. ¿No vivo yo en la ciudad? **Exercise II.** 1. a. Yo no como mucho en el café. b. Los amigos no comen mucho en el café. 2. a. Yo no estudio. . . b. Luis no estudia 3. a. Nosotros -as no comprendemos. . . b. Las alumnas no comprenden. . . 4. a. Rosa y yo no asistimos. . . b. Jorge y Elisa no asisten. . . 5. a. Juan y Vd. no abren. . . b. Nosotros -as no abrimos. . . **Exercise III.** 1. a. ¿Cómo escribe Ana la lección? b. Ana escribe la lección de prisa. 2. a. ¿Cuándo toma Luis el tren? b. Luis toma el tren ahora. 3. a. ¿Cuántos alumnos leen la pregunta? b. Tres alumnos leen la pregunta. 4. a. ¿Dónde escuchan la niña y su madre al Doctor Solar? b. La niña y su madre escuchan al médico en el hospital. 5. a. ¿Qué leemos mi amigo y yo? b. Mi amigo y yo leemos la pregunta. 6. a. ¿Quién recibe la invitación? b. El chico recibe la invitación. 7. a. ¿Quiénes preguntan mucho? b. Las chicas preguntan mucho. 8. ¿A quién escribimos Marta y yo? b. Marta y yo escribimos al padre. 9. a. ¿Por qué aprende la alumna muchas cosas? b. La alumna aprende muchas cosas porque escucha bien. 10. a. ¿Para qué compra Luis fruta? b. Luis compra fruta para la fiesta de Ana. **Exercise IV. (A)** 1. ¿Cómo preparas tú la lección? 2. . . .prepara Vd. . . 3. . . .preparan ellos. . . 4. . . .preparamos nosotros. . . **Ex. IV. (B)** 1. ¿Qué canto yo? 2. . . .cantan Vds.? 3. . . .cantamos Juan y yo? **Ex. IV. (C)** 1. ¿Dónde bebe el animal? 2. . . .bebemos nosotros? 3. . . .bebes tú? 4. bebe Vd.? **Ex. IV. (D)** 1. ¿Cuántas papas fritas come Ana? 2. . . .comen ellos? 3. . . .comemos tú y yo? **Ex. IV. (E)** 1. ¿A quién escribe Pepe? 2. . . .escribimos Vd. y yo? 3. . . .escriben las niñas? 4. . . .escribe Vd.? **Ex. IV. (F)** 1. ¿No vivimos nosotros en Los Ángeles? 2. ¿Quién no vive. . . 3. ¿Quiénes no viven. . . **Ex. IV. (G)** 1. ¿Cuándo toma ella el tren? 2. . . .toma su familia. . . 3. . . .tomamos nosotras. . . **Ex. IV. (H)** 1. ¿Para qué aprendemos nosotros el español? 2. . . .aprendo yo. . . 3. . . .aprenden él y ella. . . **Ex. IV. (I)** 1. ¿Por qué partimos Vd. y yo? 2. . . .partes tú? 3. . . .parten Vds.? **Exercise V. (A)** 1. a. Él no anda a la escuela. b. Nosotros no andamos a la clase. c. ¿Quién no anda a la clase? 2. a. ¿Cuándo corro yo a casa? b. Juanito, ¿cuándo corres a casa? c. ¿Cuándo corre bien el señor Torres? 3. a. ¿A quién escribe ella? b. ¿A quiénes escribimos nosotros -as? c. ¿A quiénes escriben ellos -as? **Ex. V. (B)** 1. a. Aquí no compran periódicos. b. Aquí no leemos periódicos. c. Aquí no recibes periódicos. 2. a. ¿Cómo contestas tú, Juan? b. ¿Cómo comprende María? c. ¿Cómo partimos? 3. a. ¿Dónde escuchamos? b. ¿Dónde aprendes tú, Ana? c. ¿Dónde asisten ellos? 4. a. ¿Por qué abre Vd. la ventana? b. ¿Por qué cubrimos la ventana? 5. a. ¿Cuánto dinero deseamos? b. ¿Cuánta fruta vendemos? c. ¿Cuántos libros necesitan? 6. a. ¿Quién no vive en casa? b. ¿Quién(es) no trabaja(n) en casa? c. ¿Quién(es) no responde(n) en casa? 7. a. ¿Qué no pregunto yo? b. ¿Qué no escribimos nosotros? c. ¿Qué no practica ella? **Exercise VI.** Ad lib.

Work Unit 6:
Answers to Reading Exercises: El trabajo de la mujer es fácil
Exercise I. 1. Alicia no va de compras hoy porque está enferma. 2. Alicia necesita unas cosas de la tienda de comestibles. 3. Antonio va a la tienda de comestibles. 4. Antonio compra una docena de huevos, una botella de leche, un pan, una libra de mantequilla, queso, jugo de naranja y unas manzanas. 5. Todo eso es doce dólares, cincuenta centavos. 6. Es inteligente porque compra todo sin lista. **Exercise II.** 1. docena 2. huevos 3. queso 4. dólares 5. centavos 6. jugo 7. leche 8. fruta 9. pan 10. tres 11. libra 12. ¿cuánto? 13. cosas 14. sale 15. sé **Exercise III.** 1. c, f 2. a 3. d, e 4. b. **Exercise IV.** Ad lib.

Answers to Grammar Exercises: The Indefinite Articles: *Un, Una, Unos, Unas*

Exercise I. 1. Un diccionario interesante. 2. Una revista. . . 2. Un profesor. . . 4. Un periódico. . . 5. Una ciudad. . . 6. Una lección. . . 7. Una pensión. . . 8. Un programa. . . 9. Un día. . . 10. Una canción. . . **Exercise II.** 1. No, solamente un cuaderno. . . 2. . . .una palabra. 3. . . .una frase. 4. . . .un lápiz. 5. . . .un idioma. **Exercise III.** 1. No. Solamente unos periódicos. 2. . . .unas revistas. 3. . . .unas lecciones. 4. . . .unos programas. 5. . . .unas ciudades. **Exercise IV.** 1. una 2. unos 3. una 4. un 5. unas. **Exercise V.** 1. una 2. unas 3. unos 4. un 5. unas. **Exercise VI.** 1. un 2. una 3. un 4. un 5. unos 6. la 7. una 8. el 9. un 10. una 11. la 12. la 13. unas 14. los 15. las. **Exercise VII.** Ad lib.

Work Unit 7:
Answers to Reading Exercises: Vamos a un país tropical

Exercise I. (A) 1. Marta desea descansar en una playa bonita. 2. Miguel prefiere pasar las vacaciones donde no hace calor. 3. Quieren nadar y tomar el sol en Chile en junio. 4. Es el invierno en Chile en junio. 5. Es posible esquiar en junio en Chile, cuando hace calor aquí. **Ex. I. (B)** 1. Hoy hace. . . 2. Quiero ir a. . . 3. Hace sol y calor en. . 4. Todo el mundo va a la playa. 5. Hace mucho frío en diciembre, enero y febrero. **Exercise II.** 1. primavera 2. mes 3. amor 4. mayo 5. invierno 6. sol **Exercise III.** 3, 5, 1, 4, 2 **Exercise IV.** Compositions are Ad Lib.

Answers to Grammar Exercises: Cardinal Numbers 1–31; Times: Days, Months; Seasons

Exercise I. 1. nueve 2. veinte y tres (veintitrés). 3. diez 4. doce 5. veinte y uno (veintiuno) 6. treinta 7. diez y seis (dieciséis) 8. ocho 9. quince 10. veinte y siete (veintisiete) 11. diez y siete (diecisiete) 12. catorce 13. seis 14. cuatro 15. treinta. **Exercise II.** 1. No es lunes, es martes. 2. . . . sábado, . . .domingo. 3. . . .miércoles, . . .jueves. 4. . . .jueves, . . .viernes. 5. . . .viernes, . . .sábado. **Exercise III.** 1. abril 2. mayo 3. junio 4. agosto 5. septiembre 6. octubre 7. diciembre 8. enero 9. diciembre 10. primero **Exercise IV.** 1. Es la. . . (1:15) 2. Son las. . . (2:30). 3. Son las. . . (12:15). 4. Es la. . . (12:35). 5. Son las. . . (10:45). **Exercise V.** 1. . . .tres y media de la tarde. 2. . . .una menos cuarto (quince) de la mañana. 3. . . .cuatro menos veinte de la tarde. 4. . . .hora es? 5. . . .a la una y cuarto (quince). **Exercise VI.** 1. Sí, estudiamos a las cinco de la tarde. 2. Sí, tomamos el almuerzo a la una de la tarde. 3. Sí, dormimos a las once menos veinte de la noche. 4. Sí, toman el desayuno a las nueve y media de la mañana. 5. Sí, estudian a la una menos cuarto de la tarde. **Exercise VII.** 1. a. Hoy no es miércoles el treinta y uno de diciembre. b. Hoy es jueves el primero de enero. 2. a. No es todavía la primavera en el mes de junio. b. Tenemos . . . el verano en el mes de julio. 3. a. No son las doce del mediodía. b. Es la una de la tarde. 4. a. No llegamos el miércoles el treinta de septiembre. b. Llegamos el jueves el primero de octubre. 5 a. No celebramos el día de la Navidad el veinte y cuatro de noviembre. b. Celebramos . . . el veinte y cinco de diciembre. **Exercise VIII.** 1. . . .lunes, martes, miércoles, jueves y viernes. 2. El sábado. . . 3. El domingo. . . 4. . . .siete. . . 5. . . .treinta y un. . . 6. . . .veinte y cuatro. . . 7. . . .a las ocho y media de la mañana. 8. . . .veinte y una. . . 9. a las tres y veinte y cinco de la tarde. 10. . . .a las once menos veinte de la noche. **Exercise IX.** Ad lib. **Exercise X.** 1. a. El hombre usa (la) gorra, (la) chaqueta, (los) pantalones y (la) bufanda. b. La mujer usa (el) sombrero, (el) abrigo, (las) botas y (los) guantes. c. Yo uso chaqueta, sombrero, guantes y bufanda. Ad lib. 2. a. La chica usa la blusa, la falda, los calcetines y los zapatos. b. El chico usa el traje de correr y los zapatos de correr. c. Yo uso (los) pantalones, (los) calcetines y (los) zapatos. Ad lib. 3. a. Las chicas usan la trusa o el traje de baño, las gafas y el sombrero. b. El salvavidas usa el pantalón corto, la camiseta y las sandalias. c. Yo uso la trusa en la piscina, las sandalias y las gafas. Ad lib. 4. a. El hombre usa el traje, la camisa, la corbata, el paraguas. b. La mujer usa el impermeable, los chanclos y las medias. c. Yo uso (el) impermeable y el paraguas. Ad lib.

Work Unit 8:
Answers to Reading Exercises: Así es la vida

Exercise I. (A) 1. . . . sale 2. ve . . . cita 3. cae . . . pone 4. cine . . . fin . . . semana 5. equipo . . . fútbol **Ex. I. (B)** Este sábado voy. . . 2. (No) Estoy ocupado(a). 3. Dan. . . 4. Voy . . . después de la clase de español. 5. Cuando tengo unos momentos libres. . . **Exercise II.** 1. Perdone, señori-

* also: **malo, -a**

ta, ¿es éste su libro? 2. Voy a mi clase de álgebra. 3. Ve a Josefina delante de él. 4. Este sábado dan una película buena. **Exercise III.** 1. Paco invita a Josefina al cine. 2. Josefina no tiene tiempo libre 3. Alejandro invita a Josefina a ver una película. 4. Josefina no está ocupada y sale. 5. Alejandro es el capitán del equipo de fútbol. **Exercise IV.** 1. b, c 2. a 3. f 4. d, e. **Exercise V.** Ad lib.

Answers to Grammar Exercises: Irregular Verbs of the Present Indicative Tense

Exercise I. 1. Yo veo la tarea. 2. Yo traigo. . . 3. Yo tengo. . . 4. Yo hago. . . 5. Yo digo. . . 6. Yo sé. . . **Exercise II.** 1. —Yo salgo ahora. 2. Yo conozco. . . 3. Yo vengo. . . 4. Yo le traigo. . . 5. Yo caigo. . . 6. Yo hago. . . 7. Yo pongo. . . 8. Yo voy. . . 9. Yo oigo. . . 10. Yo le doy. . . **Exercise III. (A)** 1. Tú vienes a papá, le dices hola, y le das un beso. 2. Él viene . . . dice . . . da . . . 3. Ellos vienen . . . dicen . . . dan . . . 4. Nosotros venimos . . . decimos . . . damos . . . 5. Vd. viene . . . dice . . . da . . . 6. Yo vengo . . . digo . . . doy . . . **Ex. III. (B)** 1. Tú vas a casa y oyes la canción que tienes que aprender. 2. El chico va . . . oye . . . tiene . . . 3. Las chicas van . . . oyen . . . tienen . . . 4. Tú y yo vamos . . . oímos . . . tenemos . . . 5. Vds. van . . . oyen . . . tienen . . . 6. Yo voy . . . oigo . . . tengo . . . **Exercise IV.** 1. a. Sí, voy a la escuela. b. Ellos también van a la escuela. 2. a. Sí, oyen . . . b. Yo . . . oigo . . . c. Vds. . . . oyen . . . (Nosotros oímos . . .) 3. a. Sí, digo . . . b. Nosotros . . . decimos . . . c. Luisa . . . dice . . . 4. a. Sí, viene . . . b. Yo . . . vengo . . . c. Nosotros . . . venimos . . . (Vds. vienen) 5. a. Sí, Vds. tienen . . . (nosotros tenemos) b. Yo . . . tengo c. Ellos . . . tienen . . . 6. a. Sí, veo . . . b. Ellos . . . ven 7. a. Sí, doy . . . b. Vd. . . . da . . . (tú das . . .) 8. a. Sí, Juan . . . trae . . . b. Yo . . . traigo . . . 9. a. Sí, conozco . . . b. Juan y yo . . . conocemos . . . 10. a. Sí, sé . . . b. Ellas . . . saben . . . 11. a. Sí, salgo . . . b. Salimos . . . (Vds. salen . . .) 12. a. Sí, pongo . . . Tú y yo . . . ponemos . . . 13. a. Sí, hago . . . b. Lola y yo hacemos . . . **Exercise V.** 1. (Yo) salgo de la casa ahora. 2. (Yo) traigo . . . 3. (Yo) vengo . . . 4. (Yo) veo . . . 5. (Yo) pongo . . . 6. (Yo) doy . . . 7. (Yo) hago . . . 8. (Yo) digo . . . 9. (Yo) sé . . . 10. (Yo) tengo . . . 11. (Yo) conozco . . . 12. (Yo) oigo . . . 13. (Yo) voy . . . 14. (Yo)(me) caigo . . . 15. (Yo) digo . . . **Exercise VI.** Ad lib.

Work Unit 9:
Answers to Reading Exercises: Una excursión por la ciudad

Exercise I. (A) 1. Diego y Hortensia visitan a los Estados Unidos. 2. El primer autobús sale a las doce en punto. 3. Tienen veinte pisos. 4. En el parque es posible mirar los animales, sacar fotos o tomar un helado. 5. Ella tiene billetes para todos los cabarets. **Ex. I. (B)** 1. Hay hoteles, museos y grandes almacenes. 2. El subterráneo corre debajo de la tierra. 3. Hay muchos rascacielos en el barrio comercial. 4. Es bueno tomar un autobús turístico. 5. Es bueno descansar en un hotel o en casa. **Exercise II.** 1. Bienvenidos a esta excursión. 2. Vds. ven los edificios de la universidad a la izquierda. 3. A la derecha . . . la Biblioteca Central. 4. Esta es una ciudad famosa por sus rascacielos. 5. Es posible caminar y tomar un helado. **Exercise III.** 1. c 2. e 3. d 4. a 5. b **Exercise IV.** Compositions are Ad lib.

Answers to Grammar Exercises: Uses of the Preposition *a*

Exercise I. 1. —Sí, camino al centro. 2. . . . viajo al campo. 3. . . .corro a la tienda. 4. . . . hablo a la chica. 5. . . .corro a los museos. 6. . . .camino a los parques. 7. . . .regreso a las clases. 8. . . . hablo a María. 9. . . . viajo a España. 10. . . .regreso al amigo pronto. **Exercise II.** 1. Corro a la oficina. 2. . . .al subterráneo 3. . . .a las escuelas. 4. . . .a los parques. 5. . . .a la casa. 6. . . . a la biblioteca. 7. . . .al centro. 8. . . .al autobús 9. . . .al museo. 10. . . .a Pedro **Exercise III.** 1. Escucho el español con atención. 2. . . .al padre . . . 3. . . .los casetes. 4. . . .a las amigas. . . 5. . . .los discos. . . 6. . . .a Luis. . . 7. . . .a los profesores. . . 8. . . .la radio. . . 9. a la madre . . . 10. . . .a Ana. . . **Exercise IV.** 1. a. Necesito el lápiz. b. Necesito al amigo. 2. a. Visito los países. b. . . . a los primos. 3. a. Escucho la radio. b. . . .a la madre. 4. a. Prefiero las melodías. b. . . .a las niñas. 5. a. Miro el programa. b. . . .al chico. **Exercise V.** 1. Tienen un profesor. 2. Comprendo el libro. 3. Escucho a las profesoras. 4. Miras el cuadro. 5. Miran la ciudad. **Exercise VI.** 1. a la 2. el . . . la 3. — . . . al 4. — 5. a . . . a la 6. — . . . a . . . a 7. a los 8. al 9. al 10. — **Exercise VII.** 1. A las nueve miramos el reloj. 2. Vamos a la clase y escuchamos al profesor. 3. Tenemos un amigo allí y hablamos a Luis. 4. Escuchamos las respuestas y copiamos las palabras. 5. Estudiamos las lecciones y comprendemos a los profesores. **Exercise VIII.** Ad lib.

Work Unit 10:
Answers to Reading Exercises: ¿De quién es este hueso?
Exercise I. (A) 1. regalos 2. etiquetas 3. un día 4. cambiar 5 un hueso **Ex. I. (B)** 1. Uso "Feliz Navidad". 2. Un buen regalo para un abuelo es una navaja o. . . 3. Es para Rosalía. 4. Un buen regalo es una falda. 5. No quiero recibir un hueso. Quiero . . . **Exercise II.** *Horizontales*: 1. Navidad 6. al 7. va 9. nene 12. el 14. Yo 15. sorpresas 16. viejo 17. hay. *Verticales*: 1. navajas 2. ve 3. dar 4. al 5. abuelos 7. lee 10. perro 11. ir 13. le 14. ya **Exercise III.** 1. d 2. c 3. a 4. b 5. e **Exercise IV.** Ad lib. **Exercise V.** 1. d, f 2. e 3. a, c 4. b.

Answers to Grammar Exercises: Uses of the Preposition *de*
Exercise I. 1. Los lápices son del chico. 2. . . .de la abuela 3. . . .del abuelo 4. . . .de Juan. 5. . . .de mi padre. 6. . . .de los hermanos. 7. . . .de María y de Pedro. 8. . . .de sus amigos. 9. . . .de las primas. 10 . . .del hermano y de la hermana **Exercise II.** 1. Las casas son del profesor. 2. Ella es la madre de la muchacha. 3. Somos los profesores del chico. 4. Es el padre de la alumna. 5. Es la clase del alumno de español. **Exercise III.** 1. Es el libro de la prima 2. Son las flores de los muchachos. 3. Son los cuadernos del chico. 4. Es . . . de mis padres. 5. Es . . . del primo. 6. Son . . . de Juan y de Luisa. 7. Son . . . del hombre. 8. Es . . . de las hermanas. 9. Es . . . de los chicos. 10 Son . . . del muchacho. **Exercise IV.** 1. Soy de los Estados Unidos. 2. Estoy en la clase de historia. 3. Mi casa es de piedra y de madera. 4. Las cortinas son de algodón y de nilón. 5. Mi abuelo es del otro país. 6. Mi reloj es de plata y de oro. 7. Mi hermanito habla del parque. 8. Mi hermanita va a la clase de inglés. 9. Mi blusa y mi falda son de lana y de seda. 10. La profesora de español enseña aquí. **Exercise V.** 1. De 2. de 3. del 4. de la 5. de 6. del 7. de los 8. de las 9. de 10. de 11. De 12. de 13. de 14. de 15. de 16. De 17. de 18. del 19. de 20 de los. **Exercise VI.** 1. el coche de su (tu) padre? 2. la casa de la chica. 3. mi clase de historia. 4. ¿De qué es su blusa? 5. de algodón y de seda. 6. ¿De quién es la revista? 7. la revista del chico. 8. las revistas de Roberto. 9. el cuaderno de los niños. 10 mi profesora de español. **Exercise VII.** Ad lib.

Work Unit 11:
Answers to Reading Exercises: ¿Quién soy yo?
Exercise I. 1. Virgilio no presta atención a la profesora. 2. Leo un libro de adivinanzas. 3. La ventana deja entrar aire en la clase. Es de vidrio. 4. Uso una tiza para escribir en la pizarra. Uso una pluma y un lápiz para escribir en el cuaderno. 5. Una puerta es útil para entrar y salir. Generalmente es de madera. **Exercise II.** 1. alumno. 2. diente. 3. inteligente 4. ventana 5. información 6. negro 7. atención 8. norteamericano 9. pizarra 10. abrir **Exercise III.** Compositions are Ad lib.

Answers to Grammar Exercises: *Ser* to be
Exercise I. 1. La chica es de los Estados Unidos. 2. Yo soy. . . 3. Tú eres. . . 4. Vd. es. . . 5. Ella es. . . 6. Roberto es. . . 7. Nosotros somos. . . 8. Tú y yo somos. . . 9. Vds. son. . . 10. Eduardo y Pablo son. . . **Exercise II.** 1. Yo soy americano -a. 2. Vd. es actor. 3. Tú eres mecánico. 4. La mujer es maestra. 5. El es cubano. **Exercise III.** 1. Yo soy bonito -a. 2. Vd. es actor. 3. Tú eres un chico aplicado. 4. ¿Es el reloj. . .? 5. Él no es. . . **Exercise IV.** 1. Ellas son cubanas. 2. ¿Son las dos? 3. ¿Son sábado y domingo los días? 4. Juan y yo no somos. . . 5. Vd. y Luis son mis primos. **Exercise V.** 1. a. Soy de los Estados Unidos. b. El chico es de los Estados Unidos también. 2. a Somos americanos. b. Ellos son. . . 3. a. Tú y yo somos personas. b. Los hermanos son. . . 4. a. Yo soy alumno -a b. La chica es alumna . . . 5. a. Vd. y el Sr. Delibes son maestros. b. La señora es maestra. **Exercise VI.** 1. Hoy no es domingo. 2. Los días son largos. 3. Juan y María son inteligentes. 4. ¿Soy yo inteligente? 5. ¿Por qué no somos (nosotros) aplicados? 6. La chica es de los Estados Unidos. 7. Vd. es mi amigo. 8. Vds. son generosos. 9. ¿De qué color son los libros? 10. No e la una. 11. ¿Quién eres tú? 12. Ellos son franceses. 13. ¿De quién son las casas? 14. ¿No somos altos tú y yo? 15. ¿De qué es su sombrero? **Exercise VII.** 1. —Soy alumno -a. 2. —Sí, soy norteamericano -a. 3. —Mis ojos son negros. 4. —Soy inteligente y hermoso -a. 5. —Mis padres son de los Estados Unidos. 6. —Mi padre es capitán. 7. —Mi casa es azul. 8. —Somos alumnos del Sr. López. 9. —Mi mesa y mi silla son de madera. 10. —Deseo ser profesor -a. **Exercise VIII.** Ad lib.

Work Unit 12:
Answers to Reading Exercises: Una enfermedad imaginaria
Exercise I. (A) 1. No sale porque dice que está enfermo. 2. Ella está muy preocupada. 3. El muchacho está sentado en la cama. 4. Tiene dolor de cabeza y garganta. 5. No hay examen de matemáticas mañana. **Ex. I. (B)** 1. Mi madre está preocupada por mi salud. 2. Guardo cama cuando estoy enfermo. 3. Digo—Aaaaah. 4. Sufro en la clase de. . . 5. Cuando tengo hambre, (Yo) tomo una fruta, etc. **Exercise II.** 1. Su madre está triste y preocupada. 2. Estoy mejor; tengo hambre; quiero comer. 3. Ay cómo sufre mi pobre hijo. 4 En ese momento suena el teléfono. **Exercise III.** 1. a,e 2. b 3. c 4. d, f. **Exercise IV.** Ad lib.

Answers to Grammar Exercises: *Estar* to be; contrasting uses of *Estar* and *Ser*
Exercise I. 1. (Yo) estoy muy bien hoy. 2. María está. . . 3. El chico está. . . 4. Tú estás. . . 5. Vd. está. . . 6. Nosotros estamos. . . 7. Los chicos están. . . 8. Ellas están. . . 9. Juan y Pedro están. . . 10. Tú y yo estamos. . . **Exercise II.** 1. La puerta está abierta. 2. El profesor está triste. 3. Felipe y Pedro están contentos hoy. 4. Elisa y su prima están sentadas. 5. Tú y yo no estamos ausentes. **Exercise III.** 1. —No estoy en la luna. Estoy en la tierra. 2. —No estoy triste cuando recibo dinero. Estoy alegre. 3. —Mis amigos y yo no estamos presentes en la clase los sábados. Mis amigos y yo estamos ausentes. 4. —Los alumnos no están de pie cuando escriben en sus cuadernos. Los alumnos están sentados. 5. — Las escuelas no están abiertas los domingos. Las escuelas están cerradas. 6. —Los profesores no están sentados todo el día. Los profesores están ocupados. 7. —La gente en el hospital no está bien. La gente en el hospital está enferma. 8. —La gente allí no está descansada al fin del día. —La gente está cansada al fin del día. 9. — No estoy contento -a en el hospital. Estoy triste en el hospital. 10. —No deseo estar en el hospital. Deseo estar en casa. **Exercise IV.** 1. Estoy bien. 2. Estoy sentado -a porque escribo. 3. Vd. está (Tú estás) en la calle ahora. 4. Las tiendas están abiertas los sábados. 5. Sí, los amigos y yo (nosotros) estamos alegres los sábados. **Exercise V.** 1. Los niños están sentados. 2. Mi madre es mexicana. 3. Nosotros somos inteligentes. 4. Yo soy médico. 5. Ahora son las tres. 6. Las mesas son de madera. 7. Hoy es el primero de junio. 8. La casa es de mi abuela. 9. Tú y yo estamos en San Francisco. 10. Tú eres de Chicago. 11. La escuela está abierta. 12. Yo estoy aquí. 13. ¿Estás tú cansada? 14. Juana está enferma (mal, mala). 15. Los alumnos están ausentes. **Exercise VI.** Ad lib.

Work Unit 13:
Answers to Reading Exercises: El consultorio sentimental
Exercise I. 1. La chica española es alta y delgada, interesante y simpática, con pelo negro y ojos verdes. 2. El "querido desesperado" es bajito y gordo, pero generoso, con pelo como un mono. 3. Va a llevar un sombrero alto para parecer más alto y para cubrir su pelo. 4. Va a estar tan flaco como la chica. 5. Es. . . **Exercise II.** 1. querido 2. flaco 3. alto 4. gordo 5. ojos 6. además 7. pelo 8. mono 9. barbería 10. comer 11. todo 12. un 13. sus 14. dice 15. si **Exercise III.** 1. Un muchacho está enamorado de una chica española. 2. La chica tiene el pelo negro y los ojos verdes. 3. Ella dice que no quiere salir con él. 4. El muchacho no desea ir a la barbería. 5. No tiene apetito y no quiere comer. **Exercise IV.** Compositions are Ad lib.

Answers to Grammar Exercises: Descriptive Adjectives and Limiting Adjectives
Exercise I. 1. Juana es una chica alta y elegante. 2. . . .inglesa y rubia. 3. . . .española y morena. 4. . . .sincera y agradable. 5. . . .alemana y práctica. **Exercise II.** 1. Los niños son alumnos aplicados. 2. Los primos son chicos ingleses. 3. Las ciencias son estudios fáciles. 4. Las cosas son tizas azules. 5. Las abuelas son señoras españolas. 6. Las madres son mujeres inteligentes. 7. Las tías son personas liberales. 8. Los señores con profesores alemanes. 9. Las muchachas son chicas francesas. 10. Los tíos son hombres españoles. **Exercise III.** 1. Es un hombre inteligente. 2. Es una mujer triste. 3. Es un maestro español. 4. Es un cine alemán. 5. Es un periódico francés. **Exercise IV.** 1. a. Muchas contestan bien. b. Muchas alumnas contestan bien. c. Muchas alumnas lindas contestan bien. d. Muchas alumnas lindas y amables contestan bien. 2. a. Los muchachos hablan hoy. b. Todos los muchachos hablan hoy. c. Todos los muchachos españoles hablan hoy. d. Todos los muchachos españoles hablan inglés hoy. e. Todos los muchachos españoles hablan poco inglés hoy. 3. a. Mi amiga lee aquí. b. Mi amiga lee revistas

aquí. c. Mi amiga lee varias revistas aquí. d. Mi amiga lee varias revistas interesantes aquí. e. Mi amiga lee varias revistas interesantes y cómicas aquí. 4. a. El muchacho escribe ahora. b. El mismo muchacho escribe ahora. c. El mismo muchacho bueno escribe ahora. d. El mismo muchacho bueno y aplicado escribe ahora. e. El mismo muchacho bueno y aplicado escribe ruso ahora. f. El mismo muchacho bueno y aplicado escribe bastante ruso ahora. **Exercise V.** 1. Todos los chicos españoles trabajan mucho. Todas las chicas españolas trabajan mucho también. 2. Ellas compran sombreros bonitos y baratos. Ellas compran también muchas faldas bonitas y baratas. 3. La familia tiene otro coche nuevo y lindo. La familia tiene también otra casa nueva y linda. 4. Los chicos ven bastantes ciudades grandes y hermosas. Los chicos ven también varios países grandes y hermosos. 5. Muchos señores ingleses visitan varias ciudades interesantes. Muchos señores ingleses visitan también unas pocas aldeas españolas. **Exercise VI.** Ad lib.

Work Unit 14:
Answers to Reading Exercises: El hombre más viejo del mundo
Exercise I. (A) 1. entrevista 2. cuatro mil años 3. come . . . duerme . . . mira 4. pelo largo 5. las comidas congeladas TV **Ex. I. (B)** 1. La persona más famosa es. . . 2. Hoy tenemos la televisión, la luz eléctrica, etc. 3. Mi comida favorita es el bistec con papas fritas etc. 4. Tengo . . . años. 5. Tengo una cita con mi amigo . . . **Exercise II.** 1. c 2. e 3. a 4. d 5. b **Exercise III.** 1. f 2. a 3. c, d 4. b, e. **Exercise IV.** Ad lib.

Answers to Grammar Exercises: Cardinal Numbers: 31–100
Exercise I. 1. Es setecientos. 2. Es quinientos. 3. Es novecientos. 4. Es sesenta y siete. 5. Es ciento cincuenta. 6. Es mil quinientos. 7. Es novecientos ocho. 8. Es trescientos treinta. 9. Es ciento quince. 10. Es quinientos cinco. **Exercise II.** 1. Treinta y diez son cuarenta. 2. Ochenta menos veinte son sesenta. 3. Ciento por dos son doscientos. 4. Mil dividido por dos son quinientos. 5. Treinta y cinco y treinta y seis son setenta y uno. 6. Trescientos menos ciento cincuenta son ciento cincuenta. 7. Seiscientos dividido por tres son doscientos. 8. Cuatrocientos cuarenta y cuatro menos cuarenta son cuatrocientos cuatro. 9. Setecientos menos doscientos son quinientos. 10. Setecientos y doscientos son novecientos. **Exercise III.** 1. Cuarenta y un. . . 2. Cincuenta y una. . . 3. Ciento una. . . 4. Cien. . . 5. Ciento quince. . . 6. Seiscientas noventa y una. . . 7. Doscientas. . . 8. Doscientos sesenta y un. . . 9. Trescientos setenta y un. . . 10. Cuatrocientas ochenta y una. . . **Exercise IV.** 1. Cuentan quinientas cincuenta y cinco personas. 2. . . .setecientas setenta y siete. . . 3. . . .novecientas noventa y una. . . 4. . . .mil 5. . . .mil setecientas diez y siete. . . **Exercise V.** 1. Hoy es el primero de marzo de mil novecientos noventa y nueve. 2. . . .el treinta y uno de enero de mil ochocientos ocho. 3. Mañana es el once de agosto de mil seiscientos sesenta y seis. 4. Estamos a quince de octubre de mil quinientos cincuenta y cinco. 5. . . . catorce de diciembre de mil setecientos setenta y siete. **Exercise VI.** 1. catorce 2. el treinta y uno de mayo 3. ciento quince 4. mil ciento setenta y uno (once setenta y uno) 5. cuarenta 6. cincuenta 7. novecientos noventa y nueve 8. cien 9. una 10. mil novecientos. . . **Exercise VII.** Ad lib.

Work Unit 15:
Answers to Reading Exercises: Queridos mamá y papá
Exercise I. 1. No tiene nada que hacer. 2. Va a un campamento de verano. 3. Escribe una carta a sus padres todos los días. 4. Quiere volver a casa. **Exercise II.** 1. Van a pasar las vacaciones lejos de la ciudad. 2. Vamos a hacer cosas nuevas todos los días. 3. Siempre come de día y de noche. 4. Todo el mundo grita y tira cosas. **Exercise III.** Querido Federico, Vamos al lago esta noche. Podemos ir a la isla con uno de los botes. Si el consejero sabe, va a estar muy enojado.

Tu amigo,
Inocencio

Exercise IV. Compositions are Ad lib.

Answers to Grammar Exercises: Ordinal Numbers, Shortening of Adjectives *bueno* **and** *malo*
      Exercise I. 1. Veo el buen sombrero. 2. Ahí va la buena alumna. 3. Paso el primer día aquí. 4. Leo durante la primera hora. 5. Tiene el mal pensamiento. 6. Cuenta la mala cosa. 7. Ocupan el tercer asiento. 8. . . .la tercera línea. **Exercise II.** 1. Es un buen chico. 2. No hace malas cosas. 3. No tiene un mal pensamiento. 4. Siempre tiene una buena idea. 5. No comete malos errores. **Exercise III.** 1. Soy el número uno. Gano el primer premio. 2. . . .número tres. . . .tercer premio. 3. . . .número cuatro. . . .cuarto premio. 4. . . .número cinco. . . .quinto premio. 5. . . . número siete. . . .séptimo premio. **Exercise IV.** 1. No. Es la décima canción. 2. No. Es el sexto piso. 3. No. Es la octava avenida. 4. No. Es el tercer alumno. 5. No. Es la quinta casa. **Exercise V.** 1. Sí, ya es su cuarta visita. 2. . . .segunda blusa. 3. . . .séptima pregunta. 4. . . .tercera falta. 5. . . .primera hamburguesa. **Exercise VI.** 1. Deseo el primer dólar. 2. Quiero ver un buen drama. 3. Deseo un buen examen fácil. 4. Es más fácil la tercera hora. 5. Escribo la quinta frase. **Exercise VII.** 1. sépitma 2. sexta 3. buen 4. malas 5. primeros 6. buenas 7. tercer 8. primer 9. buenos 10. segunda. **Exercise VIII.** Ad lib.

Work Unit 16:
Answers to Reading Exercises: Si está perdido, ¡llame a un policía!
Exercise 1. (A) 1. las ocho . . . jefe 2. sentado . . . coche 3. derecho . . . cuadras 4. tren . . . esquina . . . norte 5. reunión . . . ciudad **Ex. I. (B)** 1. Llamo a un policía. 2. Hay . . . cuadras entre la escuela y mi casa. 3. Una avenida es más grande (large, importante.) 4. Hay una tienda de comestibles, un edificio alto, etc. 5. El alumno a mi izquierda es. . . **Exercise II.** 1. Tiene una cita con su jefe. 2. En ese momento pasa un policía. 3. Si estás (está) perdido, llama (llame) a un policía. 4. Puede tomar el tren en la esquina. 5. ¡Pregunte a ese hombre que vende periódicos! **Exercise III.** Compositions are Ad lib. **Exercise IV.** 1. a, e 2. c, g 3. f, h 4. b 5. d

Answers to Grammar Exercises: Formation and Use of the Direct Commands
      Exercise I. (A) 1. ¡Coma Vd. bien! 2. ¡Camine Vd. mucho! 3. ¡Tenga Vd. paciencia! 4. ¡Duerma Vd. mucho! 5. ¡Esté Vd. bien! **Ex. I. (B)** 1. ¡Tomen Vds. asiento! 2. ¡No fumen Vds.! 3. ¡Hagan Vds. ejercicios! 4. ¡Vayan Vds. al gimnasio! 5. ¡No sean Vds. perezosos! **Ex. I (C)** 1. ¡Corramos . . . ! 2. ¡No bebamos . . . ! 3. ¡Vivamos . . . ! 4. ¡Vamos . . . ! 5. ¡Demos . . . ! **Exercise II. (A)** 1. —Sí, ¡cante Vd. ahora! 2. —Sí, ¡responda Vd. ahora! 3. —Sí, ¡escriba Vd. ahora! 4. —Sí, ¡compre Vd. ahora! 5. —Sí, ¡lea Vd. ahora! **Ex. II. (B)** 1. —Sí, ¡hablen Vds. ahora! 2. —Sí, ¡aprendan Vds. ahora! 3. —Sí, ¡coman Vds. ahora! 4. —Sí, ¡anden Vds. ahora! 5. —Sí, ¡corran Vds. ahora! **Ex. II. (C)** 1. —¡Estudiemos ahora mismo! 2. —¡Bebamos . . . ! 3. —¡Asistamos . . . ! 4. —¡Entremos . . . ! 5. —¡Leamos . . . ! **Exercise III. (A)** 1. —Bueno, ¡venga Vd. tarde! 2. . . . oiga Vd. . . . 3. . . .conozca Vd. . . . 4. . . . haga Vd. . . . 5. . . .ponga Vd. . . . 6. . . . sea Vd. 7. . . . dé Vd. . . . **Ex. III. (B)** 1. —Bueno, ¡sepan Vds. la verdad! 2. . . .digan Vds. . . . 3. traigan Vds. . . . 4. estén Vds. . . . 5. . . .tengan Vds. . . . 6. . . .vean Vds. . . . 7. . . .salgan Vds. . . . 8. . . . oigan Vds. . . . **Exercise IV.** 1. Estudie Vd. 2. Haga Vd. 3. Asista Vd. 4. Sea Vd. 5. Traiga Vd. 6. Sepa Vd. 7. Venga Vd. 8. Vaya Vd. 9. Conozca Vd. 10. Dé Vd. **Exercise V.** Ad lib.

Work Unit 17:
Answers to Reading Exercises: Su hija es una alumna excelente
Exercise I. (A) 1. vez . . . hablar . . . profesores 2. primer . . . enseñanza 3. biología 4. buena nota 5. Sonia **Ex. I. (B)** 1. Voy a sacar una . . . 2. Ellos dicen que soy un alumno . . . 3. Mi padre viene . . . veces al año. 4. . . .siempre sale bien en los exámenes. 5. Debo hacer mi tarea para aprender bien. **Exercise II.** 1. enseñar. 2. nota 3. tarea 4. gracias 5. examen 6. vez 7. siempre 8. sacar 9. tantos 10. aparecer **Exercise III.** Compositions are Ad lib.

Answers to Grammar Exercises: Possessive Adjectives
      Exercise I. 1. Tengo mis cuadernos. 2. . . .sus casas. 3. . . .nuestras clases. 4. . . .mis respuestas. 5. . . .tus tíos? 6. . . .sus cuartos. 7. nuestros periódicos. 8. tus comidas. 9. sus lecciones. 10. . . .sus programas. . . **Exercise II.** 1. No. Es nuestra profesora. 2. . . .nuestro coche. 3. No. Son nuestros padres. 4. . . .nuestras amigas. 5. . . .nuestros amigos. **Exercise III.** 1. Sí. Uso tu abrigo. 2. . . .sus pantalones 3. . . .Abro mi puerta 4. . . .Deseo mis lecciones. 5. . . .

Necesito tus radios. **Exercise IV.** 1. No son los lápices de él. Son de ella. 2. . . .las camisas de él. Son de ella. 3. No es la amiga de él. Es de ella. 4. . . .el reloj de él. Es de ella. 5. No son los hermanos de él. Son de ella. **Exercise V.** 1. No es el coche de Vds. Es el coche de ellos. 2. . . . la pelota de Vds. Es la pelota de ellos. 3. No son las chaquetas de Vds. Son las chaquetas de ellos. 4. . . .los abrigos de Vds. Son los abrigos de ellos. 5. No es la familia de Vds. Es la familia de ellos. **Exercise VI.** 1. Vendo mis coches. 2. . . .nuestras cartas. 3. . . .sus lecciones. 4. . . .sus cuartos. 5. . . .tu casa. 6. . . .su examen. 7. . . .nuestro mapa. 8. . . .su respuesta. 9. . . .su casa. 10. . . .sus preguntas. **Exercise VII.** 1. mi 2. tu 3. nuestras . . . tus . . . mis 4. nuestros. **Exercise VIII.** Ad lib.

Work Unit 18:
Answers to Reading Exercises: Casa a la venta

Exercise I. (A) 1. Carlos ve un letrero delante de una casa. 2. Quiere ver la casa porque está a la venta. 3. En la cocina hay un refrigerador y una estufa. 4. Los dormitorios son grandes y claros. 5. El va a poner su casa a la venta. **Ex. I. (B)** 1. Generalmente hay un refrigerador y una estufa en una cocina. 2. Hay . . . habitaciones en mi apartamento. Son . . . 3. Hay casas modernas, trenes y autobuses. Hay muchas tiendas allí etc. 4. Pongo las palabras: Casa a la venta 5. Digo: Buenos días, ¿qué tal? **Exercise II.** 1. g 2. e 3. b 4. h 5. f 6. d 7. c 8. a **Exercise III.** 1. Casa a la venta. Pida informes adentro. 2. Toca a la puerta y espera unos momentos. 3. Buenos días, ¿en qué puedo servirle? 4. Mucho gusto en conocerle. 5. Dígame algo del vecindario. **Exercise IV.** 1. c, f 2. a, g 3. b 4. d 5. e, h **Exercise V.** Ad lib.

Answers to Grammar Exercises: Demonstrative Adjectives

Exercise I. (A) 1. Compro esta tiza. 2. Compro estas plumas 3. Compro este lápiz. 4. Compro estos papeles. 5. Compro esta pintura. **Ex. I. (B)** 1. ¿Deseas esa silla ahí? 2. ¿Deseas ese escritorio ahí? 3. ¿Deseas esos periódicos ahí? 4. ¿Deseas esos libros ahí? 5. ¿Deseas esas plumas ahí? **Ex. I. (C)** 1. Miren aquellas fotografías allí. 2. Miren aquellas pinturas allí. 3. Miren aquella obra de arte allí. 4. Miren aquel cuadro allí. 5. Miren aquella estatua allí. **Exercise II.** 1. Reciben este papel y aquel libro. 2. Esta palabra . . . esa frase 3. . . .ese profesor . . . aquel alumno. 4. . . .esa puerta . . .aquella ventana. 5. . . .este pañuelo . . . ese zapato? **Exercise III.** 1. Leemos estos periódicos y esos artículos. 2. . . .estas sillas . . . aquellas camas 3. estos sombreros . . . aquellos vestidos. 4. . . . esas clases . . . aquellos profesores. 5. . . . esos vestidos . . . aquellas faldas. **Exercise IV.** 1. ¿Este amigo? Sí, gracias. 2. ¿Esta revista? . . . 3. ¿Estos cuentos? . . . 4. ¿Estas fotos? . . . 5. ¿Este papel? . . . **Exercise V.** 1. ¿Ese postre? No, gracias. 2. ¿Esa gramática? . . . 3. ¿Esos libros? . . . 4. ¿Esas manzanas? . . . 5. ¿Esos amigos? . . . **Exercise VI.** 1. este . . . ese 2. aquel 3. estos . . . esos 4. aquellos 5. aquellas . . . aquella 6. estas . . . esta 7. esa . . . 8. esas. **Exercise VII.** Ad lib.

Work Unit 19:
Answers to Reading Exercises: ¡Qué dientes tan grandes tienes!

Exercise I. (A) 1. f 2. c 3. f 4. f 5. f 6. c **Ex. I. (B)** 1. Contesto: —Soy yo. 2. Uso una pasta dentífrica. 3. (No) hay mucha diferencia . . . 4. Un buen nombre es. . . 5. Un animal que tiene los dientes grandes es el perro, (el elefante, etc.) **Exercise II.** Personalized answers: Ad lib. **Exercise III.** 1. frutas 2. dulces 3. flor 4. huevo 5. helado.

Answers to Grammar Exercises: Common Adverbs; Exclamatory ¡Qué!

Exercise I. 1. Entro tarde hoy. 2. Termino temprano y bien. 3. Hablo poco allí. 4. Aprendo mucho ahora. 5. Contesto más después. 6. Como mal aquí. 7. Viajo lejos mañana. 8. Siempre tomo leche antes. 9. Llego más tarde. 10. Grito menos cuando la profesora está cerca. **Exercise II.** 1. Juan estudia poco. 2. . . .ahora. 3. Nunca . . . 4. menos . . . 5. . . .cerca. 6. Mañana . . . 7. . . . allí 8. después. 9. . . .tarde. 10. . . .mal. **Exercise III.** 1. ¡Qué bien . . . 2. ¡Qué mal . . . 3. ¡Qué tarde . . . 4. ¡Qué cerca . . . 5. ¡Qué lejos . . . **Exercise IV.** 1. ¡Qué tarde llega ella! 2. ¡Qué bien . . . 3. ¡Qué mal . . . 4. ¡Qué temprano . . . 5. ¡Qué lejos . . . 6. ¡Qué cerca . . . 7. ¡Qué cansada . . . 8. ¡Qué pobre . . . 9. ¡Qué ricos . . . 10. ¡Qué bonita . . . **Exercise V.** 1. ¡Qué casas! ¡Qué casas tan altas! 2. ¡Qué madre! ¡Qué madre tan buena! 3. ¡Qué niños! ¡Qué niños tan lindos! 4. ¡Qué cielo! ¡Qué cielo tan azul! 5. ¡Qué escuela! ¡Qué escuela tan grande! **Exercise VI.** 1. ¡Qué día tan interesante! 2. ¡Qué año tan importante! 3. ¡Qué muchacho tan simpático! 4. ¡Qué profesores tan amables! 5. ¡Qué clases tan buenas! **Exercise VII.** Ad lib.

Work Unit 20:
Answers to Reading Exercises: ¿Qué dice el horóscopo?
Exercise I. (A) 1. supersticiosas 2. fortuna 3. las noticias, los deportes 4. Acuario 5. gastar dinero **Ex. I. (B)** 1. Leo la sección de. . . 2. El día de mi nacimiento es. . . 3. Mi signo del zodíaco es. . . 4. Puedo ganar. . . 5. Un cartero trae las cartas. **Exercise II.** SIEMPRE ES IMPORTANTE ESTUDIAR EL ESPAÑOL **Exercise III.** 1. e 2. d 3. c, g 4. a 5. b, f. **Exercise IV.** 1. ¡No pierda el tiempo! Su oportunidad está aquí. 2. ¡Defienda sus derechos! ¡No sea tímido! 3. ¡Cambie su fortuna! Vd. tiene suerte. 4. ¡Tenga paciencia! Su signo es favorable. 5. ¡No gaste mucho dinero! 6. Ad lib. 7. Ad lib.

Answers to Grammar Exercises: Stem-Changing Verbs of *ar* and *er* Infinitives
Exercise I. (A) 1. Tú piensas ir mañana. 2. Diego piensa. . . 3. Diego y María piensan . . . 4. Tú y yo pensamos . . . 5. Vds. piensan . . . 6. Yo pienso . . . **Ex. I. (B)** 1. ¿Almuerza Vd. a las doce? 2. ¿Almorzamos. . .? 3. ¿Almuerzan. . .? 4. ¿Almuerza. . .? 5. ¿Almuerzo. . .? 6. ¿Almuerzas. . .? **Exercise II.** 1. Ellos comienzan el examen. 2. ¿Encuentras tú. . .? 3. Ana y él entienden. . . 4. Él empieza. . . 5. Vds. no vuelven a. . . 6. Ella pierde. . . 7. Vd. no lo cierra. . . 8. Yo recuerdo. . . 9. ¿No lo empiezan ellas. . .? 10. Nosotros contamos. . . **Exercise III.** 1. Vds. comienzan a las cuatro. 2. Vds. cierran los libros a las diez. 3. Vds. pueden venir temprano. 4. Vds. vuelan a Madrid. 5. Nosotros queremos viajar en coche. 6. Nosotros no entendemos la novela. 7. Nosotras encontramos comida en la cafetería. 8. Yo nunca cuento los dólares. 9. Yo pierdo dos dólares. 10. Tú vuelves a casa con nosotros. **Exercise IV.** 1. Nosotros no empezamos la comida ahora. Ella sí que empieza la comida ahora. 2. . . . no almorzamos . . . almuerza . . .3. no entendemos . . . . . .entiende . . .4. . .no comenzamos a comer . . . comienza a comer . . . 5. . . . no movemos . . . mueve . . . 6. . . no cerramos . . . . cierra . . . 7. . . . no queremos . . . . . . quiere . . . 8. no podemos comer . . . . . puede 9. no volvemos . . . . . . vuelve . . . 10. no jugamos . . . juega . . . **Exercise V.** 1. ¡No pierda Vd.! 2. ¡No perdamos! 3. ¡No piensen Vds.! 4. ¡No pensemos! 5. ¡No cuente Vd.! 6. ¡No contemos! 7. ¡No defiendan Vds.! 8. ¡No defendamos! 9. ¡No vuelva Vd.! 10. ¡No volvamos! **Exercise VI.** 1. (Yo) pienso en el trabajo. 2 (Yo) comienzo 3. (Yo) no entiendo. . . 4. (Yo) pierdo . . . 5. Yo cierro . . . 6. Yo quiero . . . 7. Yo almuerzo. . . 8. Yo recuerdo. . . 9. Yo vuelvo . . . 10. Yo muestro . . . **Exercise VII.** Ad lib.

Work Unit 21:
Answers to Reading Exercises: Quiero ser rico
Exercise I. (A) 1. Teodoro va a graduarse. 2. Está allí cinco años. 3. Quiere ser rico. 4. Tiene miedo de los aviones. **Ex. I. (B)** 1. Voy a terminar. . . 2. Quiero ser. . . 3. Quiero ser rico porque. . . 4. Como médico (abogado etc.) voy a recibir un buen sueldo. **Exercise II.** 1. Finalmente va a graduarse. 2. Quiere encontrar trabajo lo más pronto posible. 3. Quiero ganar mucho dinero. 4. Quiero un trabajo fácil para descansar. **Exercise III.** Ad lib.

Answers to Grammar Exercises: The Complementary Infinitive: The Infinitive after *ir a, tener que,* and *para*
Exercise I. 1. (Yo) tengo que comer. 2. (Tú) tienes que . . . 3. Juan tienen que . . . 4. Vds. tiene que . . . 5. Vd. tiene que . . . 6. Ana y yo tenemos que . . . 7. Juan y Ana tienen que . . . **Exercise II.** 1. Los tíos no van a leer esta noche. 2. Susana no va a . . . 3. Tú no vas a . . . 4. Vds. no van a . . . 5. Marta y yo no vamos a . . . 6. Yo no voy a . . . 7. Él no va a . . . **Exercise III.** 1. ¿Estudiamos para comprender? 2. ¿Leemos para saber? 3. ¿Hablamos para practicar? 4. ¿Escuchamos para aprender? 5. ¿ Trabajamos para comer? **Exercise IV.** 1. Necesita hacerlo. 2. Deben hacerlo. 3. Tiene que hacerlo. 4. Puedes hacerlo. 5. Sé hacerlo. 6. Tengo que halerlo. 7. Trabaja para hacerlo. 8. Quiero hacerlo. 9. Vamos a hacerlo. 10. Desean hacerlo. **Exercise V.**

1. —2. para 3. a 4. que 5. — 6. a 7. — 8. a (para) 9. — 10. — **Exercise VI.** 1. tengo que 2. debo 3. voy a 4. para escribir 5. quiero comer 6. no puede 7. tiene que 8. necesitamos . . . para vivir 9. sé escribir 10. estudiar . . . comer. **Exercise VII.** 1. —Tengo que llegar al trabajo a las tres de la tarde. 2. —Sé vender ropa allí. 3. — Tengo que trabajar tres horas después de la escuela. 4. — Voy a casa a comer un poco antes de las seis. 5. —Puedo salir temprano los sábados. 6. — Siempre deseo jugar por la tarde. 7. —Trabajo para tener dinero. 8. —Necesito dinero para ir a estudiar en la universidad. 9. —Sí, mi hermano debe trabajar también. 10. Sí, vamos a estudiar juntos. **Exercise VIII.** Ad lib.

Work Unit 22:
Answers to Reading Exercises: ¡Qué vida tan cruel!
Exercise I. (A) 1. A las doce todas las mujeres miran un programa en la televisión. 2. Alfonso y Adela llevan una vida triste. 3. Alfonso trae una mala noticia. 4. Raúl y Rodrigo están ahora en la prisión. 5. Gustavo vuelve temprano a la casa. **Ex. I. (B)** 1. Mi papá se sienta en el sillón y lee el periódico. 2. Tengo que guardar cama. 3. Hay dinero dentro de mi cartera. 4. Puedo comprar zapatos, ropa, etc. 5. Una persona pierde su empleo, está enferma, va al hospital, etc. **Exercise II.** 1. Llora constantemente durante toda una hora. 2. Tengo una mala noticia para ti. 3. Nuestros hijos son adorables pero estúpidos. 4. Todos tenemos que buscar otro empleo. **Exercise III.** 1. a, h 2. f 3. b 4. d, f 5. c, e **Exercise IV.** Ad lib.

Answers to Grammar Exercises: Prepositional Pronouns
Exercise I. 1. Compran el regalo con él y es para él. 2. . . . con ellos . . . para ellos. 3. . . . con ella . . . para ella. 4. . . . con ellas . . . para ellas. 5. . . . conmigo . . . para mí. 6. . . .contigo . . . para ti. 7. . . . con Vds. . . . para Vds. 8. . . . con nosotros . . . para nosotros. 9. . . . con vosotros . . . para vosotros. 10. . . . con Vd. . . . para Vd. **Exercise II.** 1. Vivo cerca de ellos. 2. . . . sin ellos 3. . . . para ellas. 4. . . . a Vds. 5. . . . con nosotros. **Exercise III.** 1. —Sí, vivo cerca de ella. 2. . . . preparo para ellas. 3. . . . deseo escribir sin él. 4. . . . estoy sentado en él. 5. . . . juego cerca de ellos. **Exercise IV.** 1. ¿Para mí? Gracias. 2. ¿Conmigo? . . . 3. ¿Sin mí? . . . 4. ¿Cerca de nosotros -as? . . . 5. ¿Con Vds? . . . **Exercise V.** 1. Sí. Asisten conmigo. 2. . . . con nosotros. 3. . . . conmigo. 4. . . . con Vds. (con nosotros). 5. . . . contigo (con Vd.). **Exercise VI.** 1. Compran el regalo para mí y para él. 2. El niño juega conmigo y con mi amigo. 3. Ella corre a él, no a Vd. 4. El hombre trabaja sin nosotros y sin ella. 5. Ella vive cerca de ti, Pedro, y cerca de ellos. **Exercise VII.** Ad lib.

Work Unit 23:
Answers to Reading Exercises: ¡Vamos a construir una casa!
Exercise I. (A) 1. Esmeralda tiene seis años. 2. Está sola y está cansada de jugar con su muñeca. 3. El padre trabaja, los hermanos están en la escuela y la madre está en la casa de una vecina. 4. Hace mal tiempo. Hace frío y llueve. 5. Su muñeca, Pepita, va a estar sola. **Ex. I. (B)** 1. Miro la televisión, leo un libro, etc. 2. Estoy aburrido en mi clase de . . . 3. La puerta sirve para entrar y salir. 4. Vivo en . . . 5. Hay mapas, cuadros, etc. en las paredes. **Exercise II.** 1. caja 2. lados 3. paredes 4. techo 5. puerta 6. entran 7. salen 8. puerta 9. ventanas 10. aire 11. árboles **Exercise III.** Compositions are Ad lib.

Answers to Grammar Exercises: Direct Object Pronouns
Exercise I. 1. Sí que los tienes. 2. . . .lo toman. 3. . . .la tiene. 4. . . .las sabe. 5. . . .lo desean. **Exercise II.** 1. Me necesitan a mí en el jardín. 2. La ven a Vd. . . . 3. Lo visitan a Vd. . . . 4. Lo observan a él . . . 5. Te permiten a ti . . . 6. Los hallan a Vds. . . . 7. Nos describen a nosotros . . . 8. Las miran a ellas . . . 9. La escuchan a ella . . . 10. Los comprenden a ellos . . . **Exercise III. (A)** 1. Sí que la invitan a ella. 2. . . .lo prefieren a él. 3. . . .las quieren a ellas. 4. . . . los ven a ellos. 5. . . . los escuchan a ellos. **Ex. III. (B)** 1. Sí, los ven a Vds. (nos ven a nosotros). 2. . . . lo necesitan a Vd. (te necesitan a ti). 3. . . . me comprenden a mí. 4. . . . nos visitan a nosotros 5. . . . me observan a mí. **Exercise IV. (A)** 1. No deseo leerlo. 2. ¿No quiere visitarlos? 3. No vamos a comerle. 4. ¿No pueden vernos? 5. No deben mirarme. 6. No voy a construirla. **Ex. IV. (B)** 1. No te esperamos ver. 2. ¿No las sabes hacer? 3. No la prefiere contestar. 4. ¿No me pueden comprender? **Exercise V.** 1. Sí, los llevo 2. Sí, las llevo. 3. Sí, te llevo. 4. Sí, las llevo. 5. Sí, la

llevo. **Exercise VI.** 1. ¡No lo enseñe Vd.! 2. ¡No me llame Vd.! 3. ¡No la visiten Vds.! 4. ¡No nos miren Vds.! 5. ¡No los invitemos! **Exercise VII.** 1. ¡Visítelo Vd.! 2. ¡Mírennos Vds.! 3. ¡Contestémosla! 4. ¡Úselos Vd.! 5. ¡Imítenme Vds.! **Exercise VIII.** 1. Sí, la veo. 2. No, ella no me mira. 3. Sí, lo saluda ella a él. 4. El la lleva mucho al cine. 5. Sus padres no lo saben. 6. No quiero saludarla. 7. ¡Salúdela Vd.! 8. No. ¡No la salude Vd.! Yo voy a saludarla mañana. 9. ¡Entonces, saludémosla juntos! **Exercise IX.** Ad lib.

Work Unit 24:
Answers to Reading Exercises: Un hombre moral
Exercise I. 1. el trabajo 2. despacho. . .abogado 3. varios papeles. . .clasificarlos 4. esquina. . . mal vestido 5. cartera. . .bolsillo. . .pantalón 6. dejó caer. **Exercise II.** 1. 5, 2, 4, 3 **Exercise III.** 1. f 2. i 3. m 4. a 5. h 6. b 7. c 8. o 9. l 10. d 11. n 12. k 13. e 14. j 15. g **Exercise IV.** 1. h 2. a, d 3. b, f 4. g 5. c, e. **Exercise V.** Compositions are Ad lib.

Answers to Grammar Exercises: Indirect Object Pronouns
Exercise I. 1. Los mariachis me cantan. 2. . . .le 3. . . .le 4. . . .te 5. . . .le 6. nos. . . 7. les. . . 8. les. . . 9. . . .les 10. . . .les **Exercise II. (A)** 1. —Le leo la novela a Tomás. 2. —Le muestro . . . a la señora. 3. —Le enseño . . . a Vd. 4. —Te escribo. . . a ti. 5. —Me canto . . . a mí. **Ex. II. (B)** 1. El les da el violín a Pedro y a Anita. 2. Ella les dice . . . a los alumnos. 3. . . . les escriben . . . a Ana y a María. 4. . . . nos traen . . . a nosotros. 5. . . . les explica . . . a Elisa y a Vd. **Exercise III.** 1. —Sí ellos le muestran el examen a él. 2. . . . le escribe . . . a ella. 3. . . . les enseñan . . . a ellas. 4. . . . les lee . . . a ellos 5. . . . les explica . . . a ellos. **Exercise IV. (A)** 1. No les deseo leer. 2. No nos quieren hablar. 3. No te puede mostrar. 4. ¿No me van a cantar? 5. ¿No le debemos decir? **Ex. IV. (B)** 1. No quiero hablarles. 2. No deseo cantarle. 3. No espera escribirme. 4. No pueden explicarte. 5. No van a cantarnos. **Exercise V.** 1. ¡Hábleme Vd.! 2. ¡Escríbanos Vd.! 3. ¡Respóndannos Vds.! 4. ¡Léannos Vds.! 5. ¡Vendámosle! **Exercise VI.** 1. ¡No nos muestre Vd.! 2. ¡No nos lea Vd.! 3. ¡No me enseñen Vds.! 4. ¡No les escriban Vds.! 5. ¡No le respondamos! **Exercise VII.** 1. —¿Le dan una carta a María? 2. —¿Les mandan. 3.—Les enseñan . . . 4. —¿Les dicen . . . 5. —¿Les escriben . . . **Exercise VIII.** 1. Favor de decirme. 2. ¡Claro! Papá siempre te da dinero. 3. ¿Y tú me das regalos a mí? 4. Sí, eso es darnos alegría. 5. Favor de darles algo fantástico. **Exercise IX.** Ad lib.

Work Unit 25:
Answers to Reading Exercises: No me gustan la hamburguesas
Exercise I. (A) 1. Está contento porque sale con Beatriz. 2. Julio pregunta: —¿Quieres ir a tomar algo? 3. Julio tiene solamente diez dólares, y la paella cuesta veinte dólares. 4. Es una mezcla de arroz, pollo, mariscos y legumbres. 5. El no tiene bastante dinero. **Ex. I. (B)** 1. Mi comida favorita es . . . 2. Algunos refrescos son: la leche, el vino, la Coca-Cola, el té, y el café. 3. Generalmente como papas fritas con una hamburguesa. 4. Necesito . . . dólares **Exercise II.** 1. mariscos 2. arroz 3. camarero 4. huevo 5. plato 6. duro(s) 7. caro 8. noche 9. sábado 10. cine 11. más 12. año 13. muy 14. qué 15. un 16. ojo. **Exercise III.** Compositions are Ad lib.

Answers to Grammar Exercises: *Gustar* to be pleasing, to like
Exercise I. 1. No le gusta el arroz. 2. . . . no le gustan. . . 3. no le gustan . . . 4. no le gusta . . . 5. no le gustan . . . **Exercise II.** 1. A nosotros no nos gustan las peras. 2. A Vd. no le gustan . . . 3. A Vds. no les gustan . . . 4. A mis hermanas no les gustan . . . 5. A su amigo no le gustan . . . 6. A Luisa y a Juan no les gustan . . . 7. A ti no te gustan . . . 8. A mí no me gustan . . . 9. A Pedro no le gustan . . . 10. A Lola no le gustan . . . **Exercise III.** 1. A nosotras sí nos gusta tomar café. 2. A Juan sí le gusta el tenis. 3. A las maestras sí les gustan las clases. 4. A mi amiga sí le gustar ir. 5. A mí sí me gustan . . . 6. A ti sí te gustan . . . 7. A Vd. sí le gustan . . . 8. A los chicos sí les gusta . . . 9. A nosotros sí nos gustan . . . 10. A Vds. sí les gusta bailar. **Exercise IV.** 1. —Me gusta mucho. 2. —Nos gusta . . . 3. —me gustan . . . 4. —Nos gustan . . . 5. —Me gusta . . . **Exercise V.** 1. —A nosotros no nos gusta. 2. —A él no le gusta. 3. —A ella no le gustan. 4. —A ellos no les gustan. 5. A ellas no les gusta. **Exercise VI.** 1. le gusta 2. me gusta 3. A . . . les gusta 4. . . . él . . . le gusta . . . ella . . . le 5. . . . mí me gusta. **Exercise VII.** Ad lib.

Work Unit 26:
Answers to Reading Exercises: Una noticia confusa
Artículo: 1. criminales 2. 21 3. prisión 4. desesperados 5. descubrieron 6. garaje 7. descripciones 8. 36 9. cien 10. ladrones 11. automóvil 12. libertad. **Exercise I.** 1. Toma asiento en un sillón, fuma su pipa y lee el periódico. 2. Nota que falta un gran número de palabras. 3. Teresita cortó una docena de palabras del artículo. 4. Tiene que poner las palabras en los espacios. 5. Se escaparon en un viejo coche Chevrolet. **Exercise II.** 1. e 2. c 3. a 4. b 5. d **Exercise III.** Ad lib. **Exercise IV.** 1. h, a 2. g, b 3. d, e 4, c 5. f.

Answers to Grammar Exercises: The Preterite Indicative: Regular Verbs
　　Exercise I. 1. Juan entró a las tres y salió a las cuatro. 2. Tú entraste . . . saliste . . . 3. Tú y yo entramos . . . salimos . . . 4. Vd. entró . . . salió . . . 5. Vds. entraron . . . salieron . . . 6. Mis amigos entraron . . . salieron . . . 7. Yo entré . . . salí . . . **Exercise II.** 1. Vd. recibió la carta anoche. 2. Yo corté . . . 3. Yo rompí . . . 4. Nosotros encontramos . . . 5. María buscó . . . 6. Vds. terminaron . . . 8. Pedro y Juan escribieron . . . 8. Tú respondiste . . . 9. Él y yo perdimos . . . 10. Tú describiste . . . **Exercise III.** 1. a. —Sí, usé el sombrero. b. —Mi madre usó el sombrero también. 2. a . . . aprendí . . . b. —Mi hermano aprendió . . . 3. a . . . invité . . . b. Los padres invitaron . . . 4. a . . . recibí . . . b. —Vd. recibió (tú recibiste) . . . 5. a . . . bailaron . . . b. —Mi prima bailó . . . 6. a . . . bebimos . . . b. —Las chicas bebieron . . . 7. a . . . visitó . . . b. —Tú y yo visitamos . . . 8. a . . . comió . . . b. —Ellas comieron . . . 9. a . . . saludaron . . . b. —Yo saludé . . . 10. a . . . Vd. recibió (tú recibiste) . . . b. —Nosotros recibimos . . . **Exercise IV.** 1. Juan entró en la cocina. 2. Tomó . . . 3. Comió . . . bebió 4. . . . llegaron . . . 5. Comieron . . . 6. . . . salieron . . . aprendieron . . . 7. Escucharon . . . practicaron . . . 8. contestamos 9. aprendimos . . . escribimos . . . 10. . . . estudié . . . asistí . . . **Exercise V.** Ad lib.

Work Unit 27:
Answers to Reading Exercises: ¡Los muchachos de hoy son horribles!
Exercise I. (A) 1. F 2. F 3. F 4. C 5. C **Ex. I. (B)** 1. La generación de hoy (no) tiene . . . 2. (no) doy mi asiento a un anciano. 3. Yo leo . . . 4. Mis padres (no) tienen siempre razón. **Exercise II.** 1. entró 2. Vi . . . molestó 3. quiso darle 4. sacaron, empezaron 5. necesitaron **Exercise III.** 1. Entra en la sala 2. Tengo algo aquí que va a ser interesante para Vd. 3. Nadie quiso darle el asiento. 4. La pobre señora tuvo que estar de pie. 5. Soy mejor hombre por eso. 6. ¿No cree Vd. que es un poco exagerado? **Exercise IV.** Compositions are Ad lib.

Answers to Grammar Exercises: The Preterite Indicative: Irregular Verbs
　　Exercise I. (A) 1. Yo tuve la carta ayer y la puse en la mesa. 2. Pedro tuvo . . . puso . . . 3. Pedro y yo tuvimos . . . pusimos . . . 4. Vd. tuvo . . . puso . . . 5. Los chicos tuvieron . . . pusieron . . . **Ex. I. (B)** 1. Vds. hicieron la tarea y la trajeron a la clase. 2. Vd. hizo . . . trajo . . . 3. Yo hice . . . traje . . . 4. La alumna hizo . . . trajo . . . 5. Nosotros hicimos . . . trajimos . . . **Ex. I. (C)** 1. Mi madre dijo que sí y dio las gracias. 2. Vd. dijo . . . dio . . . 3. Yo dije . . . di . . . 4. Nosotros dijimos . . . dimos . . . 5. Los abuelos dijeron . . . dieron . . . **Ex. I. (D)** 1. La niña fue buena cuando vino a la clase. 2. Yo fui bueno . . . vine . . . 3. Tú fuiste bueno . . . viniste . . . 4. Ellas fueron buenas . . . vinieron . . . 5. Ellas y yo fuimos buenos . . . vinimos . . . **Ex. I. (E)** 1. Yo fui al teatro donde vi una buena comedia. 2. Diego fue . . . vio . . . 3. Diego y yo fuimos . . . vimos . . . 4. Mi amiga fue . . . vio . . . 5. Tú fuiste . . . viste . . . **Ex. I. (F)** 1. Los primos leyeron la frase y la creyeron. 2. Nosotras leímos . . . creímos. 3. Yo leí . . . creí 4. Tú leíste . . . creíste. 5. Vd. leyó . . . creyó. **Ex. I. (G)** 1. María oyó gritos cuando estuvo . . . 2. Ellos oyeron . . . estuvieron . . . 3. María y yo oímos . . . estuvimos . . . 4. Tú oíste . . . estuviste . . . 5. Yo oí . . . estuve . . . **Ex. I. (H)** 1. Juan anduvo mucho y supo que pudo hacerlo porque quiso hacerlo. 2. Juan y yo anduvimos . . . supimos . . . pudimos . . . quisimos. 3. Juan y Ana anduvieron . . . supieron . . . pudieron . . . quisieron. 4. Yo anduve . . . supe . . . pude . . . quise. 5. Tú anduviste . . . supiste . . . pudiste . . . quisiste. **Exercise II.** 1. Las piedras cayeron. 2. Las niñas vinieron. 3. Nosotros tuvimos los regalos. 4. Nosotros hicimos los viajes. 5. Ellos hicieron los viajes. 6. Ellas trajeron los libros. 7. Vds. fueron a los cinco. 8. Nosotros fuimos excelentes. 9. Vds. dijeron las frases. 10. Vds. dieron ayuda. 11. Nosotros leímos mucho. 12. Nosotros oímos gritos. 13. Ellos oyeron los discos. 14. Vds. creyeron los artículos. 15. Ellas leyeron los cuentos. 16. Nosotros dijimos que sí. 17. Nosotros dimos dinero.

18. Ellas fueron bonitas. 19. Nosotros fuimos a los mercados. 20. Nosotros los creímos. **Exercise III.** 1. Mis amigos estuvieron . . . 2. Fui a la tienda. 3. Traje tres dólares. 4. Yo hice las compras. 5. Nosotros pusimos las compras en la mesa. **Exercise IV.** 1. Vine a la casa de Anita. 2. Fue . . . 3. Ella tuvo . . . 4. Ellos le dijeron . . . 5. Luego oyeron . . . 6. Pudieron . . . 7. Quise . . . 8. . . . tuve que . . . 9. Anduve . . . 10. Supe que fue . . . **Exercise V.** Ad lib.

Work Unit 28:
Answers to Reading Exercises: La justicia siempre triunfa
Exercise I. 1. Hay una docena de espectadores. 2. Chocó con la bicicleta de un muchacho. 3. Dice que Ramírez es un hombre honrado. 4. Protesta porque el testigo dio su opinión. 5. El juez está enojado porque el testigo no vio el accidente. **Exercise II.** 1. ¿Qué puede Vd. decirnos en su defensa? 2. El señor es un hombre honrado. 3. Aquí no nos importan las opiniones. 4. El accidente ocurrió a las diez. **Exercise III.** 1. abogado 2. acusado 3. drama 4. coche 5. juez 6. testigo 7. borracho 8. fiscal 9. menos 10. acto 11. todo 12. como 13. diez **Exercise IV.** 1. e, g 2. a 3. c 4. b, d 5. f. **Exercise V.** Ad lib.

Answers to Grammar Exercises: *Nunca*, *nada*, *nadie* in Emphatic and Unemphatic Negation:
Exercise I. (A) 1. Nadie comprende todos los idiomas. 2. Nadie estudia . . . 3. Nadie lee . . . 4. Nadie visita . . . 5. Nadie hace . . . **Ex. I. (B)** 1. Nunca como despacio. 2. Nunca estoy . . . 3. Nunca tengo . . . 4. Nunca leo . . . 5. Nunca ayudo . . . **Ex. I. (C)** 1. Los chicos nada compraron para el viaje. 2. Ellos nada recibiron . . . 3. Juan nada comió . . . 4. Ellos nada tuvieron que contestar . . . 5. Ellos nada deben . . . **Exercise II.** 1. Verdad. Las niñas pobres nada reciben para la Navidad. 2. . . . Nadie va a comprender . . . 3. . . . El chico perezoso nada quiso escribir . . . 4. . . . Nadie desea asistir . . . 5. . . . Un hombre cansado nunca debe trabajar . . . **Exercise III.** 1. María y yo no leímos nada. 2. No escucha nadie la radio cuando come. 3. María no tomó nunca sopa. 4. No está nunca buena la sopa. 5. No está nadie en casa. **Exercise IV. (A)** 1. a. ¿Siempre? Yo nunca canto en casa. b. Yo no canto nunca. 2. a. Vd. nunca toma el desayuno temprano. b. Vd. no toma nunca el desayuno temprano. 3. a. Laura y Antonio nunca pasan el verano en la escuela. b. Laura y Antonio no pasan nunca el verano en la escuela. **Ex. IV. (B)** 1. a. ¿María? Nadie vino a mi casa. b. No vino nadie. 2. a. ¿La familia? Nadie fue a esquiar en el invierno. b. No fue nadie a esquiar. 3. a. ¿Ese zapatero? Nadie tiene zapatos excelentes hoy. b. No tiene nadie zapatos excelentes hoy. **Ex. IV. (C)** 1. a. ¿Algo? El nada sabe de México. b. El no sabe nada. 2. a. ¿Algo? El nada contestó a la profesora. b. El no contestó nada. 3. a. ¿Algo? Los niños nada oyen. b. No oyen nada. 4. a. ¿Algo? Los turists nada necesitan. b. No necesitan nada. **Exercise V.** 1. Tus padres salieron para Puerto Rico, ¿no es verdad? Your parents left for Puerto Rico, didn't they? 2. . . . ¿no es verdad? They always spend a month there, don't they? 3. . . . ¿no es verdad? You have a Puerto Rican cousin, don't you? 4. . . . . ¿no es verdad? Her name is Laura and she's very pretty, isn't she? 5. . . . ¿no es verdad? Her house is in the country, isn't it? **Exercise VI.** 1. Nadie prepara un desayuno como mi madre. 2. Mi padre y yo nunca preparamos el desayuno. 3. Pero mi hermana nada toma para el desayuno. 4. Tu (su) hermana toma café, ¿no es verdad? 5. Pero tu (su) hermano está todavía en la cama, ¿no es verdad? **Exercise VII.** Ad lib.

Part Two: Idioms and Dialogues

Unit 1. **Exercise I.** 1. a 2. c 3. b 4. a 5. c 6. a 7. c 8. a 9. b 10. a **Exercise II.** 1. a, b 2. a, d 3. c, d 4. b, d 5. b, c 6. a, b 7. a, c 8. c, d **Exercise III.** 1. a 2. c 3. c 4. a 5. a 6. b 7. a 8. a 9. d 10. c. **Exercise IV. (A)** 1. c 2. b. 3. a **Ex. IV. (B)** 1. c 2. b 3. a **Ex. IV. (C)** 1. b 2. d 3. a 4. c **Exercise V.** 1. ¿Cómo se llaman ellos? 2. ¿Qué tal? 3. ¿Cómo está Vd.? 4. ¿Cómo te llamas? 5. ¿Cómo está tu familia? **Exercise VI.** 1. Buenas. 2. señor 3. favor 4. da 5. Cómo 6. está 7. enfermo 8. gracias 9. qué 10. Qué 11. Sin 12. está 13. estoy 14. Con 15. noches 16. Adiós **Exercise VII. (A)** 1. Nosotros le damos las gracias por el favor. 2. El maestro le da las gracias por la bienvenida. 3. Sus amigos le dan las gracias por su invitación. 4. Tú le das las gracias por los regalos. **Ex. VII. (B)** 1. Yo le doy la mano al profesor. 2. Nosotros le damos la mano a la vecina 3. Tú le das la mano a mi padre. 4. Los oficiales le dan la mano al astronauta. **Ex. VII. (C)** 1. Señora, ¡haga Vd. el favor de responder a la carta! 2. Caballeros, ¡hagan Vds. el favor de entrar! 3. Señor, ¡haga Vd. el favor de salir ahora! 4. Señoritas, ¡hagan Vds. el favor de poner la mesa! **Ex. VII. (D)** 1. Ana, ¡haz el favor de escuchar al maestro! 2. Chico, ¡haz el favor de leer el cuento! 3. Prima, ¡haz el favor de llegar a tiempo! 4. Hijo, ¡haz el favor de dar las gracias a mamá! **Ex. VII. (E)** 1. ¡Den Vds. la mano, por favor! 2. ¡Escriba Vd., por favor! 3. ¡Conteste Vd. en español, por favor! 4. ¡Vengan Vds. acá, por favor! **Exercise VIII. (A)** 1. ¡Hagan Vds. el favor de dar la mano! 2. ¡Hagan Vds. el favor de tomar asiento! 3. ¡Hagan Vds. el favor de salir más tarde! 4. ¡Hagan Vds. el favor de escribir su dirección! 5. ¡Hagan Vds. el favor de hablar menos aquí! **Ex. VIII. (B)** 1. ¡Haga Vd. el favor de dar las gracias! 2. ¡Haga Vd. el favor de tomar café! 3. ¡Haga Vd. el favor de poner el libro aquí! 4. ¡Haga Vd. el favor de recibir este dinero! 5. ¡Haga Vd. el favor de comer más! **Exercise IX.** 1. ¡Haz el favor de aprender la lección! 2. ¡Haz el favor de abrir la ventana! 3. ¡Hagan Vds. el favor de no hablar en la clase! 4. ¡Pasen Vds. al otro cuarto, por favor! 5 Les doy las gracias a los padres.

Unit 2. **Exercise I.** 1. Sí, hace mucho fresco en el otoño. Yes, it is very cool in autumn. 2. Sí, hace mucho frío y mucho viento en el invierno. Yes, it is very cold and very windy in winter. 3. Sí, hace mucho calor en el verano. Yes, it is very warm in summer. 4 Sí, hace mucho sol en Puerto Rico. Yes, it is very sunny in Puerto Rico. 5. Sí, llueve mucho en abril. Yes, it rains a lot in April. 6. Sí, está lloviendo mucho ahora. Yes, it is raining hard now. 7. Sí, nieva mucho en diciembre. Yes, it snows a lot in December. 8. Sí, está nevando hoy. Yes, it is snowing today 9. Sí, hace muy buen tiempo en mayo. Yes, it is very good weather in May. 10. Sí, hace muy mal tiempo en noviembre. Yes, it is very bad weather in November. **Exercise II. (A)** Hace mucho frío en el invierno. 2. Hace mucho calor en el verano. 3. Hace mucho fresco en el otoño* 4. Llueve mucho en abril. 5. Hace muy buen tiempo en la primavera. 6. Hace muy mal tiempo en febrero. 7. Nieva mucho en enero. 8. Hace mucho viento en marzo. **Ex. II. (B)** 1. Hace poco sol. 2. Hace poco frío. 3. Hace poco fresco. 4. Hace poco viento. 5. Llueve poco. 6. Nieva poco. 7. Hace poco calor. **Exercise III.** 1. No nieva mucho en la Florida. 2 No llueve mucho en el desierto. 3. No está lloviendo dentro de la casa. 4. Hace fresco en la primavera. 5. No está nevando dentro de la casa. 6. No hace mucho calor en Alaska. 7. No hace mucho frío en África. 8. Hace mucho sol en Puerto Rico. 9. No hace buen tiempo en Londres. 10. No hace mal tiempo en California. **Exercise IV.** 1. Hace mucho calor en el verano. 2. Hace mucho frío en el invierno. 3. Llueve mucho en abril. 4. Nieva mucho en diciembre. 5. Hace mucho viento en marzo. 6. Hace mucho fresco entre el frío de invierno y el calor de verano. 7. Está nevando ahora. 8. Está lloviendo mucho en este momento. 9. Hace muy buen tiempo en mayo. 10. Hace muy mal tiempo en noviembre. **Exercise V.** 1. Nosotros tenemos sueño aquí. 2. Tú tienes frío sin abrigo. 3. Juan y Carlos tienen calor ahora. 4. Vd. tiene un dolor de cabeza hoy. 5. Anita tiene sed y bebe. 6. Yo tengo hambre y como. 7. Vds. tienen miedo del agua. 8. Luis tiene dolor de dientes hoy. 9. Vd. y yo tenemos dolor de estómago. 10. Luis y Vd. tienen interés en ella. **Exercise VI.** 1. Ella tiene hambre si no come. 2. Ella tiene sed si no bebe. 3. Ella tiene miedo si no estudia. 4. Ella tiene calor si no va al lago. 5. Ella tiene dolor de muelas si no va al dentista. 6. Ella tiene dolor de cabeza si no toma aspirinas. 7. Ella tiene frío si abre la puerta. 8. Ella tiene dolor de estómago si come mucho. 9. Ella tiene quince años si hoy es su cumpleaños. 10. Ella tiene sueño si no duerme. **Exercise VII.** 1. Sí, tengo mucho frío. 2. Sí, tenemos mucho calor. 3. Sí, ellos tienen mucho interés. 4. Sí, María tiene mucha hambre. 5. Sí, Pepe tiene mucha sed. 6. Sí, Vd. tiene (tú tienes) mucho miedo. 7. Sí,

*Está muy fresco is commonly used for "it is very cool" (weather).

379

tengo mucho sueño. 8. Sí, tengo mucho dolor de cabeza. 9. Sí, hace muy buen tiempo. 10. Sí, hace muy mal tiempo. **Exercise VIII.** 1. hace 2. tengo 3. hace 4. hace 5. tenemos 6. hace 7. hace 8. tiene 9. tienen 10. está 11. tienes 12. está 13. — 14. — 15. hace. **Exercise IX.** 1. d 2. c 3. a 4. b 5. b 6. b 7. d 8. a 9. a 10. b **Exercise X.** 1. Vd. tiene mucha hambre. 2. Tú tienes mucha sed. 3. Yo tengo mucho sueño. 4. Nosotros no tenemos mucho frío. 5. Y está nevando mucho. 6. Claro, hace mucho sol. 7. ¡No quiero porque no está lloviendo mucho! 8. ¿Tiene él dolor de estómago y de cabeza? 9. Yo tengo quince años y mis hermanos tienen quince meses. 10. Siempre hace muy mal tiempo en noviembre.

Unit 3. Exercise I. 1. At what time do you eat lunch? a. (1) ¿A qué hora vas a la cama? (2) At what time do you go to bed? b. (1) ¿A qué hora comemos? (2) At what time do we eat? c.(1) ¿A qué hora estudian? (2) At what time do they study? 2. We leave at six P.M. a. (1) Salimos a las once de la noche. (2) We leave at eleven P.M. b. (1) Salimos a las ocho de la mañana. (2) We leave at eight A.M. c. (1) Salimos a la una de la tarde. (2) We leave at one P.M. 3. They study in the evening (at night). a. (1) Estudian por la mañana. (2) They study in the morning. b. (1) Estudian por la tarde. (2) They study in the afternoon. c. (1) Estudian por la noche. (2) They study in the evening. 4. What is today's date? a. (1) ¿A cuántos estamos hoy? (2) What is today's date? b. (1) ¿Qué fiesta cae hoy? (2) What's today's holiday? c. (1) ¿Qué día es hoy? (2) What day is today? 5. Today is the first of May. a. (1) Hoy es el dos de junio. (2) Today is the second of June. b. (1) Hoy es el veinte y uno de noviembre. (2) Today is November 21st. c. (1) Hoy es el veinte de octubre. (2) Today is October 20th. 6. Today is April 2 nd. a. (1) Estamos a primero de abril. (2) Today is April 1st. b. (1) La fiesta cae el primero de abril. (2) The holiday falls on April 1st. c. (1) Mañana es el dos de abril. (2) Tomorrow is April 2 nd. **Exercise II.** 1 Es la una. 2. Son las dos. 3. Son las tres. 4. Son las cinco y cuarto (quince) de la tarde. 5 Son las seis y media de la mañana. 6. Son las siete menos cuarto (quince) de la noche. **Exercise III.** 1. Como a las ocho de la mañana. 2. Salgo de la clase a la una de la tarde. 3. Regreso a casa por la tarde. 4. Estudio a las nueve y media de la noche. 5. Son las once menos veinte en punto cuando voy a dormir. **Exercise IV.** 1. La fecha es el cuatro de julio. 2 Estamos a veinte y cinco de diciembre. 3. La fecha es el doce de octubre. 4. Estamos a primero de enero. 5. La fecha es el primero de abril. 6. Estamos a catorce de abril. **Exercise V.** 1. La Navidad cae el veinte y cinco de diciembre. 2. Es el dos de. . . 3. Son las dos. 4. El Día de la Raza es el doce de octubre. 5. El Día de la Independencia norteamericana cae el cuatro de julio. 6. El Día de Año Nuevo cae el primero de enero. 7. El Día de las Américas cae el catorce de abril. 8. El Día de la Independencia española cae el dos de mayo. **Exercise VI.** 1. ¿Cuál es la fecha de hoy? 2. ¿A cuántos estamos hoy? 3. ¿Qué hora es? 4. ¿A qué hora comen? 5. ¿Cuándo celebramos la Navidad? **Exercise VII.** 1. Qué 2. Cuál 3. Cómo 4. cuántos 5. qué **Exercise VIII.** 1. estamos 2. es 3. llama 4. es 5. es 6. es 7. Es 8. Son **Exercise IX.** 1. el 2. — 3. la 4. — 5. la; la 6. las; la 7. las 8. la; las; la **Exercise X.** 1. ¿Qué hora es? 2. Es la una de la tarde. 3. ¿Qué hora es ahora? 4. Son las dos. No es la una. 5. ¿Son las cuatro en punto? 6. Son las cinco menos veinte. 7. ¿Son las cinco y treinta ahora? 8. Sí, son las cinco y media **Exercise XI. (A)** 1 son, 2 1as, 3 1as **Ex. XI. (B)** 1. la, 2 la, 3 y, 4 Son, 5 las, 6 en **Ex. XI. (C)** 1 qué, 2 las, 3 de, 4 la, 5 la, 6 la, 7 la, 8 las, 9 la, 10 A, 11 qué, 12 las, 13 de, 14 la, 15 a, 16 de, 17 la, 18 a, 19 las, 20 de **Ex. XI. (D)** 1 por, 2 por, 3 por, 4 por, 5 la.

Unit 4. Exercise I. 1. I love my mother. a. (1) Tú quieres a la maestra. (2) You love the teacher. b. (1) Nosotros queremos a los amigos. (2) We love the friends. c. (1) Juan quiere a la chica. (2) John loves the girl. d. (1) Ana y Pepe quieren a sus hermanos. (2) Ann and Joe love their brothers (and sisters). e. (1) Yo quiero al compañero de clase. (2) I love the classmate. 2. They know how to play the piano. a. (1) Yo sé cantar la canción. (2) I know how to sing the song. b. (1) María sabe bailar la bamba. (2) Mary knows how to dance la bamba. c. (1) Tú sabes hablar español. (2) You know how to speak Spanish. d. (1) Tú y yo sabemos jugar al tenis. (2) You and I know how to play tennis. e. (1) Ellos saben tocar el violín. (2) They know how to play the violín. 3. Louis and Peter are standing. a. (1) Yo estoy de pie. (2) I am standing. b. (1) Vd. y yo estamos levantados. (2) You and I are standing. c. (1) Vd. está sentado. (2) You are seated. d. (1) Tú estás de pie. (2) You are standing. e. (1) Los chicos están de pie. (2) The boys are standing. 4. I do well in (pass) the examination. a. (1) Tú sales mal en la clase. (2) You do poorly in (fail) the class. b. (1) Juan y yo salimos bien en el examen. (2) John and I do well on (pass) the examination (test). c. (1) Los alumnos salen mal en sus estudios. (2) The pupils do poorly (fail) in their studies. d. (1) Yo salgo bien en los exámenes. (2) I do well on (pass) the examinations. 5. What does the word mean? a. (1) ¿Qué quieren decir las frases? (2) What do the sentences mean? b. (1) ¿Qué quieres decir tú? (2) What do you mean? c. (1) ¡Qué quiere decir Juan? (2) What does John mean? 6. I believe so. a. (1) El y yo creemos que no. (2) He and I believe not. b. (1) La madre cree que no. (2) The mother believes not. c. (1) Tú crees que sí. (2) You believe so. **Exercise II.** 1. de 2. de 3. sé 4. sé escribir 5. en 6. quiero a 7. decir 8. dice; se 9. hay que 10. verdad 11. Es; que sí 12. cree; no 13. creo que 14. por; presto 15. ¡concedido! **Exercise III.** 1. a 2. c 3. a 4. a 5. c **Exercise IV.** 1. Estoy en una clase de español. I am in a Spanish class. 2. La maestra está de pie. The teacher is standing. 3. Sí, sé cómo se dice *book* en español. Yes, I know how to say "book" in Spanish. 4. Yo sé de quién es el libro. I know whose book it is. 5. Yo sé leer el español. I know how to read Spanish. 6. Sí, yo presto atención. Yes, I pay attention. 7. Hay que trabajar en la clase de historia. One must work in the history class. 8. Salgo bien en los exámenes. I do well in (pass) the examinations. 9. Quiero mucho a la maestra. I love the teacher very much. 10. Es verdad que la maestra cree que sí. It is true that the teacher believes so. **Exercise V.** 1. b 2. d 3. a 4. a 5. c 6. a 7. b 8. d 9. b 10. a **Exercise VI.** 1. d 2. a 3. e 4. c 5. b.

Unit 5. Exercise I. 1. I go horseback riding. a. (1) Tú das un paseo a pie. (2) You take a walk. b. (1) Vds. dan un paseo en automóvil. (2) You take a car ride. c. (1) Nosotros damos un paseo en bicicleta. (2) We take a bicycle ride. 2. We get off the train. a. (1) El piloto baja del avión. (2) The pilot gets off the plane. b. (1) Los amigos bajan del coche. (2) The friends got out of the car. c. (1) Yo bajo del autobús. (2) I get off the bus. 3. Everyone attends the theater. a. (1) Yo asisto a la escuela. (2) I attend the school. b. (1) Ellos asisten al cine. (2) They attend the movies. c. (1) Nosotros asistimos a las fiestas. (2) We attend the parties. 4. I set the table with the tablecloth. a. (1) Tú pones la mesa con vasos. (2) You set the table with glasses. b. (1) Ana y yo ponemos la mesa con cucharas. (2) Ann and I set the table with spoons. c. (1) Marta pone la mesa con cuchillos. (2) Martha sets the table with knives. d. (1) Yo pongo la mesa con servilletas. (2) I set the table with napkins. 5. You and I enter the movies. a. (1) Vd. entra en la casa. (2) You enter the house. b. (1) Vd. y Juan entran en la clase. (2) You and John enter the class. c. (1) Yo entro en la escuela. (2) I enter the school. 6. I go for a walk everywhere. a. (1) Yo voy de paseo al parque. (2) I go for a walk to the park. b. (1) Tú vas de paseo a casa. (2) You go for a walk home. c. (1) Ellos van de paseo al cine. (2) They go for a walk to the movies. d. (1) Tú y yo vamos de paseo al centro. (2) You and I go for a walk downtown. **Exercise II.** 1. Asisto a la escuela los lunes. I attend school on Mondays. 2. Voy de paseo al parque. I go for a walk to the park. 3. Subo al tren para ir al parque. I get on the train to go to the park. 4. Bajo del tren y entro en el parque. I get off the train and enter the park. 5. Primero doy un paseo a pie y luego en bicicleta. First, I take a walk and then a bicycle ride. 6. Sé tocar un instrumento como el violín. I know how to play an instrument like the violin. 7. Todo el mundo está por todas partes del parque. Everyone is everywhere in the park. 8. Salgo del parque para ir a casa. I leave the park to go home. 9. Pongo la mesa antes de comer. I set the table before eating. 10. Toco la guitarra, el piano y el violín en casa. I play the guitar, the piano and the violin at home. **Exercise III.** 1. Todo el mundo asiste a la escuela. 2. Sé tocar bien la guitarra. 3. Hay mucha gente por todas partes de la ciudad. 4. Antes de comer pongo la mesa con un mantel. 5. Doy un paseo en bicicleta a la playa el sábado. 6. Salgo de la escuela a las tres. 7. Subo al ascensor para llegar al piso del vecino. 8. Regreso a casa a pie. 9. Doy un paseo a caballo por el parque. 10. A las ocho de la mañana entro en la clase. **Exercise IV.** 1. b 2. a 3. a 4. a 5. b **Exercise V.** 1. a 2. c 3. b 4. b 5. a **Exercise VI.** 1. d 2. c 3. b 4. a 5. e **Exercise VII.** 1. a 2. en 3. en 4. del 5. de 6. a 7. al 8. a 9. en 10. en **Exercise VIII.** 1. a 2. asisto 3. vas 4. de, a, en, doy, a 5. dar, paseo

Unit 6. Exercise I. 1. (1) Asisto a fiestas a menudo. (2) I attend parties often. 2. (1) Fui a muchas fiestas el mes pasado. (2) I went to many parties last month. 3. (1) Llego muchas veces a tiempo. (2) I often arrive on time. 4. (1) Deseo ir de nuevo. (2) I want to go again. 5. (1) Quiero ir en seguida. (2) I want to go right away. 6. (1) Termino el trabajo para la clase más tarde. (2) I finish the work for the class later. 7. (1) Estudio pocas veces este año como el año pasado. (2) I rarely study this year like last year. 8. (1) Aprendo poco a poco. (2) I learn little by little. 9. (1) Trabajé mucho toda la semana pasada. (2) I worked hard all last week. 10. (1) Voy a México el año próximo como todos los años. (2) I'm going to Mexico next year like every year. 11. (1) Celebro el cumpleaños la semana próxima. (2) I'll celebrate the birthday next week. 12. (1) Voy al campo otra vez el mes que viene. (2) I'm going to the country again next month. 13. (1) Doy una fiesta esta semana como todas las semanas. (2) I'm having (giving) a party this week like every week. 14. (1) Salgo esta noche como todas las noches. (2) I leave tonight like every night. 15. (1) Asisto a las clases hoy como todos los días. (2) I attend classes today like every day. **Exercise II.** 1. a 2. b 3. b 4. c 5. a **Exercise III.** 1. c 2. a 3. a 4. a 5. b **Exercise IV.** 1. b 2. a 3. c 4. b 5. b **Exercise V.** 1. a 2. veces 3. esta 4. En, esta 5. a 6. las, de, próxima.

Index

Numbers refer to pages.

Índice de títulos de los cuentos en español

Numbers refer to pages.